名师名校新形态
通识教育系列教材

大学美育

微课版

庄维嘉 张春田◎主编

UNIVERSITY AESTHETIC
EDUCATION

人民邮电出版社
北京

图书在版编目（CIP）数据

大学美育：微课版 / 庄维嘉，张春田主编. -- 北京：人民邮电出版社，2023.9
名师名校新形态通识教育系列教材
ISBN 978-7-115-61070-6

Ⅰ. ①大… Ⅱ. ①庄… ②张… Ⅲ. ①美育－高等学校－教材 Ⅳ. ①G40-014

中国国家版本馆CIP数据核字(2023)第001468号

内 容 提 要

本书基于我国审美教育的新趋势和新需要，从大学生审美人格养成的角度出发，介绍了提高审美能力和增强审美修养的理论与方法。本书共 12 章，主要内容包括美与美育、建筑之美、绘画之美、辞章之美、音乐之美、舞蹈之美、戏剧之美、影视之美、生活之美、自然之美、科技之美、人生之美，基本涵盖了美的主要范畴与形式。本书结构清晰，图文并茂，理论知识与实例相结合，能够丰富大学生的精神世界，提升大学生的人文素养和艺术修养，培养大学生的艺术欣赏能力，帮助大学生树立正确的审美观念。

本书可作为高校各专业"大学美育"课程的教材，也可供社会上有提高审美素养需要的人士自行阅读。

◆ 主　　编　庄维嘉　张春田
　　责任编辑　祝智敏
　　责任印制　王　郁　陈　犇
◆ 人民邮电出版社出版发行　　北京市丰台区成寿寺路 11 号
　　邮编　100164　电子邮件　315@ptpress.com.cn
　　网址　https://www.ptpress.com.cn
　　雅迪云印（天津）科技有限公司印刷
◆ 开本：787×1092　1/16
　　印张：15　　　　　　　　　2023 年 9 月第 1 版
　　字数：334 千字　　　　　　2025 年 7 月天津第 11 次印刷

定价：59.80 元

读者服务热线：(010)81055256　印装质量热线：(010)81055316
反盗版热线：(010)81055315

前 言

　　谈及教育，人们往往想到知识教育、道德教育、体育，"美育"则常被忽略。其实教育的重要意义在于培养"自由和谐全面发展的人"，而美可以纯洁思想、丰富心灵，美育则包括审美教育、情操教育、心灵教育，是丰富想象力和培养创新意识的教育，是整个教育体系中不可或缺的一部分。党的二十大报告指出，"我们要办好人民满意的教育，全面贯彻党的教育方针，落实立德树人根本任务，培养德智体美劳全面发展的社会主义建设者和接班人"。为了实现这一目标，学校强化美育工作是必然之举。中共中央办公厅、国务院办公厅印发的《关于全面加强和改进新时代学校美育工作的意见》（以下简称"《意见》"）提出"把美育纳入各级各类学校人才培养全过程，贯穿学校教育各阶段"，本书便是响应相关文件精神，专门为大学生编写的一本美育教材，以美育人、以美化人、以美培元，弘扬中华美育精神，提高大学生的审美和人文素养。

　　本书结构清晰，第1章是本书的开篇总论，解释了"美""美学""美育"3个核心概念，再分别对艺术之美（第2章至第8章）、生活之美（第9章）、自然之美（第10章）、科技之美（第11章）等做具体介绍，最后以人生之美（第12章）总结全文，回到"美育"这一主题。艺术之美是人类追求美、诠释美的实践方式；生活之美是升华人们生活意义与人生价值的途径；自然之美是美的源头活水；科技之美则是人类伟大智慧和力量的体现，它们共同构成了人所接触到的"美"，并成为人生之美的基础和营养。

　　本书每一章除了介绍美学理论知识，还展示和分析了大量实例，通过理论与实例相结合的方式，以更直观、更形象的方式，帮助读者认识美、了解美、理解美，提升读者对美的学习兴趣。同时，读者可以扫描书中二维码来获得更多的文本、图片、音视频等材料，如自然摄影、纪录片、绘画作品、文艺演出视频等，这些材料可以帮助读者开阔眼界，获得美的体验。

　　《意见》提出："丰富艺术实践活动。面向人人，建立常态化学生全员艺术展演机制，大力推广惠及全体学生的合唱、合奏、集体舞、课本剧、艺术实践工作坊和博物馆、非遗展示传习场所体验学习等实践活动，广泛开展班级、年级、院系、校级等群体性展示交流。"美与实践息息相关，照本宣科，难得精要；躬身实践，方能有成。本书在每一章正文之后设计了"思考与练习""审美实践"等板块，便于读者学习完正文知识之后，自发地运用、实践本章的知识，在实践中深化认知、掌握知识，使"美"更好地融入大学生的日常学习和生活中，这也正是美育的初衷。

值得指出的是，本书所谓自然之美、艺术之美、生活之美、科技之美等，仅仅是从不同的角度出发而区分的"美"，并非表示这些"美"是截然分开、泾渭分明的。恰恰需要明确的是，我们在生活中体验的"美"往往是多种形式美的复合，例如，我国的古代建筑往往讲究"天人合一"，将自然之美和建筑之美结合起来，如青城山的道观建筑群，如果没有青城山优美的自然风光和奇特的山势作为承托，其高邈、幽微的意境恐怕会大打折扣；西湖十景中的"三潭印月"，如果没有湖中的三座石塔，只怕也会失色不少。

本书介绍了各种形态美的典型代表，但受限于篇幅，未能详述其精要。有志于更深入了解和研究美学及相关领域的读者，还需要阅读更多的专业著作，并通过外出旅游、欣赏、创作艺术作品，与艺术家交流，体验各地生活等方式，增进对美的认识和体悟，提升自己的美学素养。

本书由庄维嘉、张春田主编。由于编者水平有限，书中难免存在不足之处，敬请广大读者批评指正。

编　者
2023年5月

目 录

第 1 章 真正的光辉——美与美育

两千多年前，古希腊的伟大哲学家柏拉图，在其著作《理想国》中感叹道："美是真的光辉！"而几乎与柏拉图同一时期的中国思想家孟子则认为："可欲之谓善，有诸己之谓信，充实之谓美。"同时期的学者们也纷纷将音乐、绘画、文学等艺术教授给自己的弟子，甚至提倡对全民进行艺术教育。

今天，我们有专门的"美学"来研究美的理论，也有专门的"美育"来对人施以美的教育。美与美育，就在我们的生活之中。

★ 知识目标

1. 了解美的概念和美学的基础知识。
2. 了解美育的历程和大学美育的目标。

⦿ 能力目标

建立对美的认知体系，提升对美的认识；
理解美学的基本理论，认识美育的意义。

▤ 素养目标

通过对美育相关知识的了解，提升主动追求美的意识，不断提升自己的审美素养，树立正确的审美观。

百万年前的美

1911年，英格兰诺福克郡出土了一件石斧，专家们经过研究确认该石斧属于阿舍利石器，其制造者是生活在距今170万年至20万年间的直立人。

石斧的做工虽然粗糙，但在这件石斧的中心位置有一枚贝壳，我们古老的直立人祖先找到了一块带有贝壳的石头，将其加工成了一件石斧。在今天，我们仍然可以想象，这个直立人找到这块石头时的兴奋，将其加工成石斧时的满足，或许在完成这件石斧后，他还会将其高高举起，向同伴们展示和炫耀。

以我们今天的眼光来看，这件石斧或许太简陋，很难被认为是美的。但毫无疑问，这件石斧显示出远古时人类就已经萌发了对美的追求，在数十万甚至百万年前，人类的祖先就已经认识到了美的存在，并且主动创造美！

▲石斧
出土于英格兰诺福克郡

讨论

镶嵌有贝壳的石斧并不比普通石斧好用，为什么这个直立人要有意制造它，这种有意的制造行为反映了什么样的心理活动和思维方式？

引申

美是人本能的追求，天赋的技能。人类与其他动物的一个重要区别在于，人能够系统地认识美，并且有意识地欣赏美、追求美、创造美。审美能力是人类的天赋，但我们也需要学习美、感受美、理解美，提高自己的审美素养。

1.1　认识美

美是何物？什么才是美？虽然美触手可及，但关于美，人们有太多的问题和争论。古今中外，很多哲人都认识到了美，并且各自给出了关于美的不同解释，这可以帮助我们认识美。

1.1.1　人类对美的朴素观念

考古研究显示，至少早在旧石器时期，人类的祖先就萌发了对美的追求，这种追求伴随着基因不断延续下去，在今天的人们身上依然活跃。

1.　人类的本能审美

在生活中，每个人都有对于美、丑的认识，即"本能审美"。现代医学研究发现，人在感受美的时候，大脑的杏仁核、眶额皮层和伏隔核等与情感相关的脑区的血流量增加，神经活动加强。可见，感受美、体验美是人的天性与本能。由此，人们建立起了对美的朴素观念——美是能让人的身心产生愉悦的一种感觉。

我们如果更深入地探索，又可以提出一个问题：为什么美的事物能够使我们觉得愉悦呢？这一问题，我们或许可以从动物身上获得启示。英国动物行为学家发现，有一种叫银鸥的鸟，它黄色的长喙上有一个红点，银鸥的幼鸟会啄母鸟喙上的红点以求母鸟喂食。如果挥动一根末端涂有红点的棒，幼鸟也会啄这个红点。如果改用一根末端涂有 3 道红条的棍，幼鸟的反应更为兴奋和激烈。想必在幼鸟的眼中，红色拥有无与伦比的魅力。为什么幼鸟喜欢红色呢？是因为在它们的意识中"红色＝即将到来的食物"。将其扩展开来，就是"有利于我的＝愉悦＝美"。这在人类身上也有很多体现，例如，人类喜欢食物的鲜味，而"鲜"这种感受是味蕾对食物中呈味氨基酸和呈味核苷酸等物质产生反应而形成的，主要源于蛋白质。人类喜欢鲜味，本质是喜欢营养丰富的蛋白质。而能使人愉悦、在全球众多文化中都象征美好的甜味，则代表高热量的、在食物紧缺的远古时代对人类的生存极为重要的糖类。

可见，我们的本能审美具有浓厚的实用主义色彩，而基于人类的高度社会化，这种本能审美得到了更多的扩展。在基本的食物和保暖等需求得到满足后，人们对美的追求逐渐转移到了"非实用"的领域，如追求宝石、喜欢鲜艳的花朵与羽毛等，这些事物更加接近我们认知中的美，但其本质是出于展示自我、吸引异性、彰显权威等社交需求，是另一种形式的实用。

2.　本能审美的缺陷

19世纪的西欧是艺术昌盛、物质丰富、文化繁荣的乐土，然而正是在这一时期，西欧的社会名流们却掀起了一场在今天看来匪夷所思的审美浪潮——结核病崇拜。

结核病是由结核杆菌感染引起的慢性传染病，结核杆菌主要侵犯肺脏，故结核病又称肺结核病，在我们古代则被称为"痨病"。结核病在欧洲广泛传播，夺去了无数人的生命，被称为"白色瘟疫"，与"黑色瘟疫"——鼠疫齐名。但如此可怕的疾病，在欧洲曾成为上流社会竞相追逐的对象，原因是结核病患者普遍身形消瘦、脸色苍白、青筋毕现，低烧带来的潮红令脸颊泛起一层红晕，被称为"玫瑰香腮"，再加之久病后虚弱无力，言谈举止都显得温文尔雅起来，流露出忧郁的气质，从而引起无数上层贵族人士和艺术家们无限的浪漫主义遐想！

大诗人雪莱和济慈都是结核病患者，在雪莱给济慈的信中，雪莱就对济慈说："这种上帝的疾病更配得上你这样妙笔生花的才子。"可见当时的艺术圈和贵族们对于肺结核追捧的程度。诗人拜伦曾言："我的梦想就是死于肺病。"著名小说家大仲马哪怕未能如愿感染肺结核，也要模仿肺结核病人的神态动作。"健康已经成了一种野蛮趣味的幻想"，成了当时欧洲上流社会的主要看法。

"以疾病为美"的审美让我们感到荒诞，然而这并非个例，如欧洲贵族女性曾为追求细腰而不惜折断肋骨……这些历史上的审美浪潮给社会和个人带来了深重的灾难，其正反映了人类本能审美的缺陷。由于人类受限于自己认知的局限，对于美的本能认识往往是孤立、片面、狭隘的，很容易将审美导向极端。归根结底，本能审美只能够回答"什么事物是美的""美应该如何"，而无法回答"什么是美"这一问题。要打破这样的局面，我们就需要全面地认识美，学习美学。

1.1.2 西方学者对美的探索

对于美的本质的探索，西方学者早在公元前5世纪就已开始。古希腊哲学家柏拉图的《大希庇阿斯篇》中记载，苏格拉底向希庇阿斯提出一个问题："什么是美?"希庇阿斯回答："美是一位年轻漂亮的小姐""美是黄金""美是恰当""美是有用"等，都被苏格拉底一一辩驳，最终苏格拉底不由感叹："美是难的!"

1. 美在理念：从柏拉图到黑格尔

柏拉图在记录老师苏格拉底和希庇阿斯的故事后，给出了自己的观点，他认为美的事物并非"美本身"，种种事物之所以美，是因为美本身把它的特质传递给某一事物，才使其变得美。换句话说，柏拉图认为存在"美本身"作为一切美的本质，所有形态各异的美都是"美本身"的反映，是对"美本身"的模仿或外显，这就是美的理念。

在《会饮篇》中，柏拉图详细表述了美的理念，他认为美的理念是绝对、永恒、客观、单一的，是一切"美的事物"的根源，即将美的本质看作一个抽象的实体，这个实体赋予其他事物以美。而人们对于美的认识，则是从世间个别的美的事物

▲柏拉图（公元前427—公元前347）
古希腊哲学家、思想家

着手，逐渐提高到最高境界的美，如同一级一级上阶梯，最终领悟美的理念，认识美的本质。

柏拉图将美的事物或美的表象与美本身以概念辨析的方式剥离开，指出美的本质不等同于美的事物，其理论符合人们从具体到抽象、从特殊到普遍的认知模式，但是柏拉图仍未能以概念的形式解释美的本质。

柏拉图的理论对于后世的学者影响很大，美在理念这一理论也被广泛继承和发扬。例如，新柏拉图主义创始人普洛丁将美的理念神秘化，认为事物的美是对神光辉的反映。德国古典哲学家康德进一步提出审美所呈现的四个特征：无利害的愉悦、无概念的普遍性、无目的的合目的性、无概念的必然性。而美在理念学说的集大成者是近代德国哲学家黑格尔。

黑格尔把美定义为："美就是理念的感性显现"。黑格尔的理论凸显了四个统一。

一是理性和感性的统一，黑格尔认为美是感性东西的精神化，同时诉之于感性和理性。所谓"在艺术中，感性的东西实现了心灵化，而心灵的东西借感性化而显现"。

二是内容和形式的统一，黑格尔认为："艺术的内容就是理念，艺术的形式就是诉诸感官的形象。艺术要把这两个方面调和成一种自由、统一的整体。"在这里，内容或意蕴就是理性因素，形式就是感性形象，内容和形式是不可分割的统一体，它们完美地结合在一起。

三是主观与客观的统一。黑格尔认为，作为人的生活理想来说，理念是主观的，即"内容本来是主体的，只是内在的"，要"通过外在的，来实现这内在的"。人只有通过外在的客观事物，才能实现主观的理念。

四是一般和特殊的统一。理念是普遍的，但普遍的理念要显现在个别的感性形象中，达到和谐的统一，才能产生美。

2. 美在关系：狄德罗

17世纪法国思想启蒙运动"百科全书派"的代表人物狄德罗提出了"美在关系"的观点。他在著作《百科全书》中"美"的词条中写道："我把凡是本身就含有某种因素，可以在我们理解中唤醒'关系'这个观念的性质，都叫作外在于我的美，凡是唤醒这个观念的性质，都叫作关系到我的美。"

狄德罗认为，我们认识到的所有美的事物都具备一种共同的品质，这种品质赋予事物以美。同时，这种品质是一种"关系"，事物与我的关系越强，则越美，反之亦然。

▲狄德罗（1713—1784）
法国启蒙思想家、哲学家

对于这一观点，我们可以用"故乡"的概念来简单理解，对人们而言，"故乡"都具有特殊的美。但大家的故乡并不是同一地点，"故乡的美"是很私人的，人们哪怕对另一个人的故乡很喜欢，也很难对其建立起"故乡的美"。这是因为我们在故乡的长久生活中，与故乡建立起了深厚、复杂的"关系"，从而感受到了美。

更进一步，狄德罗指出世界上存在三种关系，即实在的关系、相对的关系、虚构的关系，分别对应实在的美、相对的美、虚构的美。

实在的美是指事物本身的美，如一片枫叶，它本身的颜色、纹路、形状等，实在的美是客观的。相对的美则是人们与事物建立相对的关系而产生的美，如一个人在满地落叶中选出了自认为最美的枫叶，这个人就与这片枫叶建立了"相对的关系"，领略到了相对的美。由于关系随时随地可以改变，相对的美也处在不断变换中。而虚构的美则主要指艺术创作，艺术家的创作活动离不开想象，艺术的美的产生也主要依赖于想象。狄德罗说："一位雕刻家看到一块大理石，他的想象力会比他的凿刀更快地把石上多余的部分削去并在石上辨认出一个形象来，但这个形象纯粹是假想的或虚构的。"这就是虚构之美的体现。

3. 美是生活：车尔尼雪夫斯基

19世纪俄国哲学家车尔尼雪夫斯基在《艺术与现实的审美关系》的开篇，就掷地有声地提出："美不是虚无缥缈、神秘莫测的理念，而是可以实实在在领略到的东西，活生生的现实中的美应该是高于艺术美的。"车尔尼雪夫斯基认为美是由客观、现实的美的事物引起的我们主观感性的对美的欣赏，即美感。对普通人来说，最热爱的自然是生活，人们觉得美的事物，都与生活有关，所以美在生活。至此，车尔尼雪夫斯基将美定义为"美是生活"。

▲ 车尔尼雪夫斯基（1828—1889）
俄罗斯哲学家

而对于艺术与审美，车尔尼雪夫斯基认为其具有两大作用："再现现实"与"说明生活"。艺术的首要作用是再现生活中引起人们兴趣的一切事物，另一个作用则是说明生活，对生活现象下判断。这样的思想，成为"艺术源于生活，高于生活"思想的滥觞。

车尔尼雪夫斯基的美学思想把美从神秘、晦涩难懂的抽象概念，转化为具体、生动的现实事物，使美得以走下神坛，成为普通人都能够理解的理念。美是生活的观点，体现了尊重生命、热爱生活的人本主义精神，具有鲜明的进步性。

1.1.3 中华传统文化对美的阐述

根据目前的文献证据，我国古代并没有明确地提出"美是什么"这一问题，也没有系统地对美的本质进行思考，提出对于美的明确概念。但是，我国古代并非没有对美的阐述，只是这些阐述分散在各个传统典籍的章句之中。

1. 孔子论美

孔子是春秋末期的思想家、教育家，儒家学派的创始人，具有"至圣先师"的崇高地位。其对于美的阐述散见于《论语》的各个章节中。"仁"与"礼"是孔子哲学、政治和社会思想的核心，孔子的美学观念也多与"仁"和"礼"相联系。

《论语·雍也》有言："智者乐水，仁者乐山。"智慧的人，性情像水一样活泼，不停流动；

内心仁义的人，像大山一样静谧，深厚祥和、稳重不移。"智者"和"仁者"是孔子对于君子（优秀的人）的双重要求，君子应该像水那样永不停息地进行求索求知，像大山那样沉稳祥和。这句话中的"山""水"并非仅仅是现实的山与水，水寓意活泼，同时代表"智"，山寓意浑厚，同时代表"仁"，可见孔子给山水赋予了另一种精神。

▲孔子（公元前551—公元前479）
儒家学派创始人

《论语·里仁》则说："里仁为美。择不处仁，焉得知？"直译为："跟有仁德的人住在一起，才是好的。如果你选择的住处不是跟有仁德的人在一起，怎么能说你是明智的呢？""仁"是儒家思想的核心要素，孔子认为一个人应该具备"仁"这一品质，因此跟有仁德的人住在一起就是"美"。进一步而言，趋向仁、追求仁、实践仁就是"美"的。可见孔子将美与人的道德修养联系起来，"君子成人之美，不成人之恶"（《论语·颜渊》）"如有周公之才之美"（《论语·泰伯》）等都反映了这一理念。

"子谓《韶》：'尽美矣，又尽善也。'谓《武》：'尽美矣，未尽善也。'"《论语·八佾》的这段话表述了孔子对于"美"与"善"关系的思考。《韶》是舜时的乐曲名，而《武》是周武王时的乐曲名，为何孔子认为二者都"尽美"，而《武》未能"尽善"呢？这是因为二者的背景不同。汉代经学大家郑玄对这一句的注解为："《韶》，舜乐也，美舜自以德禅于尧；又尽善美，谓太平也。《武》，周武王乐，美武王于此功定天下；未尽善，谓未致太平也。"他认为舜以受禅让为王，名正言顺，所以其乐曲能够"尽善尽美"，而周武王以征伐定天下，《武》中含有暴力、破坏、争权夺利等意味，虽然其韵律能够"尽美"，但在思想情感上没能"尽善"。可见，孔子认为艺术创作需要兼具艺术呈现效果上的"美"和思想内容上的"善"。

2. 孟子论美

孟子是继孔子之后儒家学派又一代表人物，有"亚圣"的尊称。孟子将儒家思想发展到了一个新的阶段，其对于美的认识也能对今天的人们有所启发。

▲孟子（公元前372—公元前289）
儒家学派哲学家、思想家

《孟子·尽心下》云："可欲之谓善，有诸己之谓信。充实之谓美，充实而有光辉之谓大，大而化之之谓圣，圣而不可知之之谓神。"我们可将其简单翻译为："得人喜欢的品质即为'善'，自身确实具有'善'而非有意伪装为'善'就叫'信'，'善'充实在身上就叫'美'，既充实又有光辉就叫'大'，既'大'又能感化万物就叫'圣'，'圣'到妙不可知就叫'神'。"可见，孟子继承了孔子"尽善尽美"的观点，认为"善"是"美"的基础和前提，同时，孟子进一步提出了"充实之谓美"。焦循《孟子正义》对"充实"的解释为"充满其所有，以茂好于外"，即人格的特质通过内在充实而彰显于外。因此，我们可以将"充实之谓美"理解为"当一个人内在充满了善、诚等良好的品德后，自然就会外显出美"。而"大""圣""神"都可以视为"善"的更高境界。朱志荣教授认为，"善—信—美—大—圣—神"层层递进的关系反映出道德上升到一定境界时便具有了审美的意味。孟子以此将道德目标、人格精神和审美愉悦联系在一起，将伦理道德上升到美的境界，将审美的境界视为高于善和信的境界。

《孟子·告子上》则提到了共同美感的问题："口之于味也，有同耆焉；耳之于声也，有同听焉；目之于色也，有同美焉。"即认为人类具有相同的感官，因而对味道、声音、颜色等都会有共同的感受，而美感正是在人类这些生理感官所共同具有的反应基础上形成的，因此人类也具有相同的美感。同时，孟子对共同美感的论述并不仅仅局限于生理层面，还推论到了心理层面。"至于心，独无所同然乎？心之所同然者何也？谓理也，义也。""故理义之悦我心，犹刍豢（牛羊猪狗等牲畜）之悦我口。"将心灵的愉悦与声色感官愉悦贯通。虽然通过用生理快感的一致性来证明美感的共同性有片面之嫌，但在2000多年前就已触及美感的共同生理基础问题，仍然可见其先进性。

3. 老子论美

老子原名李耳，是道家学派的创始人，春秋时著名的思想家与哲学家，孔子曾向他请教礼的知识。现存的老子著作主要是《道德经》，从中可窥见老子对于美的认识。

老子哲学思想的核心是"道"，所谓"道生一，一生二，二生三，三生万物"。"道"是"天地之母"，"万物之宗"，是一切事物产生的动力和最后的归宿。天地间的万物，无论是天然的还是人工的，都源于"道"，因此，万事万物的"美"也都是"道"赋予的，这正和柏拉图"美在理念"的理论殊途同归。"道"作为一个抽象的概念，赋予了事物以"美"，事物的"美"都是对"道"的反映。

"天下皆知美之为美，斯恶已；皆知善之为善，斯不善已。"天下人都知道美之所以是美的，是因为丑的存在；都知道善之所以为善，是因为不善的存在。在这里，老子阐述了凡事是相对存在和相互依赖的，两者缺一不可。同时，美作为一个相对于恶的概念而独立存在，而不是被用以形容一种状态、形式和特征，老子对于美的观念，使美在历史上成为独立的美学范畴，在美学史上有重要意义。

"五色令人目盲，五音令人耳聋，五味令人口爽，驰骋畋猎，令人心发狂，难得之货，令人行妨。是以圣人为腹不为目，故去彼取此。"老子在这里所谈到的五色、五音、五味等都是"美"，但为什么要"去彼取此"，彻底否定了美的存在呢？其实这里的五色、五音、五味等主要是指感官上的享受，是一种直接、简单的生理刺激，而圣人则摒弃这种生理享受的"美"，而"为腹不为目"，只保持基本的温饱。其隐含的意思是要人们脱离感官刺激的"低级美"，转而去追求道德、品质、生活方式等方面的"高级美"。

4. 庄子论美

庄子是战国中期思想家、哲学家、文学家，道家学派的代表人物，著作集为《庄子》一书，其中不乏对美的阐释。

庄子继承和发展了老子"道法自然"的观点，在对美的认识上也推崇以自然为美。庄子说："天地有大美而不言……圣人者，原天地之美而达万物之理，是故至人无为，大圣不作，观于天地之谓也。"天地的"大美"，就是"道"，自然万物本身就蕴含了"道"，渗透了"道"，因此自然万物本身就是美的事物，就是美的艺术品。《庄子·天道》篇中记载："朴素而天下莫能与之争美。"即按自然规律发展、绝无人工痕迹的事物，才是最美的。

▲庄子（公元前369—公元前286）
道家学派哲学家、思想家

在审美上，庄子认为人为、人工的美是下乘的甚至是应该舍弃的。《庄子·胠箧》云："擢乱六律，铄绝竽瑟，塞瞽旷之耳，而天下始人含其聪矣；灭文章，散五采，胶离朱之目，而天下始人含其明矣。"意思为：毁灭人造的音乐，天下人才能保持原本的听觉，消除人造的形状、色彩等，天下人才能保全他们原本的视觉。这样的说法虽然有偏激之嫌，但其指出了艺术创作应该符合自然规律，同时指出人为创造的艺术不仅不能成为最美的艺术，而且会对人们欣赏天然艺术造成妨害。

庄子在《庄子·齐物论》中提出了"万物齐一"的观点，认为一般人所说的美丑都是相对的，美丑没有界限，并极力否定绝对的美与丑。同时，由于完全取消了美与丑的差别和矛盾，所以二者又可以相互转换，从而完全否定了世俗美丑划分的意义。庄子认为不论美丑，只要将它们视为自然，合之于"道"，那它们都属于美的一种形式。《庄子·德充符》中讲述了大量的形残德全之人，他们虽然外形丑陋，却能体现出宇宙人生的本根，具有美的心灵，符合"道"，所以仍然很美。

1.1.4 马克思对美的认识

卡尔·马克思在《1844年经济学哲学手稿》提出"人却懂得按照任何一个种的尺度来进行生产，并且懂得怎样处处都把内在的尺度运用到对象上去，因此，人也按照美的规律来建造。"他运用"美的规律"的论点，掀开了对"美"这一研究的新篇章。

对于美的来源，马克思在《1844年经济学哲学手稿》等著作中提出"劳动创造美"的命题。马克思认为，社会的生产劳动过程本身就是美的，因为它能够使人在自然物中实现自身目的。劳动是人类活动中最频繁普遍的活动，也是最基本的创造自身的活动。人类通过劳动一步步建立了社会，发展了文化，并不断生产和改进食物、衣物、工具、能源等。在这一过程

▲卡尔·马克思（1818—1883）
德国思想家、政治学家、无产阶级革命理论家

中，人类也通过劳动进行音乐、文学、绘画等艺术创作，同时不断认识自然、改造自然。因此，无论是实用的美、艺术的美还是自然的美，其根源都是劳动。

马克思认为，人类"由猿到人"的跨越依赖于劳动，随着劳动与实践活动不断增多，人类思维、意识开始得到强化，从而突破了"纯动物意识"，萌发了对"美"的渴望，进而探索美、认识美、发现美、利用美。在劳动过程中，人的手、脑等都得到开发，并且语言的产生为人类创造了交流、沟通的良好途径。基于此，人类才能够掌握"美的规律"，并将其应用于劳动中，产出自然界原本没有的"美"，如华美的衣物、美丽的艺术品、动听的旋律等。

1.2　认识美学

基于对"美"的探索和探究，一个专门的学科逐渐形成，也就是美学。美学并不只是一门理论学科，还与我们的生活息息相关，同时其自身也在不断变化发展中，认识美学，能够帮助我们更好地认识美。

1.2.1　美学复兴

美学是一门既古老而又年轻的学科，自从人类脱离了野兽的蒙昧，有了最初的美感经验与审美创造后，便发展了对美和美的本质与规律的探索与思考，直到1750年，德国理性主义哲学家鲍姆嘉通出版专著《美学》，自此美学摆脱了哲学附庸的地位，成了一门独立的学科。经过数百年的发展，无数学者投身于美学领域，美学也曾辉煌一时，但是，在进入21世纪前，学者们却纷纷高呼"美学已死！"

1985年，美国媒体文化研究者、批判家尼尔·波兹曼发表了著作《娱乐至死》，认为美国社会由印刷统治转变为电视统治，由此导致社会公共话语权的特征由曾经的理性、秩序、逻辑性，逐渐转变为脱离语境、肤浅、碎化，人类心甘情愿成为娱乐的附庸，最终将"娱乐至死"。而随着互联网的发展和普及，这一现象愈演愈烈。

在全球文化产业浪潮下，社会供给的精神文化产品不断丰富，但其中的很多作品难称艺术，反而奉消费主义、功利主义为圭臬，主动迎合低级趣味，审美趋向于庸俗甚至低俗、恶俗。这类作品固然能够产生直接的感官刺激，使人们获得某种"快感"，但其并不具备丰富的文化内涵和优秀的精神内核。当这类作品充斥整个市场，人们长期被其"淹没"时，自身的审美必然退化甚至扭曲。面对这样的局面，传统的美学理论无能为力，难怪会有学者宣称"美学已死"。

国际美学界早有"美学复兴"的期待，国内外学者也纷纷对此进行研究，中国社会科学院金惠敏博士认为，美学的前途在"社会美学"，过去的美学和文化都是精英化的、仅限高雅艺术的，而现在，美学应该以社会为对象，成为"大众的美学"。

近年来，社会上也确有一些可喜的变化，首先是中华民族优秀传统文化被大力弘扬，如

2016年中央电视台大型文化益智节目"中国诗词大会"引起了全民"诗词热",不断发展的"汉服热""书法热",在殷墟所在地河南安阳建立的中国文字博物馆等。中华优秀传统文化具有高度的美学价值,是中国人民审美的"根"。优秀传统文化的盛行,无疑能够对民众的审美产生有益的影响。

同时,我们还在不断地探索未知并且取得了突破。例如,2020年,"嫦娥五号"探测器完成月球样品采集并成功返回,引发了人们的广泛关注和讨论,大家纷纷惊叹于太空的美丽和科学的发展。对未知的探索是人类永恒的悸动,科技发现和突破能够将人的目光暂时从生活和娱乐中解放出来,转而瞭望未知与未来,这无疑会给人带来全新的审美体验和审美趣味。

▲"嫦娥五号"探测器在月面起飞瞬间
2020年12月3日23时10分

人们对于美的直觉追求是社会美学发展的直接推动力,随着市场的丰富,人们在商品选择、家居布置、衣着打扮等方面都开始追求"美",并越发显示出独特的个性追求。这些自发的审美需求不一定都恰当、合理,但仍然具有巨大的积极意义。例如,故宫博物院发行了"故宫文创"产品,从故宫藏品中获取灵感,制作成精致又实用的文创产品,受到了广大用户群体的喜爱。

随着经济的进一步发展和人们生活水平的提高,人们的精神需求将会更加强烈,对美好生活的期待更上一层台阶。社会需要美、呼唤美、追求美,而美学,正是指导人"美化生活"的学问,因此,美学当复兴。

▲万紫千红蝴蝶茶壶
"故宫文创"产品

1.2.2 美学的研究对象

无论哪一门学科,研究对象都是其基础理论的基石,而美学的研究对象也与"美是什么"这一问题一样,至今悬而未决。也因此,美学仍在不断发展变化中。

1. 美学是研究感性的学科

德国哲学家鲍姆嘉通作为"美学"(aesthetic)这一名称的创造者,他认为,人类的心理活动可以分为知(理性认识)、意(意志)、情(情感)三个部分,而逻辑学研究"知"、伦理学研究"意"，因此"情"也应该有一门对应的学科来研究，于是提议建立一门新的学科，即美学，来研究"情"。

根据鲍姆嘉通的观点，美学研究的是"感性认识的完善"，而"感性认识的完善"也就是"美"。

2. 美学是艺术哲学

黑格尔认为美学应以艺术研究为主，在其著作《美学》首卷的开篇，他就开宗明义，指出：美学的对象就是广大的美的领域，说得更精确一点，它的范围就是艺术，或者说，就是美的艺术；美学所讨论的并非一般的美，而只是艺术的美；美学的正当名称是"艺术哲学"，或更确切一点，是"美的艺术的哲学"。

▲鲍姆嘉通（1714—1762）
德国哲学家、"美学之父"

在黑格尔的理论中，美学研究的对象是艺术，美学就是艺术哲学或艺术科学，美学就是艺术观。基于此，美学所指的"美"仅仅指艺术美。而对于自然美，黑格尔认为："艺术美高于自然美……自然美只是属于心灵的那种美的反映，它所反映的只是一种不完全不完善的形态，而按照它的实体，这种形态原已包含在心灵里。"即艺术美是来源于人们心灵中的理想的美，是最高的，而自然美则是对心灵中美的不完全、不完善的反映。

3. 美学要关注自然与社会生活

我国古代哲人，尤其是道家学派，很早就关注到自然美，并且给予其很高的评价，如庄子的"天地有大美而不言"。自然风光在中国古典艺术中也有重要的地位，如魏晋南北朝时开始盛行的山水诗和山水画。

宋代马远的画作《踏歌图》中的柳树行笔瘦硬，树枝向下延展，转折处有力而不病弱；画中山石笔墨雄健苍劲，轮廓鲜明，恰似刀砍斧劈而成，有力地表现了雨后天晴的京城郊外景色。

同时，我国古代美学还对社会生活尤为关注，如儒家就认为人应该具有高尚的道德和情操，成为"君子"，而"君子六艺"中就包括"诗"和"乐"两门艺术，这说明孔子等儒家学者认为艺术与人格有密切关系，希望通过艺术美来培养人格美。同时，儒家还关注整个社会，认为社会应该讲道德、有秩序，最终实现"天下大同"这一目标。

可见，我国传统美学虽然没有系统的文字表述，但是对于美学的研究对象非常丰富，甚至远超同期的欧洲。

▲《踏歌图》
宋，马远，绢本设色山水人物画，
故宫博物院

4. 美学是研究审美关系的学科

在近现代学者的研究和探索下，提出诸多独创性的美学观点，同时还有参与美学讨论的理论研究者，例如，我国著名美学家、文艺理论家孔阳认为，美学是以艺术为中心，并主要通过艺术来研究人对现实的审美以及在审美关系中所产生和形成的审美意识的一门科学；山东大学美学研究所所长周来祥认为美学的研究对象是审美关系，美学是以审美关系为轴心的，对美、审美和艺术的有机统一整体进行综合研究。

1.2.3 美学的任务

俄国现实主义美学奠基者别林斯基说："真正的美学的任务不在于解决艺术应该是什么，而在于解决艺术实际是怎样的。"显然，他是将艺术作为美学的研究对象。但其实艺术是一种审美的意识形态，将别林斯基理论中的艺术扩展到整个审美活动中，就可以发现，美学的任务就是从哲学的高度分析人类的审美现象，总结人类审美实践经验，最终探索和揭示人类审美活动的规律，如审美对象具有什么特质、审美主体与审美客体的关系、审美的心理结构、审美意识的产生和发展等问题。这也是美学最主要、最根本的任务，只有完成了理论的任务，人们才能利用理论的力量指导审美实践，促进审美活动的开展。而审美作为一种高度复杂的活动，至今仍然留有很多未解之谜供人们探索。

美学应该指导审美实践，美化社会，美化每个人的生活。人对现实世界的改造总是按照美的规律进行，在我们的日常生活中，建筑设计、服装设计、广告设计、家居环境等都与美息息相关，需要美学的指导才能得到最佳的效果。例如，一件产品，除满足人们使用的需要外，在造型、色彩等方面也应该赏心悦目，符合审美的要求。同时，美学的普及也能够促进社会文明的发展，如当人们普遍能够认识和欣赏自然美后，保护自然的理念就更易推行，人们也会自发减少对自然的破坏。

美学应促进人生审美意识的形成。美学作为一门人文学科，关系人类自身的生存与发展，美学理论需要揭示美与人自身建设的关系，促使人生的艺术化，这体现了美学对人的整体性关怀，可谓是美学的终极理想和追求。马克思认为，人能按美的规律来"建造"，审美活动能够通过"陶冶"潜移默化地改变人，并对人造成深刻且持久的影响。因此，美学应当揭示美对于人类社会生活的多方面联系与意义，帮助人们理解审美活动与美，并且指导人们的审美实践，使人们自觉地参加审美活动，以美学理论帮助人们以一种内在的驱动力来进行自我塑造、自我完善。列·符·赞科夫曾经说过："审美发展和道德发展是密切联系的。对于美的欣赏可以使人变得高尚起来。美能唤起人的善良感情，如同情心、忠诚、爱、温柔等。感情会在人的行为中成为一种积极作用的力量。"一个接受过美学教育，具备足够美学知识的人，在生活中，能够明白什么样的审美情趣是庸俗的，什么样的审美情趣是高雅的；能够分辨艺术作品的优劣，自觉从优秀的、具有深度精神意蕴的艺术作品中汲取有益的营养，从而培养起正确的审美观念和崇高的审美理想。

1.3 认识美育

美学可以促进人生审美意识的形成，而这需要人们了解美学、理解美学，要达成这样的效果，最佳方法就是进行以美学为内容的教育，也就是"美育"。教育家凯洛夫说："审美教育是学生全面发展不可或缺的一部分。它的本质是理解自然和社会的美，理解人与人之间关系的美，从艺术的角度理解周围的现实，培养艺术美的创造力。"美育，是审美的教育，是美感的教育，更是对于人精神的教育。

1.3.1 从美学到美育

如同美学的诞生先于"美学"这一概念的提出，美育的历史同样远早于"美育"这个词语。早在古希腊和罗马时期，斯巴达城邦教育就将舞蹈与体操相结合，雅典城邦则设立了弦琴学校以教学生音乐、唱歌和吟诗，这被称为"缪斯教育"（缪斯是希腊神话中司掌艺术与科学的9位文艺女神的总称）。在理论上，哲学家柏拉图在《理想国》中，描摹了对青少年实施以歌唱、舞蹈、演奏等为主要内容的全面、系统的艺术教育，并提出了用音乐教育培养"城邦保卫者"的观点。其弟子亚里士多德则主张阅读、书写、体育、音乐、绘画和谐发展，并认为"美是一种善"，肯定了美引人向善的作用。此时的美育，局限于艺术教育，可称为"关于美的教育"。

在中世纪，美育在"黑暗时代"中挣扎，仅有音乐作为"七艺"之一，成为修道院教育的主要内容，但此时的音乐教育充满了宗教神学色彩，专为神学服务，已然失去了其本来面目。随着文艺复兴和启蒙运动的兴起，美学重新焕发新生，"文学三杰"（但丁、彼特拉克和薄伽丘）"美术三杰"（达·芬奇、米开朗琪罗和拉斐尔）等一大批划时代的艺术家涌现，"美"达到了高峰，社会对于美育的需求也随之高涨，美育已经呼之欲出。

18世纪，"美学"从哲学中独立出来，美学从此建立了自己的学科体系，为美育实践提供了理论依据。18世纪90年代，德国著名诗人席勒在其著作《美育书简》中第一次提出"美育"的概念。"有促进健康的教育，有促进认识的教育，有促进道德的教育，还有促进鉴赏力和美的教育。这最后一种教育的目的在于，培养我们感性和精神力量的整体达到尽可能和谐。"这成为美育诞生的宣言。19世纪中叶以后，伴随着工业革命浪潮，美育实践也得以强化，万国工业博览会（世界博览会的前身）于1851年在伦敦的海德公园成功举行，这是一次规模空前、受关注度空前的艺术和工艺展览，引发了欧美工艺展览活动的风潮。各国随之建立起林林总总的美术馆、工艺馆、艺术院校，美育也通过这一系列路径触及千家万户。

1.3.2 中华文化美育传统

美育的概念及其相关理论虽然并不是由我国最早提出的，但美育在我国并不是空白，甚至可以说，我国是具有深厚美育传统并从未中断的国家。

有史可查的审美活动早在先秦时期就已出现，据《尚书·尧典》记载：舜要求乐官夔用乐去"教稚子，直而温，宽而栗，刚而毋虐，简而毋傲"。可见舜已经意识到了美对于人的教化作用。周公旦"制礼作乐"，对我国社会、思想文化、历史发展都产生了重大而深远的影响，而其中的"乐"正是广义的艺术。西周各级各类教学的基本学科是"六艺"，即礼、乐、射、御、书、数，可见当时我国古代社会对美育的重视以及对美育功能极大的运用。

孔子积极提倡美育，他肯定了美育对人的精神的深刻影响，提出："兴于诗，立于礼，成于乐。"（《论语·泰伯》）"诗，可以兴，可以观，可以群，可以怨。迩之事父，远之事君。多识于鸟兽草木之名。"（《论语·阳货》）。儒家将艺术及更广泛的美作为教化的有效手段，随着汉武帝时期"罢黜百家，独尊儒术"，儒学成为我国封建史上唯一的"官学"，随着儒家学者群体的扩大，儒家书院的兴盛，儒家的美育传统也随之持久地传承下来。

▲ 周公旦（生卒年不详）
西周思想家、教育家

在孔子之后，历代士大夫都重视美育的作用，"建安七子之冠"王粲在《荆州文学记官志》中提出"夫文学者，人伦之首，大教之本也"的观点。唐代名臣魏征极力推崇文学的教化作用，在《隋书·文学传序》中指出："然则文之为用，其大矣哉！上所以敷德教于下，下所以达情志于上，大则经纬天地，作训垂范，次则风谣歌颂，匡主和民。"白居易"上可裨教化，舒之济万民。下可理情性，卷之善一身"（《读张籍古乐府》）的论断则点明了美育对社会和个人的裨益。金圣叹在《水浒传回评》中的说法则更加直观，他说："鲁达为人处事，一片热血，直喷出来。令人读之，深愧虚生世上，不曾为人出力。"指出小说情节有强大的感染力，能够激发人的羞愧之心，促使人"醒悟"。可见，虽无美育之名，但历代文艺家无不注意到了文艺作品的教育意义，我国美育，古已有之。

1.3.3 ▶ 近代中国的美育探索

鸦片战争之后，我国国门大开，西方的各种思想也随之传播到国内，彼时国内的进步知识分子认识到美育的作用和力量，将其相关理论引入我国，美育快速发展起来。

近代学者王国维受康德、席勒等人的思想影响极深，在文学、哲学、美学、史学等方面均有很深的造诣，他将"美育"这个概念翻译并带到中国，提出："完备之人物不可不备真善美之三德。""教育之事亦分为三部：智育、德育（即意志）、美育（即情育）是也。""美育者一面使人之感情发达，以达成完美之域；一面又为德育与智育之手段。""三者并行而得，渐达到真善美之理想，又加以身体之训练，斯得为完全之人物，而教育之能事毕矣。"(《论教育之宗旨》)其较为系统地阐释了美育的理念和主张。

蔡元培是我国杰出的教育家、思想家，在出任中华民国教育总长之后，他积极推动美育的发展和普及。1912年，他发表《对教育方针之意见》，在文中提出了"美育主义"，强调"五育并举"(军国民教育、实利主义教育、公民道德教育、世界观教育、美感教育)的教育方针。之后，他又主持制定了《大学令》《中学令》，奠定了我国从幼儿园到小学、初中、高中以及到大学研究院的现代教育制度。

1913年，鲁迅发表《拟播布美术意见书》，指出："(美育)其力足以深邃人之性情，崇高人之好尚，亦可辅道德以为治"。1919年，吴梦非、丰子恺等人联合成立了我国第一个美育学术团体——"中华美育会"，并于1920年创刊出版了中国第一本美育学术刊物——《美育》杂志，积极研究和宣传美育思想。1922年，蔡元培发表《美育实施的方法》，论述了从社会、学校、家庭3个方面实施美育的要求和方法，虽然其中的方法多少有些不切实际，但仍然不失为一次有益的尝试。

▲蔡元培（1868—1940）
中华民国首任教育总长

1.3.4 ▶ 大学美育

新中国的成立，使古老的中华大地焕发新生，社会欣欣向荣，美育也终于等到了最好的发展时机。1951年，时任教育部长的马叙伦在全国中等教育会议闭幕词中指出，全面发展的原则是"使青年一代在智育、德育、体育、美育各方面得到全面发展，成为新民主主义社会自觉的积极的成员"。《中华人民共和国义务教育法》《中华人民共和国教育法》《中共中央 国务院关于深化教育改革全面推进素质教育的决定》等法规、文件无不肯定了美育的重要意义，并大力提倡和发展美育。

大学美育，顾名思义，即面向大学生群体教授的美育课程。在所有学段的学生中，大学生具有较为成熟的思维能力和较为丰富的生活阅历，能够较好地理解美学的相关理论；在所有学段中，大学被认为是大多数大学生走向社会的最后一个学段，大学教育对大学生后续的人生发展有直接的影响。因此，大学美育在各个学段的美育中，显得格外特殊与重要。

2020年，由中共中央办公厅、国务院办公厅印发的《关于全面加强和改进新时代学校美育工作的意见》指出："高等教育阶段开设以审美和人文素养培养为核心、以创新能力培育为重点、以中华优秀传统文化传承发展和艺术经典教育为主要内容的公共艺术课程。""高等教育阶段强化学生文化主体意识，培养具有崇高审美追求、高尚人格修养的高素质人才。"可见，作为一种高等教育活动，大学美育将以美学理论为思想指导，通过对中外经典艺术作品的赏析和对中华优秀传统文化的把握，培育大学生的创新能力、审美能力，使之成为具备崇高审美追求、高尚人格修养的高素质人才。这正是我们编写此教材的主旨，也是大学生学习本课程应秉持的理念。

思考与练习

练习一：思考与讨论

1. 中国现代美学奠基人朱光潜在《文艺心理学》中指出："研究文学、艺术、心理学和哲学的人们如果忽略美学，那是一个很大的欠缺。"他在《谈美书简》中又说："研究美学的人如果不学一点文学、艺术、心理学、历史和哲学，那会是一个更大的欠缺。"请你思考并与同学一起讨论：朱光潜先生的这两句话有何道理？这两句话对我们学习美学有何启示？

2. 列夫·托尔斯泰说过："美对只讲而不想的人是一目了然的，而对又讲又想的人而言始终是个谜。"请你思考并和同学一起讨论：为什么会有这样的现象？我们又该如何"讲"美呢？

练习二：赏析

1. 1795年，德国古典美学家弗里德里希·席勒的著作《美育书简》出版，这本书由席勒于1793～1794年间写给丹麦王子克里斯谦公爵的27封信组成，其中详述了席勒"追求人类本性的完善，提倡理性的自由"的美育思想，被称为"第一部美育宣言书"，对后来的艺术理论和美学影响深远。请阅读《美育书简》一书，并挑选其中一篇最喜欢的，谈谈其美学、美育思想。

2. 洞庭湖是中国传统文化发源地之一，风景名胜众多。东汉时，洞庭湖畔建立起岳阳楼，岳阳楼成为"江南三大名楼"之一，随着范仲淹的《岳阳楼记》问世，"洞庭天下水，岳阳天下楼"的美誉更是闻名天下，以洞庭湖、岳阳楼为主题的绘画、音乐、舞蹈等艺术作品层出不穷。请了解与洞庭湖相关的自然风光、建筑、文艺作品等，说说你感受到的美。

审美实践——心中的至美

一个人，哪怕对美学全然无知，同样会有美的感受和体验。下面，请同学们讲一讲自己心中最美的事物。

一、活动名称

心中的至美。

二、活动主旨与意义

同学们通过讲述自己心中最美的事物，从自己的回忆和分析中感受美、领悟美，认识个体间的审美差异，培养审美能力。

三、活动内容

同学们至多利用一节课的时间完成本次活动，活动内容如下。

1. 同学们拿出一张白纸，写下自己心中觉得最美的事物，可以是一首歌、一幅画、一本书、一首诗、一张照片、一片风景、一幢建筑、一段经历、一种理论或者是其他的什么。

2. 想一想这一事物到底美在何处，分析其所蕴含的美，并写在纸上。

3. 全班同学互相乱序交换纸张，在拿到纸张后，阅读上面的文字，将自己从中感受到的美写在上面。可以多交换几次，然后物归原主，谈谈大家对于自己喜爱事物的看法。

🔍 **审美实践报告**

实践目的	
实践内容	
实践成果	
心得体会	

审美实践——创造我的美

创造美从不是艺术家的专利，它同样体现在普通人的劳动和生活中。下面，请同学们利用手边的材料，以自己喜欢的方式创造属于自己的美。

一、活动名称

创造我的美。

二、活动主旨与意义

同学们通过创造美的实践，体会马克思的"劳动创造美"的美学观，并在实践中提高自己的审美能力和审美素养。

三、活动内容

同学们至多用一节课的时间完成本次活动，活动内容如下。

1. 同学们根据自己对美的观点，构思一件自己认为美的作品，可以是文字作品、绘画作品、音乐作品，也可以是一段表演，甚至可以是一件物品、一个动作、一件衣服，只要认为其中具有美的成分，在形式上没有任何限制。

2. 通过自己的行动，将设想的作品变为现实。如果可以的话，请向全班同学展示你的作品，并说一说你的创作理念。

🔍 审美实践报告

实践目的	
实践内容	
实践成果	
心得体会	

第 2 章 凝固的史诗——建筑之美

立体庭院、高空景观、城市森林花园、智能住宅……无数新兴建筑拔地而起，勾勒出人类的未来生活图景。建筑，被誉为"凝固的史诗"，铭刻着人类久远的历史与文化。建筑，记录人类的过去和未来，承载人类对居住、对文化、对人生、对美的追求。

★ 知识目标

1. 了解建筑艺术的流派、特征等基础知识。
2. 了解建筑艺术的审美特征。

◉ 能力目标

培养从不同角度欣赏建筑艺术作品的能力。

▤ 素养目标

了解古今中外的优秀建筑作品，品味建筑的历史人文之美，提升自己的人文素养。

建筑奇迹——大报恩寺琉璃塔

17世纪，一本记录欧洲人旅华的游记引爆了欧洲人对我国一座建筑的热情，将其奉为"南京的表征""东方建筑艺术最豪华、最完美无缺的杰作""世界建筑史上的奇迹"，这就是位于南京的大报恩寺琉璃塔。

大报恩寺琉璃塔是一座明代修建的古塔，塔高78.2米，九层八面，周长百米，全塔通体用琉璃烧制，其内、外表层全部用各种造型、各种颜色的琉璃构件榫合而成，金碧辉煌，绝非砖瓦可及。

白天，在南京城的任意一处，都能抬头看见高塔。而夜晚，高塔的144扇窗户都会燃起油灯，并以极薄的蚌壳作为反光板，哪怕是风雨如注的黑夜，也能光芒璀璨，恍若仙境。大报恩寺琉璃塔是中国古典建筑技术、设计和艺术的巅峰之作。

▲大报恩寺琉璃塔
尼霍夫《荷使初访中国记》中铜版画插图，1665年

讨论

你认为大报恩寺琉璃塔美在何处？大报恩寺琉璃塔有何艺术价值？又有何文化价值？

引申

我国作为世界文明古国之一，在建筑技术与建筑艺术上取得了极高的成就。大报恩寺琉璃塔是我国古建筑的代表作，其以大胆的设计、精细的工艺、突出的形象、美轮美奂的视觉效果赢得中外人们的一致喜爱与赞叹，成为我国文化一张亮丽的名片！

2.1 建筑艺术

6000多年前，半坡文明的居民们只能蜷缩在半地穴式的草棚中栖身；今天，人们已经习惯在窗明几净的高楼大厦中生活。建筑，不仅仅是一门技艺，是冰冷的人造物，更是人们生活的空间，是一门有温度的独到艺术。

2.1.1 建筑与建筑艺术

古城墙给人以古朴浑厚之感，而摩天大楼的玻璃幕墙则给人以明亮挺拔之感。建筑本是满足人们实用目的的人造物，但是其造型、颜色、材料、线条、门窗设计等却能带给人多样的感受，给人以美的体验，也因此，哲人们将建筑称为"凝固的音乐""立体的画""无言的诗"。我们虽没有哲人的智慧，但也能了解建筑，认识建筑艺术之美。

1. 建筑物与构筑物

在人们的普遍认识中，建筑往往就是房子的同义词，其实不尽然，现代建筑学将建筑定义为"人们为了满足社会生活需要，利用所掌握的物质技术手段，并运用一定的科学规律和美学法则创造的人工环境"。建筑被分为建筑物与构筑物两大类，房屋、场馆、车间等能够"容纳人"的被称为建筑物，而水塔、桥梁、水坝、纪念碑、建筑喷泉、建筑雕塑等不能容纳人的则是构筑物。

2. 建筑的艺术

一些人仅仅将建筑看作工具，如法国现代主义建筑大师柯布西耶曾一度声称，建筑只不过是一种"居住的机器"。但显然，绝大多数人都承认建筑具备超越实用的艺术性，因为人们并没有将建筑全部造成一模一样、四四方方、能最大化利用空间的盒子。

中国艺术研究院研究员萧默认为，建筑的艺术有三个层面。

● 功能和物质条件的美。其中建筑的功能美体现为其带给人的安全感与舒适感，而物质条件的美包括材料美、结构美、施工工艺的美和环境美。例如，人民英雄纪念碑正面碑心的材料为一整块巨型花岗岩，花岗岩，能够给人庄重、坚毅、整体之感。

● 建筑的形式美。运用主从、比例、尺度、对称、均衡、对比、对位、节奏、韵律、虚实、明暗、质感、色彩、光影和装饰等"形式美法则"，对建筑进行一种纯形式的加工，形成既多样又统一的完美构图，并展示某种风格。仍以人民英雄纪念碑为例，从地面开始有双层月台，月台上是大小两层须弥座，须弥座上才

▲萧默（1938—2013）
中国艺术研究院
建筑艺术研究所前所长

是碑身，挺拔与稳重兼具。

● **纯艺术的美。** 如果说前两种美的意义在于"悦目"，那么"赏心"就是对建筑纯粹艺术美的最好诠释。萧默认为建筑能够创造出某种情绪氛围，以陶冶和震撼人的心灵。人民英雄纪念碑毫无疑问是这类美的集中体现，面对宏伟的纪念碑，观者自然能够感受到庄严肃穆，通过碑身的浮雕图案和碑文，观者能够了解人民英雄的事迹，激发对英烈的崇敬之情，获得精神的洗礼。

2.1.2 建筑的功能、技术和形象

建筑学将建筑的功能、技术和形象三者合称为"建筑三要素"，它们辩证统一，共同组成了"建筑"这一概念。我们在认识建筑艺术时，从建筑三要素入手不失为一个理想的方法。

▲ 人民英雄纪念碑
北京，1958年，通高37.94米

1. 建筑功能

建筑功能是指人们修建建筑的具体目的和使用要求，也是建筑的基础和核心，建筑技术和建筑形象都需要满足建筑功能。

以住房为例，住房的基本建筑功能就是满足人们的居住需求。首先，住房要满足人们的基本活动需求，如住房的层高需要满足人们足够站立且不觉压抑。同时，还要满足保温、隔热、防潮、隔音、通风、采光、照明等要求，我国《住宅建筑规范》就明确规定，住宅应满足人体健康所需的通风、日照、自然采光和隔声要求。

一些专业建筑还会有一些特殊的功能要求，例如，剧院为了获得最佳的视听效果，在音乐厅空间结构、音响布置、饰面材料、座椅位置等方面都会精心设计：音乐墙面往往做不规则设计，以减少因声音在平行、光滑表面之间来回反弹叠加而产生的颤动回声；内墙采用阶梯或波纹式设计，以减少低频的噪声、呼吸声传递，使演员的台词表达更清晰等。

2. 建筑技术

建筑技术是有关房屋建造方式与方法的知识和技巧的总称，建筑功能和建筑形象都依赖多项建筑技术，包括建筑设计、建筑结构、建筑施工、装饰装修、建筑电气、园林景观等。建筑技术的革新和突破一路伴随着人类文明的发展，也对建筑的功能和形象产生了巨大的影响。我国古代的人用陶土烧制瓦片，代替茅草作为房顶，大大提升了房屋的舒适度和安全性。而钢筋、混凝土和现代框架结构等技术的普及，使城市中得以遍布高楼大厦。

近年来，不断有前沿科技被运用到建筑中。例如，国家游泳中心以半透明的ETFE（乙烯-四氟乙烯共聚物）为外立面覆盖物，其重量仅为同尺寸玻璃的1/100，且耐腐蚀性强、保温性

好，可调节室内温度，达到冬天保暖、夏天散热的效果，还具有自清洁功能，灰尘、雨水都难以粘在上面。

3. 建筑形象

建筑形象包括建筑外部的形体和内部空间的组合，包括建筑内外部表面的色彩和质感，还包括建筑各部分的装修处理等综合形成的艺术效果。建筑形象并非单纯的美观问题，还涉及文化传统、民族风格、社会思想意识等多方面的因素。国家游泳中心的外部就像由一个个泡沫堆叠而成，让人很容易联想到水、游泳等概念，又能给人以轻盈、凉爽之感，非常符合"游泳中心"建筑的文化内涵。

▲国家游泳中心
北京，2008年，长177米，宽177米，高30米

2.1.3 中西方建筑流派及其特点

在我国和欧洲数千年的文明史中，各自的建筑艺术得到了长足的发展，创造了鲜明独特的建筑风格，在世界范围内都具有巨大的影响力。在现代，我国人民已经习惯于将建筑分为中式和西式，并基于此对建筑进行赏析和评价。

1. 中式建筑流派

在我国历史上，各地都建造了许多具有当地特色的建筑，因此根据地域形成了不同的流派。大体上，中式建筑可以分为京派、苏派、晋派、川派、皖派、闽派。

文档：中式建筑
流派代表

● 京派。京派主要分布在华北地区，其主要代表是四合院，外观规矩，中线对称，四面房屋各自独立，围成一个院子，使用同一出口，具有很强的私密性。

● 苏派。苏派建筑分布于江南地区，是南北方建筑风格的集大成者，其代表是沿河而建的园林式住宅，具有前街后河、"人家尽枕河"的水乡风情。

● 晋派。晋派建筑在山西、陕西等地最为集中，其特征是高墙深院、白墙黑瓦，并多装饰以凸显稳重大气。

● 川派。川派建筑流行于西南地区，建材以木、石灰、青砖、青瓦为主，多为穿斗式木架构，斜坡顶、薄封檐，开敞通透，轻巧自如。

● 皖派。皖派建筑分布在安徽、江西、湖北等地，其特色是马头墙、小青瓦和由建筑围成的高深的天井，天井既是主要的采光处，又是四面建筑雨水的落脚点，谓之"四水归堂"。

● 闽派。闽派建筑分布于福建，以土楼为代表，土楼外墙为坚固夯土，内部以木结构、穿斗式结构为主，兼具生产、生活、防卫等功能。

2. 西式建筑流派

与中式建筑不同，西式建筑在迭代上非常清晰，每一个历史时期都有其主流建筑，因此形成了明确的建筑流派。

● 古希腊式。古希腊式建筑的主要风格特点是和谐、完美、崇高，其风格特点在多样化的石柱上得到了集中体现。

● 罗马式。罗马式建筑继承了古希腊式建筑的成就，在建筑形制、技术和艺术方面广泛创新，最突出的特点就是半圆形拱券，工艺水平很高。

● 哥特式。哥特式建筑的主要特点是尖塔高耸、肋状拱顶、飞扶壁、玻璃百花窗。

● 巴洛克式。巴洛克的原意为奇异古怪，巴洛克式建筑外形自由，追求动态，常使用富丽的装饰和雕刻，加之其强烈的色彩，总体显得富丽堂皇。

> **知识链接**
>
> 西方的传统建筑还有罗曼建筑、拜占庭式建筑、文艺复兴式建筑、古典主义建筑、洛可可式建筑、浪漫主义建筑等。其中，洛可可式建筑是对巴洛克式建筑的发扬和改良，浪漫主义建筑则是模仿哥特风格，被称为"哥特复兴建筑"。

2.2 建筑艺术与审美

站在故宫的太和殿广场上，我们往往为故宫的宏伟壮观而屏息；仰视科隆大教堂的尖顶，我们难免为教堂的挺拔高峻而感叹；漫步于江南水乡的园林，我们可能因为景致的精巧而不自觉微笑……我们能直观体验到建筑之美，但是建筑之美究竟体现在何处，则需要我们从细处分析。

2.2.1 实用性与艺术性的统一

建筑艺术是立足于实用的艺术，建筑物是人们活动的空间，要满足人们的活动需求，而构筑物如桥梁、堤坝等，虽然不提供活动空间，但具有不可忽视的功能性。建筑艺术从产生到发展的整个过程中，都一直在艺术和实用之间寻找平衡。

当然，建筑设计师和建筑家们始终对艺术有强烈的追求，最终在建筑上体现出了实用与艺术兼备的美。

我国传统建筑，无论亭台楼阁，在屋顶的边缘都会采用"飞檐"的形式。飞檐是指屋檐特别是屋角的檐部向上翘起。将屋檐设计成飞檐，既能够扩大屋内的采光面，还能够有效排水。南方常有暴雨，呈抛物线翘起的飞檐能够有效将

▲ 飞檐
上挑式

雨水抛远，减少雨水对建筑的损害。同时，飞檐也是中国传统建筑艺术的重要部分，飞檐形如飞鸟展翅，轻盈活泼的曲线不仅能为建筑的墙、门、窗塑造的直线形成有益的补充，还能为建筑物增添一种向上的动感，仿佛将要乘风而起。唐太宗李世民的《置酒坐飞阁》中"高轩临碧渚，飞檐迥架空"正写出了飞檐"腾跃"的动感。建筑群中，层层叠叠的飞檐更能展现壮观的气势。

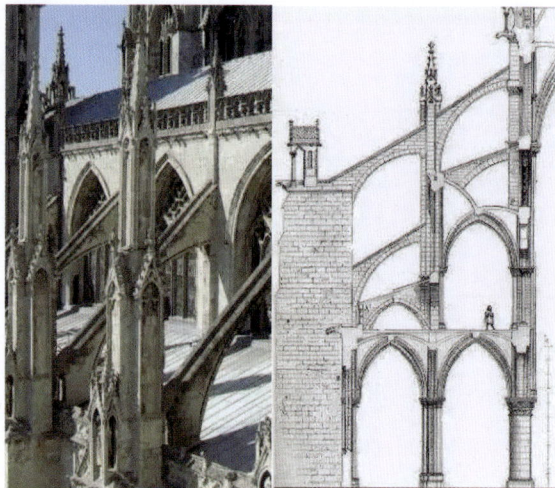

▲欧洲教堂的飞扶壁
巴黎圣母院，始建于1163年

▲通风孔
上海世博会中国国家馆（现中华艺术宫），上海，2010年

西方传统建筑，尤其是哥特式建筑，常常使用飞扶壁做支撑，飞扶壁凌驾于下层空间之上，连接到顶部高墙上肋架券的起脚部位，用于平衡肋架拱顶对墙面的侧向推力。

飞扶壁早在罗马时期就被采用，在12世纪，飞扶壁已经成为建筑美学的重要组成元素，在建筑中常被着重显示。飞扶壁能够增强向上的"动势"，使主要建筑显得更加高耸、轻盈，营造教堂建筑的神圣感、崇高感。同时，飞扶壁也能够很好地连接主建筑与附属建筑，增强建筑的整体性。

在今天，这种实用与艺术兼备的设计仍然被广泛使用。上海世博会中，中国国家馆"东方之冠"被很多人青睐。该建筑四面墙体均使用了31个中国式椽子，在椽子外露的截面，则以传统印章的手法篆刻了对应的方位词。但实际上，这些椽子是东方之冠的通风口，其中篆刻词笔画镂空的部分是通风孔。东方之冠堪称实用与艺术结合的典范。

2.2.2 精巧的建筑结构与空间布局

柱、梁、板、屋架等构件共同组成了建筑的结构，而构件的尺寸、间距等决定了建筑的内部空间，建筑的内部空间则直接影响建筑的功能实现、活动舒适度及建筑形象。

1. 建筑结构

在结构上，我国传统建筑中常常为人津津乐道的就是斗拱。梁思成曾言："斗拱在中国建筑上的地位，犹柱饰之于希腊罗马建筑"。林徽因则评价斗拱"尽错综之美，穷技巧之变"。

在立柱和横梁交接处，从柱顶上加的一层层探出成弓形的承重结构叫拱，拱与拱之间垫的方形木块叫斗，合称斗拱。在屋檐下层叠而出的斗拱本身即具有丰富的立体结构，体现出复杂多变的几何美感。

斗拱的功用在于承受上部支出的屋檐，将其重量集中到柱上。故宫太和殿的650组斗拱，借助其精巧的构造，将屋顶的压力合理分配到立柱上，因此仅用72根立柱就支撑起了巨大的屋顶。

▲斗拱
历代帝王庙，北京，始建于1531年

2. 建筑空间布局

基于科学精良的建筑结构，传统建筑得以探索和创造更加复杂和巧妙的空间布局。山西省万荣县东岳庙内的飞云楼被誉为"中华第一木楼"，是我国古代极复杂的木结构建筑之一。在结构上，作为一座纯木质多层建筑，飞云楼没有使用一根钉子，全靠木构件之间的榫卯连接，可见其结构之科学，工艺之精良。在空间布局上，飞云楼也堪称登峰造极。

飞云楼底层为正方形，面阔进深五间，南北直通，木柱林立，中间有4根永定柱，直通楼顶，加之周围12根外檐圆柱、8根金柱、8根外檐方石柱，共计32根木柱巧妙连成棋盘状，共同支撑楼体，构成了飞云楼的基本空间框架。

飞云楼全楼明露3层，但实为5层，巧妙地将两层暗层隐于平座之内，独具匠心。具体到各层平面，分别呈正方形、长方形、折角十字形等，各层地板都较下层屋顶突出，在有限的结构下获得了更大的空间，空间多变却又规整。

因为平面轮廓较为复杂，屋顶也随其形体高低错落、互相穿插，造就了复杂立体的外立面。虽然高仅约23米，但飞云楼拥有4层屋檐、12个三角形屋顶侧面、32个屋角，再加上一个十字脊屋顶，复杂丰富的立体构图如同云朵簇拥、鲜花盛开一般，形成了此起彼伏、错落有致的艺术效果。

▲飞云楼
万荣县，东岳庙，高23.19米，始建年代不详

徽派建筑常被形容为"粉墙黛瓦",宫殿则是"碧瓦飞甍",色彩可以说是建筑之美最直接的表达。屋顶、墙面、地基等大面积的区域,色彩往往比较单一,真正使用鲜艳、复杂色彩的地方通常是建筑的装饰部分。装饰与色彩,就如同一对孪生兄弟,展示着建筑之美中最显著、最直观的部分。

脊兽是我国传统建筑中常用的装饰构件,是放置在屋脊上的瓦制、琉璃制或木制兽形构件。脊兽的原型通常是我国神话传说中的瑞兽,代表人们对于建筑和生活的美好期望,根据建筑等级有严格的数量规定,建筑级别越高,脊兽越多,常见为9、7、5、3个不等,均为奇数。故宫太和殿作为等级最高的建筑,破例放置了10个脊兽,依次为龙、凤、狮子、天马、海马、狻猊、押鱼、

▲脊兽
故宫太和殿,北京,始建于1420年

獬豸、斗牛、行什,前有骑凤仙人领队,后有脊兽压阵,成为太和殿屋脊末端的独特风景。

所谓"雕梁画栋",在我国古建筑中,还常见各种雕刻和彩绘,如徽派建筑的典范——黟县承志堂,其正厅横梁、斗拱、花门、窗棂上都遍布木刻,雕工高明,设计精巧。而彩绘常用于建筑横梁、斗拱、天花板等处,题材多是吉祥纹样、奇珍异兽、花鸟虫鱼等,有的还加以贴金、描金,颜色鲜艳、富丽堂皇,装饰性极佳。

文档:雕刻与彩绘

西方建筑中,花窗玻璃是重要的建筑装饰之一,五颜六色的玻璃摆放成繁复华丽的图案,日光照射玻璃,便可以造成灿烂夺目的效果,让人目眩神迷。丹纳在《艺术哲学》一书中描绘到:"从彩色玻璃中投入的光线变成血红的颜色,变成紫英石与黄玉的华彩,成为一团珠光宝气的神秘的火焰,奇异的照明,好像开向天国的窗户。"巴黎圣母院的玫瑰花窗面积巨大、设计繁复、色彩绚丽,视觉效果极为震撼,堪称是建筑装饰和色彩相结合的典范。

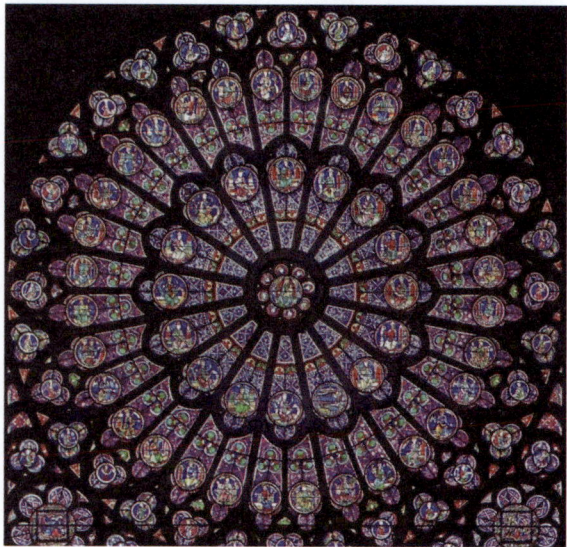

▲玫瑰花窗
巴黎圣母院

除此之外，西式建筑还多用壁画，梵蒂冈几乎遍布壁画，包括米开朗琪罗绘制的《创世纪》《最后的审判》，拉斐尔绘制的《雅典学院》《巴尔纳斯山》《圣典辩论》等，这些伟大的艺术品是梵蒂冈建筑之美最显著的标志。

2.2.4 文化与意境

建筑不仅是物质产品，也是一种重要的精神产品，中外的建筑师们也都将建筑的精神属性视作建筑设计的目标之一，将建筑作为一种文化产品加以打造。

1. 建筑的文化

人们在建造建筑时，经常会将当地的文化融入其中；人们在欣赏建筑时，也会不自觉地从其文化背景出发。对于很多建筑，尤其是有一定历史的建筑，其身上的文化属性已经成为其魅力不可或缺的一部分。

建于1923年的温布利球场是英格兰国家足球场，著名的"温布利喧哗"是观众和球员对于球场的独特记忆。"温布利喧哗"是球迷欢呼声被场馆的平面结构多次反弹后由回音所形成的独特噪声，被认为是球场气氛的重要组成部分。在2000年，旧球场被拆除，新温布利球场的建设项目启动，设计者对新球场精心设计，在新球场重现了"温布利喧哗"，保留了球场的文化，新球场也迅速赢得了球迷群体的喜爱。

我国古建筑承载着千年的传统文化，故宫便是传统礼制文化的集中体现，以乾清门前方为"前朝"，乾清门后方为"后宫"，是为"前朝后寝"；左设太庙，右设社稷坛，是为"左庙右社"，严格遵循了《周礼·考工记》对于帝王宫殿的规范，而《周礼·考工记》乃是春秋战国时的文献。历经千年，古老的文化仍然被明朝的建筑者们所继承。

2. 建筑的意境

意境是中华文明独有的文化现象，是建筑形象、周围环境、人居情景等综合呈现出的艺术境界。青城山建筑群的"幽"、剑门关的"险"、嘉峪关的"雄"都是建筑意境衍生出的美。

现代主义建筑大师贝聿铭认为"美的创造是建筑师的最高责任"，他在设计香山饭店时，就着力"在一个现代化的建筑物上，体现出中华民族建筑艺术的精华"。通过精心设计，我国传统建筑设计理念被妥善融入香山饭店中，并与香山自然风景水乳交融，相得益彰。

香山饭店地处北京城郊的香山公园风景区内，依山势而建，内部的山石、湖水、花草与建筑相映成趣。不对称分布的客房根据地势，圈出了一个个高低错落的庭院式空间，而连接各个院落的则是曲折环绕、一步一景的客房走廊，颇有一种"曲径通幽"的江南园林韵味。同时，建筑师巧妙地利用多种形状的画框窗子，将窗外的自然风景引入室内，使室内与室外风景融会贯通。如此，香山饭店以我国传统建筑艺术的手法，与香山之风光"两相宜"，打造出了"虽由人作，宛自天开"的优美意境。

▲香山饭店

北京，香山公园，1982年

2.2.5 人、建筑、自然和谐之美

　　人与建筑、建筑与自然之间具有密切的联系，实现人、建筑、自然的和谐是建筑艺术的重要命题。如果将建筑从其所处的自然环境和人文环境中割裂开，建筑之美恐怕要失色不少。

▲梵净山金顶

铜仁市，海拔2336米，垂直高差94米

　　在梵净山金顶上，坐落着释迦殿、弥勒殿两座大殿，两座大殿各占一个山头，中间由金刀峡隔开，由一座悬空的天桥连接。

　　观者需要通过一条蜿蜒崎岖的小道，用铁链子助力，手脚并用才能上到山顶。到达山顶寺庙后，众多游客发出由衷的感叹，这样的感叹并非单独为两座大殿而发，而是感叹大自然的神奇，造出了刀削斧凿般的梵净山绝壁；感叹古人克服万难，冒着天险，在绝顶之上修筑了大殿和拱桥；感叹建筑与自然的相得益彰，使观者领略到了绝美的风光。这样的感叹，可谓将人、建筑、自然的关系道尽了。

　　我国古典园林在设计上认同自然、亲和自然，在建筑中着力引入自然之美，其中非常典型的做法莫过于在建筑中布置假山。

　　古建筑中的假山名作通常是选取天然奇石，以高超的技艺叠为假山，再加以草木装饰。江南四大名园中的狮子林保存着我国最大规模的古代假山群，狮子林假山以"瘦、透、皱"的太湖石为原料堆叠，洞壑盘旋、气势磅礴，共有9条山路、21个洞口，在其中漫步，真有"不识庐山真面目"之感。当代园林专家童俊评述狮子林假山"盘环曲折、登降不遑，丘壑宛转，迷似回文"。仅仅千余平方米的假山群，便将山秀、丽、峻、怪、绝的种种姿态尽皆展现，可谓"片山有致，寸石生情"。

我国传统建筑还特别看重人居环境的舒适，例如，传统建筑"坐北朝南"的理念就是为了利于建筑在夏天接纳东南向的季风，降低室温，在冬天抵御北向的寒风。白居易在《庐山草堂记》记载其盖的草堂："堂西倚北崖右趾，以剖竹架空，引崖上泉，脉分线悬，自檐注砌，累累如贯珠，霏微如雨露，滴沥飘洒，随风远去。"借地利引山泉，淋到屋顶上。试想，在一个夏日的午后，你闲坐在屋内，涓涓细流在屋顶流淌，带走夏日的暑热，再滴滴答答地从屋檐滴下。一阵轻风拂过，吹起一片飘洒的雨雾，将远处的风景渲染得越发隐约朦胧，此情此景，可谓达到了人、建筑、自然的大和谐。

2.3 建筑艺术作品鉴赏

建筑，既是栖身之所、容身之处，又是生活的承载者、艺术灵感的对象、精神文化的追求，乃至一城一国的象征。平原、绝顶、海岛、沙漠、水乡、雪域……漫步于世界，我们能够发现无数让人惊叹的建筑作品。

2.3.1 高贵宏伟：宫殿与城堡

宫殿与城堡是古代王室、贵族的居所，通常是国家等级最高的建筑物，其建筑形象一般要求形象壮丽，格局严谨，体现王权的高贵与威严。

约15万平方米的建筑面积、70多座大小宫殿、9000余间房屋，加上城墙、桥梁、台阶、地基；汉白玉基座栏杆、朱红的墙壁、明黄的琉璃瓦，加以复杂的彩绘和雕塑……这些共同构筑成了世界上最大、

▲故宫
北京，始建于1406年，占地面积约72万平方米

最宏伟、最高等级的木质结构古建筑群——故宫！

"不睹皇居壮，安知天子尊"，故宫作为中国封建皇权的象征，处处显露出皇家的气派和高贵，南方巨木做成梁柱、苏州等地精心烧制的"金砖"铺地、房山的巨型汉白玉做台阶……最好的材料、最好的工艺，古代人对于建筑的一切想象和期待都在故宫中得以实现。故宫，是我国古代建筑最高水平的典范，也是我国古代文化的结晶。

在西藏海拔3700余米的雪山上，布达拉宫已经在风雪中伫立了上千年，被视为西藏的象征。白雪般的"白宫"和火焰般的"红宫"高踞山巅之上，组成了布达拉宫的主体，如同一个

▲布达拉宫

拉萨市，始建于公元7世纪，占地面积约40万平方米

沉默的巨人，背负着青天，俯视着大地，兼具王者雄视天下的气概与神灵不染人间烟火的出世风采。

布达拉宫的屋顶和窗檐用木制结构，飞檐外挑，屋角翘起，铜瓦鎏金，用鎏金经幢、宝瓶、摩羯鱼和金翅鸟做脊饰，共使用30吨黄金和10万余颗宝石，加之高原云层稀薄，阳光强烈，布达拉宫的屋顶常常熠熠生辉，珠光宝气，如同天上宫阙，不愧为"世界屋脊明珠"。

2.3.2 诗情画意：园林与别墅

园林和别墅是古代社会上层人士的大型住宅建筑群，通常建在风景秀丽、气候宜人的地方。我国的文人雅士自古就有在"风景形胜处"营建住宅的传统。唐代诗人兼画家王维在辋川山谷营建了"辋川别业"，在可居处、可观处、可歇处、可借景处，因地制宜筑屋、建亭、设馆，形成了20余处景致，名动一时。王维在此悠游十数载，与友人诗歌唱和，留下了著名的《辋川集》，是我国传统文化中的一段佳话。

辋川别业已经消失在了历史的长河中，今天留存的古代园林以江南园林为代表，如苏州网师园。苏州是历史名城，素以风景秀丽、园林典雅而闻名，网师园虽然只有十亩大小，却被誉为苏州园林之"小园极则"。网师园虽小，但布局紧凑，建筑精巧，建筑虽多却不见拥塞，山池虽小却不觉局促。网师园中部以水池为中心，面积约半亩的水面聚而不分，点缀以湖石、

▲网师园

苏州市，始建于南宋时期，占地面积6000多平方米

花木、拱桥，园中亭台楼榭无不临水，全园处处有水可依，山水错落映衬，恬静自然，典雅温柔。清代钱大昕评网师园："地只数亩，而有行回不尽之致；居虽近廛，而有云水相忘之乐。柳子厚所谓'奥如旷如'者，殆兼得之矣。"一语将网师园的特点形容得恰到好处。

网师园更是园主生活志趣的寄托，"网师"乃渔夫、渔翁之意，含有隐居江湖的意思。园主正是因为生了隐逸之心，方才营造此园，将自然风光"搬"进园中，在园中过上了自得其乐的隐居生活，"不仅是居住，更是生活"。

2.3.3 神秘崇高：道观、寺庙、教堂

无论是我国的道观、寺庙，还是西方的教堂，都在建筑艺术上追求神秘与崇高。

道教崇尚"避世"，因此道观常常修建在山上，如道教四大名山之首的武当山。出于道教"崇尚自然"的思想，武当山建筑保留了武当山的自然原始风貌，并在设计上充分利用了地形特点。道观都建筑在峰、峦、坡、岩、涧之间，间距疏密、规模大小都布置得恰到好处，使建筑与周围环境有机地融为一体，被誉为"五里一庵十里宫，丹墙翠瓦望玲珑，楼台隐映金银气，林岫回环画镜中"，洒然出尘，真当是"亘古无双胜境，天下第一仙山"！

▲ 武当山建筑群

丹江口市，始建于唐贞观年间，建筑面积约5万平方米

山西省大同市有一座悬挂在悬崖上的佛教寺院"悬空寺"，当地用"悬空寺，半天高，三根马尾空中吊"来形容其如临深渊的险峻。悬空寺选址之险，建筑之奇，结构之巧，堪称世界一绝。英国的一位建筑学家写道："中国的悬空寺把力学、美学和宗教融为一体，做到尽善尽美，这样奇特的艺术，在世界上是罕见的。"

悬空寺全寺为木制框架式结构，呈"一院两楼"般布局，南楼与北楼两座雄伟的三檐歇山顶高楼好似凌空相望，悬挂在刀劈般的悬崖峭壁上，长线桥飞架南北，连接各个高低错落的殿阁。最令人难以置信的是悬空寺的支撑结构，悬空寺在陡崖上凿洞插悬梁为基，巧借岩石暗托，背倚陡峭的绝壁，下临深谷，可谓巧夺天工。

佛家贵"空"，或许当初悬空寺的僧侣们起念在绝壁上修筑悬空寺，就是为了打造一方"上延霄客，下绝嚣浮"的净土，在其中修持，以期领悟"空"的境界。今天，游客们在登临悬空寺时，或许也能够抛却杂念，觅得心灵的安宁。

在西方，宗教活动是社会生活的重要组成部分，因此教堂通常位于市中心。德国科隆的科隆大教堂以轻盈、雅致著称于世，被誉为哥特式教堂建筑中最完美的典范。

"大"与"高"是科隆大教堂最主要的特征，占地约8000平方米、建筑面积约6000平方米、双尖塔高157米、中央大礼拜堂穹顶高43米、中厅部跨度为15.5米、外墙上的小塔一万多座、四壁窗户总面积达1万多平方米……传说舒曼进入这个大教堂因震慑于其气势而萌发了写作《降E大调第三交响曲》（又称《莱茵交响曲》）的念头。面对这样伟大的建筑，观者如何能不生出崇敬之情！

科隆大教堂在宏伟之余，也不失细腻，整个教堂全部由磨光石块砌成，雕刻的人物更是形态各异，栩栩如生；教堂四壁窗户全装有描绘人物的彩色玻璃，绚丽多彩；教堂中的"三王圣龛"等不计其数的珍贵文物，更是教堂的一道独特风景。1996年，科隆大教堂被列入《世界遗产名录》，并被评价为"人类创造性天才的杰出作品""大教堂建筑的顶峰"。

▲悬空寺
大同市浑源县，始建于491年，总长约32米

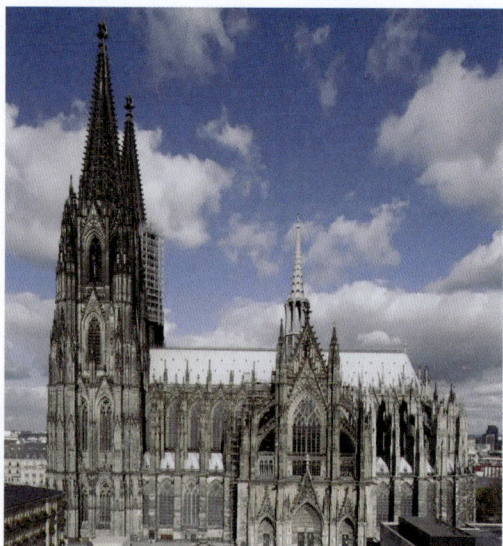

▲科隆大教堂
德国科隆，始建于1248年，占地面积约8000多平方米

2.3.4 ▸ 因地制宜：五方民居

民居是分布最广、数量最多的建筑，我国有广袤的领土，各地的自然条件和社会文化都有较大的差异，也因此形成了多样化的民居建筑。这些民居建筑反映了当地文化和习俗，又适应了各地不同的自然环境，虽然时过境迁，但仍然散发独特的魅力。

四合院是北方民居的代表，其基本形式是由位于东西南北四面的几幢单独的建筑连接而形成一个方形院落，四合院的大门一般位于住宅东南方。进入院内向西是前院，前院主要用作门房、客房、客厅。过前院后便进入内院，内院由正房、耳房和两侧厢房组成。另外，正房以北是后罩房，主要有厨房、储藏室和仆役居住室等。四合院的布局可谓内外有别、尊卑有序、等级分明，蕴含我国传统的伦理观和社会行为规范。

江南水乡的民居别具特色，其中的代表是徽派民居。徽派民居大多临水而建，在生活中能有效利用当地密布的水网。湿热的气候造就了徽派民居中淡雅的白墙和狭窄的街巷，白色的石灰粉能使建筑墙体保持干燥，避免墙体受到腐蚀；狭窄的结构则有利于行人借助墙体遮阴。

▲徽派民居——宏村古建筑群
黟县，始建于1131年，保护面积约28万平方米

受到传统宗族观念的影响，徽派民居通常为多进院落式集居形式，同一家族的居民都聚居其中，形成了"千丁之族未尝散居"的地域民风。也因此，徽派民居建筑及村落往往内敛、封闭，体现为高墙紧闭，内饰华丽。

在潮湿闷热的西南地区，人们建造了干栏式建筑吊脚楼作为住宅，依山的吊脚楼，在平地上用木柱撑起，然后铺设第二层作为人的居住空间，房屋下则用于饲养家禽及作为仓库之用。这种形式有利于防水、防虫蛇毒害，是建筑适应自然环境的典范。

土楼是福建居民为了防卫而建造的一种对外封闭、对内开放的民居建筑，以土作墙，形状多样。福建省龙岩市的振成楼是福建土楼的代表作，该土楼由两环同心圆楼组合而成，高19米，直径为57.2米，共有208个房间。振成楼外墙高耸，如同堡垒，仅开小窗作为观察孔和射击孔，易守难攻。内部则富丽堂皇，雅致舒适，并建有仓库以存储物资，挖掘暗渠而保障饮水。遇到兵荒马乱或者流寇洗劫，居民仅需紧闭门户，便能在其中安稳生活数月。

▲福建土楼——振成楼

龙岩市永定区，始建于1912年，占地面积约5000平方米

2.3.5 巧夺天工：桥梁与城墙

桥梁、城墙等构筑物凝结着人类适应自然、改造自然、利用自然的智慧，是建筑技术和建筑艺术的重要体现。

拱桥是我国古代桥梁中的典范，其独特的拱形结构既能够有效地分散载荷，提高承重，又能够留出较大的下部空间，便于通航。石家庄市赵县城南洨河之上的赵州桥始建于隋代，是世界上现存年代久远、跨度最大、保存最完整的单孔坦弧敞肩石拱桥，其设计之巧妙，直教人拍案叫绝。赵州桥还首创巧夺天工的"敞肩拱"结构，两个拱肩部分各建两个对称的小拱，伏在主拱的肩上，既节省石料，又增加了排水面积，还使桥身更具轻盈的动感，让人不得不佩

▲赵州桥

石家庄市赵县，始建于隋代，全长64.4米

服古代工匠的智慧。

古城墙是历史的见证者和记录者，万里长城作为中国古代防御体系，更是世界的建筑奇迹。自西周以来，长城延续不断修筑了两千多年，长度总计达两万多千米，是世界上修建时间最长、工程量最大的一项古代防御工程。

"因地形，用险制塞"，长城充分利用地形，或沿山脊修筑，或利用悬崖陡壁，或利用江河湖泊，易守难攻；同时就地取材，以夯土、石砖、块石，建立起雄伟的城墙、敌楼、关城、墩堡、营城、卫所、烽火台等多种防御建筑，组成一个完整的防御工程体系，长期守卫着华夏北疆。

对我国人民来说，长城不单是伟大的建筑，而是意志、勇气和力量的标志，更象征中华民族的伟大意志和力量！

▲ 长城
八达岭段，北京，始建于明代

2.3.6 ◄ 颠覆与突破：各式现代建筑

今天，人类已经建造了各式各样的现代建筑，基于不断进步的工程学、材料、工艺，现代建筑在传统建筑的基础上进行了"颠覆"和"突破"，这些新奇大胆的建筑让人们耳目一新。

在人们的印象中，建筑总是"脚踏实地"的，有坚实的地基才能有巍峨的建筑。但在现代科技水平下，这一观念似乎已经过时了。大楼由两栋分别为52层234米高和44层194米高的塔楼组成，两座高楼双向内倾斜6°，在163米以上，由高14层重1.8万吨的钢结构"L"形悬臂连为一体。《时代》杂志将我国中央电视台总部大楼列为"2007年世界十大建筑奇迹"之一，并评价"当两个'Z'字形合龙时，它实现了世界上最激进的建筑设计"。这样大胆的结构，真如相关学者所说，是"挑战了力学原理"。

▲中央电视台总部大楼
北京，2012年竣工，占地面积18.7万平方米

该大楼楼体结构则由许多个不规则的菱形渔网状金属脚手架经过精密计算构成，表面由不规则几何图案的玻璃幕墙组成，视觉冲击力巨大。无论是从结构还是从外立面来讲，中央电视台总部大楼不愧是现代主义建筑的典范之作。

2022年北京冬奥会比赛场馆国家跳台滑雪中心（别名"雪如意"）是2022～2023年度鲁班奖的获得者，代表了最先进的建筑水平。整个建筑如同一柄巨大的白玉如意横卧在山谷之间，东西长约500米，上下落差达160多米，"柄首"的顶峰俱乐部外径达78米，前端悬挑37米。为了完成这一颠覆性的建筑，建筑团队在山下预加工了1600吨钢材，完成了所有造型，最终运到山上完成吊装和焊接，实际误差还不到2厘米！这一柄"雪如意"，是现代科学和工艺的集大成之作。

人类对于建筑高度的追求从未停止，进入现代后，世界最高建筑的纪录被屡屡打破。目前，世界最高建筑的桂冠属于迪拜的哈利法塔。

哈利法塔高828米，楼层总数为162层，在95千米外仍清晰可见。为了支撑如此高的建筑，并抵抗各种外力，哈利法塔在中心竖立了钢筋混凝土结构的六边形"扶壁核心"，并由三个建筑部分呈"Y"字形逐渐连贯成一核心体，以螺旋模式不断向上，4组结构体自立而又互相支持，拥有严谨缜密的几何形态，大大增强了哈利法塔的抗扭性，减小了风力的影响，同时又保持了结构的简洁。至顶上，中央核心逐渐转化成尖塔，直往天际。

哈利法塔，现代建筑工程学、结构力学的顶峰，人类想象力、灵感与智慧的结晶！

▲国家跳台滑雪中心
张家口市，2020年完工，建筑面积约2.4万平方米

▲哈利法塔
迪拜，2010年竣工，总建筑面积为34.4万平方米

练习一：思考与讨论

1. 墨西哥著名建筑师路易斯·巴拉干说过："我相信有情感的建筑，建筑的生命，就在于它的美。"你如何理解这句话？你认为什么样的建筑才是"有情感的建筑"？建筑的生命为什么"就在于它的美"？

2. 中国人往往有"乡土情结"，民居是地域文化的活化石，也是游子家乡情的外在寄托。你家乡的传统民居（包括祠堂、牌坊、戏楼等）是什么样的？你觉得家乡民居美在何处？试着说一说并与同学分享。

练习二：认识与赏析

1. 2022年6月，中国文物保护基金会和腾讯公益慈善基金会协同天津大学建筑学院、长城小站等众多长城保护研究专业机构及社会团体共同打造的"云游万里长城"微信小程序发布。通过"云游万里长城"小程序，用户可以通过网络远程"参观"长城。请你使用"云游万里长城"小程序欣赏长城建筑，对其进行赏析，并说一说你对此建筑的审美体验。

2. 经略台真武阁被誉为"天南杰构"，真武阁采用穿斗式构架，把近3000根大小不一的格木构件凿榫卯眼，斜穿直套，串联嵌合，彼此扶持，互相制约，以杠杆结构原理组成一个稳固的统一体，就像一座精密的天平。请你通过网络了解经略台真武阁的相关知识，对其进行赏析。

审美实践——学校内建筑审美分析

学校是同学们学习和日常生活的主要场所，学校中的建筑是同学们接触最多、使用最频繁的建筑，但正因为长期生活在校园中，同学们往往忽略了学校建筑之美。现在，请同学们借此活动，将目光移到学校建筑上，发现、认识、欣赏、分析它的美。

一、活动名称

学校内建筑审美分析。

二、活动主旨与意义

同学们通过对学校内建筑进行审美分析，领会学校建筑之美，感受校园文化，提升审美素养，同时增进对学校文化的理解和认同。

三、活动内容

同学们可结成小组，至多利用一周的课余时间完成此次活动，活动内容如下。

1. 选取审美对象，审美对象可以是整个学校建筑群，也可以是校园中的某一座建筑，还可以是一处具体的景观，如人工湖、凉亭、教学楼花坛等。

2. 从本章所讲述的审美角度，分析审美对象的建筑之美，如"学校的花坛占地约20平方米，呈长方形，铺设在教学楼大台阶的正中，里面栽种了颜色各异的花草，四季景色不同，为学校增添了鲜活的色彩与自然气息，让人倍感舒适"。如果条件允许，同学们也可以使用照片、视频等方式展示自己的分析结果。

🔍 审美实践报告

实践目的	
实践内容	
实践成果	
心得体会	

审美实践——建筑设计与模型制作

制作建筑模型是建筑设计中的重要步骤，也是建筑设计师探索、验证自己建筑艺术的重要手段。同学们心中或许也有自己对于建筑的想象和期望，不如制作建筑模型，将自己心中的"最美建筑"展示出来吧！下面，请同学们结合校园建筑、某一处校园空间尝试进行改进设计，并为其制作模型或用草图及文字来阐述方案。

一、活动名称

建筑设计与模型制作。

二、活动主旨与意义

通过建筑设计和模型制作，同学们可以展示自己对于建筑艺术的理解，以及自己心中的"最美建筑"，培养创造美的能力。

三、活动内容

同学们可结成小组，至多利用一节课加上一周的课余时间完成此次活动，活动内容如下。

1. 设计出自己认为最美的建筑，不得对现实世界或其他文学、影视作品中存在的建筑物进行"临摹"或"复刻"。

2. 基于环保考虑，提倡就地取材、废物利用，使用生活中常见的纸壳、塑料等材料制作建筑模型。有条件、有能力的同学可以不制作实体模型，使用软件对建筑进行3D建模。

3. 制作完成后，对全班同学的模型进行集体展示。各位同学介绍自己建筑模型的建筑尺寸、设计理念、建筑功能、人居环境、设计亮点等，说一说自己的建筑模型美在何处。

▲ 建筑模型
某艺术展厅模型，采用木材、树脂等材料制作

🔍 审美实践报告

实践目的	
实践内容	
实践成果	
心得体会	

第 3 章
笔墨的奥妙——绘画之美

唐代大诗人李白在为友人赵炎所作的题画诗中写道"名公绎思挥彩笔，驱山走海置眼前"（《当涂赵炎少府粉图山水歌》），赞叹画师精心构思，能够用彩笔驱赶高山大海到观众的眼前，形象地凸显了画作的传神效果。

除了忠实地将现实中的事物搬到纸上，绘画的魅力更在于对自己的想象、思想、主观感受等进行艺术表达，由此引起观众的共鸣。作为古老的艺术形式之一，绘画具有丰富的艺术手法和思想内涵，绘画之美，包罗万象。

★ **知识目标**

1. 了解中西方绘画艺术的特点和文化差异。
2. 了解绘画艺术的审美特征并熟悉经典绘画艺术作品。

⌖ **能力目标**

能够从多个角度鉴赏绘画艺术作品，认识绘画艺术之美。

🗐 **素养目标**

通过对绘画艺术知识的学习，培养审美意识，提高艺术修养和审美素养。

父亲

1980年，第二届全国青年美术作品展上，一幅名为《父亲》的巨幅油画走进大众的视野，石破天惊地获得了作品展的一等奖。

作者罗中立说，1975年的除夕之夜，他目睹一位老农的艰辛，产生了"我要为他们喊叫"的冲动，于是创作了这幅作品。开裂的嘴唇、刀刻般的皱纹、流淌的汗珠、残缺的牙齿、缠着绷带的手指、粗粝的大碗、浑浊的饮水……在这幅两米多高的巨幅油画上，画家通过一个个细节描绘了一个饱经沧桑的老年农民肖像。画面中的老农，正以一种复杂、含蓄的目光与观众对望。这是《父亲》，也是整整一代中国农民的真实写照！

《父亲》，以不可比拟的真实性和人文关怀，给人以强烈震撼，是现实题材与现实主义美术创作融合化一的典范，是我国写实主义的代表作。

▲《父亲》
罗中立，1980年，216厘米×152厘米，画布油画，中国美术馆

《父亲》中的农民形象是"美"的吗？如果是，这一形象的"美"和我们日常生活中形容人的"美"有何区别？我们应如何理解艺术作品中的"美"？

画家罗中立深谙农民的困苦，懂得农民的欢乐，将思想感情熔铸于艺术之中。要欣赏《父亲》的美，需明白其艺术性和社会性是不可分割、融为一体的。《父亲》被业内评价为："以纪念碑式的宏伟构图，饱含深情地刻画出中国农民的典型形象，深深地打动了无数中国人的心。"对劳动的忠诚，对生活的执着，正是那个时代最动人的写照。

3.1 绘画艺术

绘画是一门古老而生命力旺盛的艺术，石器时代，人类就已在岩石上进行粗糙的刻画。随着文明不断进步，绘画的材料、工具、技法也不断发展和成熟，形成了今天蔚为大观的绘画艺术。

3.1.1 绘画是平面的视觉艺术

在技术层面，绘画被描述为以表面（纸张、画布、木板、墙壁等）作为支撑面，再使用工具（画笔、刷子等）在支撑面上施加颜色的行为及其成品。从中可以发现，绘画的两个基本要素：支撑面和颜色。支撑面是一个二维平面，而颜色作用于人的视觉。因此，我们可以说，绘画是平面的视觉艺术。

世界是三维的，而绘画是平面的艺术，不能像雕塑一样通过塑造具有三维空间的实体来表现物象，于是创作者们运用各种材质，通过对透视、光影、色彩、线条等造型手段和表现技法的利用，在平面上表现事物的形体、空间、质感、颜色等特征，从而使观者在视觉上获得一种"似真"感，并进一步体会绘画物象的个性、精神、气质等，获得审美体验。

▲《马》
徐悲鸿，1950年，40厘米×51厘米，
水墨纸本

传统绘画是平面的，所以创作者看似只能选取某一个视角、某一个时刻入画，而无法表现连贯的动作、复杂的心理变化和事物发展的全过程，正如徐悲鸿的《马》中，作者只能画出马奔跑中的一瞬间，但这一瞬间却能将马的动态展现得淋漓尽致，观者能够据此畅想马飞奔的神态、过程，达到了"寓动于静"的效果。

3.1.2 中西方绘画艺术特点及文化差异

以水墨画为代表的中国传统绘画体系和以油画为代表的西方绘画体系是世界绘画艺术中的两大流派。由于双方文明的差异和地理上的隔绝，中国传统绘画体系和西方绘画体系具有不同的艺术特点，这样的差异也显示出双方文化上的差别。

1. 题材

中国传统绘画深受中国传统哲学中"天人合一"观念的影响，主张"师法自然""以造化为师"，画家们往往从自然中寻找灵感，以客观存在的自然物象为素材，最终形成作品，追求绘画题材"不期自腕下奔凑而出"的境界。自唐宋以来，画家的绘画题材多为自然风物，如山水风光、飞禽走兽、花鸟虫鱼等，同时，画家也关注人们的社会生活，如旅行、集市、娱乐等都是常见的绘画题材。

西方古典绘画在长期以来，其题材以人物为主，直到文艺复兴以后，画家们才将目光投向自然，创作一些专门的风景画。同时由于宗教在社会生活中占有重要的地位，且教廷长期广泛地资助艺术家创作，神话故事、宗教典故、英雄传说等题材也在西方古典绘画中有相当的比重。

2. 绘画形式

形式是绘画艺术的筋骨。中国水墨画追求"妙在似与不似之间"的写意，在这种追求的引导下，形成了独特的绘画形式，即"笔墨法度"。创作者使用勾、勒、皴、擦、点等笔法，烘、染、破、泼、积等墨法，在宣纸上表达物象的轮廓、体积等特征，最终达到"形神兼备"的境界。

而西方油画则重视写实，通过对物象比例、颜色、光影的精确理解，采用贴切的颜色在画布上"复现"物象，力求表达出人眼直接看物象的效果。

以画马为例，徐悲鸿和乔治·史塔布斯是东西方画马的翘楚。徐悲鸿的《马》和乔治·史塔布斯的《Whistlejacket》虽然题材都是马，呈现的艺术效果却迥然不同。乔治·史塔布斯所绘的是一幅真实的马的画像，是基于其对马解剖结构的掌握，对现实存在之马的复现。而徐悲鸿则着重表达马舒展、轻盈的动态和昂扬的风貌，画的是心中之马。

虽然中西方绘画在形式上相差甚远，但二者并非无共通之处，早在清代，画家们便试图走出一条"中西结合"的道路来。郎世宁原名朱塞佩·伽斯底里奥内，意大利米兰人，他在1715年（清康熙五十四年）来中国传教，随即入皇宫任宫廷画家，从事绘画50多年，在风格上强调将西方绘画手法与传统中国笔墨相融合。郎世宁也不乏以马为题材的作品，如《百骏图》《十骏图》《八骏图》等。郎世宁使用中国的毛笔、纸绢和色彩作画，却以欧洲的绘画方法注重于表现马匹的解剖结构、体积感和皮毛的质感，使笔下的马匹形象造型准确、比例恰当、凹凸立体，同时在远景和自然景色上都采用中国水墨画的形式，将二者有效地统一起来，中西趣味兼容并蓄，别具一格。

▲《Whistlejacket》

乔治·史塔布斯，1762年，布面油画，325厘米×259厘米，英国伦敦国家美术馆

▲《百骏图》(局部)

郎世宁，1728年，纸质绘画，102厘米×813厘米，纽约大都会博物馆

3. 材料与尺寸

绘画需要使用一定的媒介与材料，中西方绘画使用的媒介和材料大相径庭，因此最终作品的表现效果也大不相同。

中国画使用中国所独有的毛笔、宣纸、水墨和颜料，由于宣纸具有洇水性，水墨和颜料一落到纸上就会向四周散开或渗透，因此往往着色次数有限。而油画使用亚麻油调和颜料，不透明，覆盖力强，因此西方画家能够多层"覆色"，使颜料堆塑成浅浮雕一样的立体色层，或用透明色打造层层罩染的丰厚效果。

中国水墨画的画幅形式较为多样，横向展开的有长卷、横披、横幅，纵向展开的有条幅、中堂，尺寸小的有册页、斗方，还有画在扇面上的折扇、团扇等，其中既有专供欣赏的，又有装饰厅堂屋室的，还有画在生活物品上用于赏玩的，样式丰富，生活气息浓厚。事实上，我国古代的文人大都是绘画的创作者、鉴赏者或收藏者，绘画是他们生活中的一部分。西式油画则通常绘制在木板、画布和建筑内表面上，这是因为西方油画大多由专职的画师创作，其很多作品受个人、教廷、组织所委托而作，是专用于展示的艺术品，并不如中国水墨画一般俯拾皆是，频繁地出现在生活中的各种事物中。但是，西方油画常常出现大尺寸的作品，如马奈的《草地上的午餐》（213厘米×269厘米）等，而中国水墨画中虽然也有《蒋懋德画山水图贴落》这样纵4.46米、横2.82米的庞然大物，但总体而言尺幅相对比较小。

3.2 绘画艺术与审美

如何看一幅画？这在今天似乎已经成为一个问题。大部分人常常将"画得像"作为评判画技的标准，但现在，面对琳琅满目的现代美术作品，我们却往往束手无策。一句"看不懂"便将自己隔绝于艺术殿堂之外。其实，无论是具象还是抽象，是古典还是现代，绘画依旧没能脱离平面视觉艺术这一概念，用眼睛看、用心品味，始终是欣赏绘画艺术的第一步。

3.2.1 色彩与明暗

生物学家通过对人眼进行分析发现，眼睛内有大约700万个视锥细胞，在光线强的时候工作，能识别红、蓝、绿三类色彩；又有约1.2亿个视杆细胞，在光线弱的时候工作，负责感知黑、白、灰3类色彩。颜色和亮度，是物象非常显著的视觉特征，作为服务于视觉的艺术，绘画之美，也需要在色彩和明暗中体现。

1. 色彩

色彩是最有表现力的要素，是能引起人类共同的审美愉悦、最为敏感的形式要素。人眼理论上能够识别700万种色彩，这就为绘画创作和欣赏提供了基础。

从物理学上来说，色彩是人类对光的视觉效应，不同频率的光呈现不同的颜色。将可见光按照频率的大小依次排列，就可以得到光谱，再将光谱按照在自然中出现的顺序来排列成圆形，就形成了色相环。色相环能够明确地显示出各个颜色之间的关系，颜色在色相环上靠得越近，就越"融洽"；离得越远，就越"对立"。色相环上相距180°的颜色为"互补色"，是对立性最强的颜色；相距60°的颜色则为相邻色，搭配在一起较为和谐。画家们根据颜色的关系，在画作上施加各种颜色，可以营造出各种艺术效果，比如以下观点：

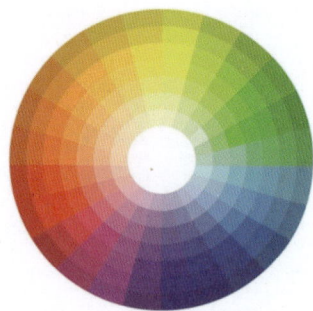

▲色相环
二十四色

色彩是通过对比而不是固有的品质来产生影响的。当与互补色形成对比时，原色显得更加鲜艳。

——"印象派领导者"克劳德·莫奈

活跃于19世纪的印象派就是运用颜色对立来达成艺术效果的专家，印象派绘画为我们展示了互补色搭配在一起时产生的惊人视觉效果。在《日出·印象》中，克劳德·莫奈使用了大面积复杂的蓝灰色来表现远处建筑、水面、天空和船只，而一轮圆形的红日在昏暗的景象中极其突出，连带着水面上波光粼粼的倒影和天空中的朝霞都显得极为热烈。画面上极小的太阳为何能如此醒目，就是因为其橙红色与四周的蓝灰色差异极大，形成了强烈的对比。

▲《日出·印象》
克劳德·莫奈，1872年，布面油画，
63厘米×48厘米，巴黎玛摩丹美术馆

2. 明暗

明暗是画家在作画时必须考虑的问题，文艺复兴时期瓦萨里在其《美术家列传》中曾论述："作画时，画好轮廓后，打上阴影，大略分出明暗，然后在单间部又仔细作出明暗的表现，亮部亦然。"

一个三维物体，放置在自然光下，其受光面会更亮，背光面会更暗，还会在支撑面上形成较暗的阴影。在绘画中，画家们使用黑、白、灰来刻画物象不同程度的亮和暗，由此在二维的平面上呈现物体的三维效果，右边这幅素描作品就很好地展现了球体受光的亮面、过渡的灰面、背光的投影以及暗中透亮的反光，将球体的形状、体积以及与环境的关系都很好地刻画了出来。

伦勃朗是擅长明暗法技巧的大师，在他的笔下，画面的明暗呈现出独特的艺术效果。其

▲球体的明暗
素描作品

▲《夜巡》
伦勃朗，1642年，布面油画，
437厘米×363厘米，阿姆斯特丹国立博物馆

代表作《夜巡》描绘了射手连队集体行动前的景象，人物虽多，动作虽繁，却丝毫不显杂乱。这是因为画面中只有队长、副官和一个小女孩全身沐浴在光线中，是作品中最为突出的人物，其他人物都被安排在了暗色调的中、后景，看不清眉眼，有的只露出一部分脸面甚至仅有轮廓，明暗对比强烈，层次丰富，突出了主体，同时渲染出了队伍行动在即的紧张、神秘的氛围。

值得一提的是画面中出现的一个小女孩，小女孩好像误入队伍，显得惊慌失措，而其明亮的色调与后排的阴暗对比鲜明，现多认为小女孩是光明与真理的象征，是画家使用明暗技法进行的暗示性表达。

3.2.2 线条与构图

除却色彩和明暗，线条和构图也是重要的视觉要素，物象的外部轮廓和内部细节，总要通过线条加以呈现，而整个画面中，各个物象的位置及其关系，则要通过构图加以体现。

1. 线条

德国艺术家保罗·克利将绘画称为"用一根线条去散步"，线条的长度、粗细、分布、弯曲度等都会影响绘画作品的最终艺术效果。无论是中国水墨画还是西方油画，线条都是绘画技法中重要的组成部分。

唐代绘画大师吴道子被尊称为"画圣"，其在人物衣着的线条上极有造诣，所画衣带如被风吹拂，有"吴带当风"的美誉。这一线条特征在其《八十七神仙卷》中可见一斑，该画作线条严谨、简练、流畅，大量的长线条显现出仙人迎风起舞、衣袂飘飘的动感。该画作虽未着色，但疏

▲《八十七神仙卷》（局部）
吴道子，唐代，绢本白描长卷，
30厘米×292厘米，徐悲鸿纪念馆

密有致的线条营造出一种奇妙的节奏感和韵律感，整个画面充满了空间表现力。万千线条绵密又灵动，行云流水，一气呵成，极富震撼力。现代画家、教育家潘天寿先生对此画作给出了精当的评价：

全以人物的衣袖飘带、衣纹皱褶、旌旗流苏等的墨线，交错回旋达成一种和谐的意趣与行走的动，使人感到各种乐器都在发出一种和谐音乐，在空中悠扬一般。

2. 构图

构图就是将要表现的形象适当地组织起来，构成一个协调完整的画面。在构图上，中西方走出了截然不同的两条道路。西方绘画艺术自文艺复兴以来，写实类绘画倾向于以透视法构图，遵循近大远小、近精细、远模糊的自然规律。作品呈现的画面与人在固定视角的视觉体验相符。

《The Oxbow》描绘了暴风雨后从某处山顶俯瞰时所见的自然风光，画面左侧，乌云和暴雨正疾驰而去，山顶树木被暴雨摧残，而画面右侧则天空放晴、田野整齐、河流蜿蜒，一派世外桃源般的田园景象。

左近右远，左暗右明，画家巧妙地将两幅截然不同的景象统一到画面中。在近处，树木的断茬、树梢的叶子都纤毫毕现，而远处的原野和河流则表现得相当简略，观众在欣赏这幅画时，仿佛真正站在山顶，将景色一览无余。

▲《The Oxbow》
托马斯·科尔，1836年，布面油画，
193厘米×130.8厘米，纽约大都会艺术博物馆

中国水墨画构图布局自由，往往采用散点透视，将远隔千里、时隔数日的内容集中表现在一个画面之中。中国水墨画的透视法是"三远法"，即高远、深远、平远。画家不是从一个固定角度集中于一个透视焦点，而是上下四方、一目千里，视角是移动的。如宋人郭熙所说："自山下而仰山巅，谓之高远；自山前而窥山后，谓之深远；自近山而望远山，谓之平远。"最终呈现出"从画面上看不出画家立足何处，而处处都有画家在"的效果。

"画中之兰亭"《富春山居图》长约7米，高仅约40厘米，使用固定视角的透视法自然难以囊括此等景色。画家黄公望并未按照纸张尺寸规划构图，而是采用浏览、移动、重叠的视点，或广角深远，或推近特写，视角无拘无束、千变万化。这样自由的视角，为观众展示了富春江沿途景色的全貌，观众观画时也可"移步换景"，领略画中山水。

▲《富春山居图》（局部）
黄公望，1350年，纸本水墨，约40厘米×700厘米，浙江省博物馆（剩山图）、台北故宫博物院（无用师卷）

3.2.3 表现与象征

绘画似乎是人类与生俱来的天性，几乎每一个人在孩提时，都会提笔涂鸦，内容可能是小花、小猫，也可能是"抽象派"的线条，这些有意或无意的绘画行为，在本质上是人自我表达的一种方式。正如里尔夫所说："在油画的后面，跳动着画家的脉搏，在塑像之中，呼吸着雕刻家的灵魂。"绘画，是作者内心的表现，画面中的元素象征作者内心的感情、思想、理念、哲学、价值观等。

1893年，爱德华·蒙克画出了《呐喊》，扭曲的人物、诡诞的风景、难以名状的表情，强烈的情绪几乎要溢出纸面，将观者包裹。无须分析色彩、线条、构图，任何第一次看到这幅画的人恐怕都会感到生理上的不适。

一个扭曲的人形，捂着耳朵，眼睛圆瞪，嘴巴大张，好似在发出歇斯底里的尖叫，其身体也因为恐惧而扭曲变形，背后的天空及海面仿佛也被尖叫所扰动，幻化成扭曲波动的斜线条。评论家大多认为，血红色的天空象征窒息的压抑，蓝黑色的大海象征死亡和终结，黄绿色的人脸和手则是腐朽的死尸……爱德华·蒙克使用夸张的造型、强烈的线条、简洁概括的色块，表现了自己精神上的焦虑、恐慌、不安和孤独，同时也表现了人类所共有的、发自潜意识深层的痛苦和恐惧，反映了在当时的社会背景下人们普遍的彷徨和不安，《呐喊》是整个时代的悲呼！

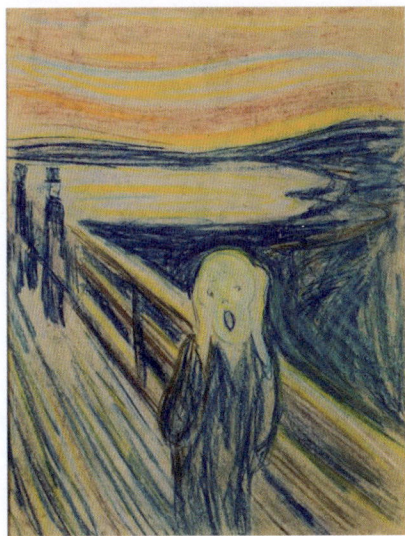

▲《呐喊》
爱德华·蒙克，1893年，
91厘米×73.5厘米，挪威奥斯陆
国家美术馆

无论是西方还是东方，古代还是现代，画家都用绘画进行表达，1984年的第六届全国美展上，耄耋之年的吴大羽所创作的《色草》获荣誉奖。《色草》以湛蓝的色调映衬暖色的花，色彩跳动，笔触粗犷，整幅作品造型抽象，半虚半实，在似与不似之间，极具生命的活力，给观众以清新活跃的印象，具有温暖的、自由飞扬的春天的气息，可谓是对生命永恒之美的歌颂。吴大羽的学生，同样是著名画家的吴冠中在画展上见到《色草》，不由感叹道："画面是案头的花，是草是花？色在流转，形在跳跃，冲出了窗前，飞向寰宇，又回归知音者的怀里！是一种印象，是感受的捕获，是西方的抽象，是中国的意象，无须寻找依据，也难以归类……当画面凝聚成完美之整体结构时，那是形与色的拥抱与交融，其间没语言的余地。"

▲《色草》
吴大羽，1984年，布面油画，37厘米×
51.5厘米，中国美术馆

3.3 绘画艺术作品鉴赏

《蒙娜丽莎》中，蒙娜丽莎的嘴角噙着神秘莫测的微笑；《洛神赋图》中，神女御风而来；《星夜》中，日月星辰旋转不停；《创世纪》中，亚当将要触碰到上帝的手……绘画的精彩，千言万语也道不尽。在经典的绘画作品中，我们能领略世间最动人心魄的美。

3.3.1 原始艺术：岩画

现存最早的绘画可以溯源到原始社会，在两万年前的石器时代晚期，西班牙的阿尔塔米拉和法国的拉斯科原始洞窟中有原始人绘制的野牛等动物形象。其后的原始社会绘画遗迹主要有：印度卡纳塔克邦发现的中石器时代和新石器时代的石壁画，非洲阿特拉斯山脉、撒哈拉沙漠等地发现的新石器时代岩画，我国新疆、内蒙古、广西、云南等地发现的新石器时代岩画等。

纵观所有原始岩画，其所表现的内容大多是与原始人生活有关的狩猎、动植物形象，是对原始人生活的记录，其中的部分则可能与原始的宗教活动有关。

地处广西的世界文化遗产花山岩画历史悠久、分布范围广、画面雄伟壮观，是罕见的岩画遗迹。花山岩画共79处，绘有人物1900多个，另有众多的动物、铜鼓（或铜锣）、环首刀等图形，线条粗犷有力，形象古朴，显现出粗犷朴拙的原始美感。

在距离广西数千里之外的贺兰山，更是一处岩画胜地，沿贺兰山自北向南，共有27处岩画遗存，合计有组合图5000组以上、单体图2.7万多幅，记录了远古人类放牧、狩

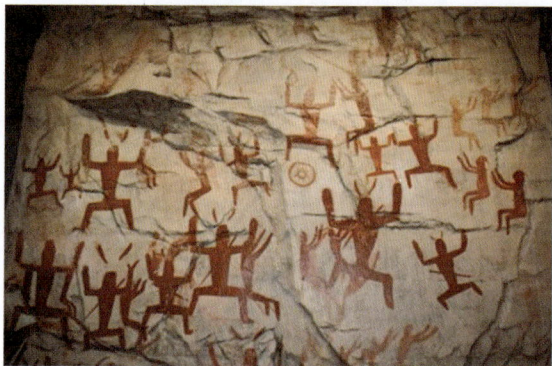

▲花山岩画（局部）
崇左市宁明县，约公元前5世纪至公元2世纪

猎、祭祀、征战、娱舞等生产生活场景，其中既有和真牛一般大小的牛形岩画，又有形态各异的人面像，还有表现日月星辰的天体图案，可谓是原始艺术宝库。

▲贺兰山岩画（一处）
银川市贺兰县，旧石器时代至元、明时期

根据研究，贺兰山岩画兼用敲凿、磨刻、划刻3种方法制作，线条匀称流畅，图像清晰美观。表现方式单纯而朴实，洗练而粗犷，鹿和盘羊的角、马和山羊的腿、野猪的鬃毛、虎豹的斑纹等都突出特征清晰可见。

无论是花山岩画还是贺兰山岩画，从其刀痕与印迹中，我们都能体会到古代先民的勤劳、智慧以及独特的审美，纵然简陋，但这些古老的绘画，向现代人类传达出震撼人心的力

量，彰显出无比壮阔的原始艺术之美。

3.3.2 巧密精细：工笔画

我国传统水墨画拥有工笔画与写意画两大主要的画法，其中工笔画工整细致，崇尚写实。北宋画家赵昌专攻花卉草虫，为了深入观察，他经常在清晨绕栏谛视，手调色彩当场描绘，留下一批形态逼真的精品工笔花鸟画。其《写生蛱蝶图》中，水草丛生、芦苇偃伏、野菊盛开，蝗虫弯曲后退，似要跃起，三只蛱蝶于空中飞舞，姿态各异，水边一角的勃勃生机跃然纸上。

▲《写生蛱蝶图》（局部）
赵昌，北宋，纸本设色，27.7厘米×91厘米，故宫博物院

对三只蛱蝶的刻画，乃此画最得意处，画家用敷色积染多层，蛱蝶的翅翼更因积染而色彩浓艳厚重，但因为勾线富于顿挫和粗细变化，墨色浓淡轻重亦十分得当，蛱蝶翅翼薄如绢纱的质感也得到了很好的表现。若放大细观，三只蛱蝶细如发丝的根根须脚都清晰可见，连蛱蝶身上鳞粉的粉末状质感都得到了真实表现。今天，学者们甚至将此图作为研究古代蝶种的形象资料，可见作者深厚的写生、写实功底，真不愧其"写生赵昌"之名。

《清明上河图》是工笔画中最脍炙人口的名作，是在我国乃至世界绘画史上独一无二的鸿篇巨制。在长达5米多的画卷中，作者绘制了清明时节人们从郊外到汴京城中集会的景象。画中的内容极为丰富，其中，人物有仕、农、商、医、卜、僧、道、胥吏、妇女、儿童、篙师、缆夫等；牲畜则有驴、马、牛、猪、骡、骆驼等约五六十头；各种

▲《清明上河图》（局部）
张择端，北宋，绢本淡设色，24.8厘米×528厘米，故宫博物院

车、轿20余乘；大小舟船20多只；酒店、茶馆、点心铺、城楼、河港、楼台、农舍、官府宅第等密布其间。人物的活动则有赶集的、贩卖的、闲逛的、饮酒的、推舟的、拉车的、乘轿的、骑马的、问卦的、买药的、打盹的等，形形色色，生动活泼。

今天，我们大可以"走马观花"，让目光跟随5米多长的画卷逐渐前行，一路从郊外到达市中心最热闹的集市，途中看驼队行进、向接亲娶妻的队伍贺喜、在货运码头看船夫张帆、在街边林立的店铺中寻找钟意的商品、走上拥挤的拱桥看大船过桥……置身于热闹的市集中，各色吆喝仿佛就在耳边。一段时光被封印在了画中，留待今天的我们来欣赏。

3.3.3 意在形外：写意画

写意画是我国传统绘画的重要画种，通常用简练的笔法描绘景物，纵笔挥洒，墨彩飞扬，追求一种"遗其形而写其神"的效果。明代徐渭的题画诗也谈到："不求形似求生韵，根拨皆吾五指栽。"

《泼墨仙人图》是我国写意人物画的代表作之一，开启了"大写意"先河。《泼墨仙人图》描绘的是一个仙人，但一眼望去，只能说是"初具人形"，连五官都分不清。只是一细思量，却又觉得妙不可言，寥寥数十笔，挥就浓淡不一的几块墨迹，便留下了无限的想象空间，没有严谨清晰的线条、没有细致的细节刻画，反而更加展示出仙人清高超脱、不屑凡俗的"仙气"，这或许就是写意画中"留白"的魅力所在。

▲《泼墨仙人图》
梁楷，南宋，纸本水墨，48.7厘米×27.7厘米，台北故宫博物院

在艺术上，写意画已经超越了对物象本身的描摹和复现，转而追求一种酣畅淋漓、气韵生动的"精神"，颜色、明暗、线条、构图都是为了这种精神服务，甚至作者的感情和思想也都融入这种精神，借画表现了出来。

徐渭的《水墨葡萄图》在水墨写意花鸟画上做出了重大的突破，直抒胸臆，赋予物象以强烈的情感色彩。在技法上，《水墨葡萄图》以饱含水分的泼墨写意法点画葡萄枝叶，而葡萄藤条则纷披错落，向下低垂。葡萄珠同样纯以水墨点成，状物不拘形似，取其神韵，仿佛可见清风袭来，葡萄珠随蔓

▲《水墨葡萄图》
徐渭，明，纸本水墨，165.4厘米×64.5厘米，故宫博物院

而舞，晶莹透彻，淋漓酣畅。

画上左侧有行书题诗："半生落魄已成翁，独立书斋啸晚风。笔底明珠无处卖，闲抛闲掷野藤中。"这4句题诗和垂落的藤蔓表现出险中求稳的构图技巧。前两句交代了此画创作的时间，后两句则表露出怀才不遇、困居书斋惆怅而烦闷的心情。可见此画状物拟人，别出心裁，是作者的自我写照，其画意已远超葡萄本身，具有了拟人化的性质。

3.3.4 复数艺术：版画

版画是绘画艺术中的一个特殊品类，它是作者运用刀和笔等工具，在不同材料的版面上进行刻画的造型艺术，因为可直接印出多份原作，所以有"复数艺术"之称。根据所使用的版面性质，版画有凸版（如木版画、麻胶版画）、巴版（如铜版画）、平版（如石版画）、孔版（如丝网版画）之分。

我国著名版画家古元一方面深受西方版画家的思想影响，同时又积极借鉴中国传统、民间艺术风格，是中国新兴木刻版画运动的领军人物之一，其作品刀法丰富，层次细腻，力求自然真实。

▲《玉带桥》
古元，1962年，套色木刻，28厘米×
21.5厘米，珠海市古元美术馆

木刻版画《玉带桥》以北京颐和园西堤六桥中唯一的拱券式结构石桥"玉带桥"及周围风景为题材。画面中，柳绿莲碧，白色的玉带桥以一个富有张力的拱形占据画面主体，桥洞的灰色内壁与水面倒影结合，宛如一轮新月，再加以星星点点的红白荷花，与桥上执红伞的女郎相呼应，宁静和谐，以木刻版画特有的表现力呈现出了动人的东方意蕴。

3.3.5 生动形象：古典油画

在摄影技术出现前，油画，几乎是最能真实反映物象外形的艺术，其表现效果与人类肉眼视觉效果最为接近。

18世纪法国洛可可风格艺术家弗拉戈纳尔的名作《秋千》描绘了贵族男女在茂密的丛林中游玩戏耍的情形，画面中最主要的人物就是荡秋千的年轻女子。画家以细腻的笔触和柔和的色彩描绘出女子身上繁复华丽的衣饰、雪白娇嫩的肌肤、活泼欢乐的表情，显示出女子的妩媚动人。画面中女子的动作、秋千的摆荡、衣裙的飘动、抛飞的鞋子都十分舒展且合乎物理学原理，具有动感，富于艺术张力。加上树木、草丛、环境的颜色、柔和的光线，勾勒出一片大好春光，欢快、闲适、享受的气氛跃然纸上。

《秋千》的美或许有些张扬和恣意，但古典油画在含蓄微妙之处，其精彩也不输于前者，如达·芬奇的名作《蒙娜丽莎》。《蒙娜丽莎》是世界上著名的绘画艺术品之一，受到了社会的广泛关注和讨论。

　　《蒙娜丽莎》是一幅经典的人物肖像画，画中的妇人微微侧身，交叠着手，恬静淡然地目视前方。但是这样一幅"简单"的肖像画，却让所有与之对视的人都感受到某种"魔力"，这种魔力来自于画中人微妙的表情。蒙娜丽莎的面庞，让人感受到一种"精妙的和谐"，直视蒙娜丽莎的嘴巴，会觉得她没怎么笑；然而当看着她的眼睛，察觉到她脸颊的阴影时，又会觉得她在微笑。甚至有研究人员利用微表情理论得出结论：蒙娜丽莎的微笑中，含有83%的高兴、9%的厌恶、6%的恐惧、2%的愤怒，这样解剖般的定量分析或许未必准确，但是其反映出达·芬奇技艺之高，蒙娜丽莎表情之生动是确凿无疑的。

　　今天，我们该如何欣赏《蒙娜丽莎》？傅雷先生在《世界美术名作二十讲》里的观点或许会对我们有所启发：

　　　　微笑的意义是什么？……这是不容易且也不必解答的。这是一个莫测高深的神秘。然而吸引你的，就是这神秘。因为她的美貌，你永远忘不掉她的面容，于是你就仿佛在听一曲神妙的音乐，对象的表情和含义，完全跟了你的情绪而转移。你悲哀吗？这微笑就变成感伤的，和你一起悲哀了。你快乐吗？她的口角似乎在牵动，笑容在扩大，她面前的世界好像与你的同样光明同样欢乐。

▲《秋千》
弗拉戈纳尔，1767年，布面油画，
64.2厘米×81厘米，英国华莱士收藏馆

▲《蒙娜丽莎》
达·芬奇，1519年，木板油画，
77厘米×53厘米，巴黎卢浮宫博物馆

3.3.6 ► 抽象与象征：现代主义绘画

时间进入现代，艺术家们对古典艺术进行了深刻的反思，开始打破传统，摒弃写实的传统，采用一种他们认为感情上更真实的方式，来表现出自己的感受与想法，即现代主义绘画。由此，他们的作品也更加抽象，具有更明确的象征意味。

例如，前文中的《日出·印象》，观众难以从中辨识确切的风景，但一眼望去，难免被其变幻的颜色所震撼，而这种震撼正是画家想要传达给观众的。我们甚至可以说，现代主义绘画和"遗神取意"的写意画在理念上有共同之处。

印象派掀起了革新的浪潮，文森特·梵高等画家继承印象派的传统并取得了新的突破，后世评论家将他们的创作归为"后印象派"，这也是第一个西方现代艺术流派。在文森特·梵高的《星月夜》中，我们可以一睹其在绘画上天才般的狂想。

《星月夜》颠覆了人们对星空的想象，回旋的大小星辰、金黄的满月形成巨大的漩涡，暗绿褐色的柏树仿佛燃烧的火焰——传统中静谧的夜空被彻底击碎，取而代之的是一股汹涌、动荡的蓝绿色激流吞噬整个夜空，旋转、躁动、卷曲的星云使夜空变得异常活跃，歪曲的长线和断续的短线交织，构造出令人目眩的骚动感，在星空深处仿佛酝酿着巨大的不安。通过画笔，文森特·梵高将他那躁动不安的情感和疯狂的幻觉世界展示出来，给予了观众最直接的情感刺激。

▲《星月夜》
文森特·梵高，1889年，布面油画，
92厘米×73厘米，纽约现代艺术博物馆

1937年4月26日，纳粹德国轰炸西班牙北部城镇格尔尼卡，造成大量无辜百姓伤亡。面对这一恶行，毕加索义愤填膺，为表达自己对战争罪犯的抗议和对这次事件中死去的人的哀悼，创造了《格尔尼卡》。此画融立体主义、超现实主义风格于一炉，全画用黑色、白色与灰色画成，巨幅的画面中，有从着火的屋上掉下的妇女、母亲与死去的孩子、躺在地上握着断剑的战士、嘶鸣的马、光芒扭曲的灯……看似杂乱的构图表现了小镇的混乱，扭曲的脸庞和肢体宣示了人民的苦痛和恐慌；死去的战士紧握断剑，他的手上开出一朵小花，这表达了画家对士兵英勇抵抗的崇敬。而这一切的一切，都代表画家对纳粹恶行的控诉。对于《格尔尼卡》，我们哪怕看不太懂，也能感受到作者在其中投注的巨大愤怒，鲁迅将文学视作匕首与投枪，《格尔尼卡》则是毕加索的武器！

▲《格尔尼卡》

毕加索，1937年，布面油画，349.3厘米×776.6厘米，马德里索菲亚王后艺术中心博物馆

3.3.7 风格各异：后现代主义绘画

20世纪50年代以后，继现代主义之后，欧美各国都发展出了各种新的主义思潮，包括波普艺术、新达达主义、色面绘画、硬边艺术、最低限艺术、新写实主义、超级写实主义、欧普艺术、动态艺术、大地艺术、行动艺术、观念艺术、新表现主义、意大利超前卫绘画等，这些众多风格各异的流派被统称为"后现代主义绘画"。

1950年左右，波普艺术登上艺术舞台，这种艺术形式源于商业美术形式的艺术风格，其典型的艺术手法之一是将连环画、快餐及印有商标的包装等大众文化产物进行放大复制。"波普艺术之父"理查德·汉密尔顿将波普艺术的特点概括为"流行的，转瞬即逝的，可随意消耗的，廉价的，批量生产的，属于年轻人的，诙谐风趣的，性感的，恶搞的，魅惑人的，是一个大产业"。显示出波普艺术与传统绘画截然不同的创作理念。

波普艺术的领袖人物之一安迪·沃霍尔采取照相版丝网漏印技术，创作了5幅背景分别为红、橙、浅蓝、鼠尾草蓝及绿松石色的好莱坞女星玛丽莲·梦露的图像，这就是《玛丽莲·梦露》，他巧妙地将人手上色的部分与一层丝网印制的颜色对齐，使线条和色彩都无缝对接，形成利落清晰的明暗效果。安迪·沃霍尔通过机械化的复制，加以过度艳丽的色彩，营造出一种平庸的气氛，一些评论者认为该作品没有观赏价值，但也有人认为它拉近了艺术作品与大众的距离，是真正属于普罗大众的艺

▲《玛丽莲·梦露》（鼠尾草蓝色）

安迪·沃霍尔，1962年，布面丙烯，
51厘米×41厘米，个人藏品

术。对此，安迪·沃霍尔只说："你看到什么就是什么。"

在现代主义如火如荼地发展了几十年后，一些画家选择了"回归"。他们认为，艺术家应该站在一个旁观者的角度，隐藏一切个性、情感、态度的痕迹，忠实地在画纸上复现物象本身，追求"艺术再现事物应达到极端的写实"，以至于观众难以分辨超写实主义绘画作品和摄影作品，因此超写实主义也获得了"照相写实主义"的别称。

冷军是我国当代超写实主义油画的领军人物，在《肖像之相——小唐》中，我们可以一窥冷军的绘画技艺和超写实主义绘画之美。

在这张画中，我们几乎已经完全看不出绘画手段的痕迹，无论是发丝、嘴角、指尖的细节，还是肌肤、衣物、项链的质感，又或是整个画面的明暗光影效果，都如同高清照片一般。如此技艺，可谓达到了"细而不腻，逼真而又非真"的境界。

这样极度的写实带给了观众前所未有的震撼。画中的少女典雅、端庄地坐在那里，仿佛隔着层层油彩，以沉默、冷峻而深刻的目光与观者对视，又像在望着观者身后的无穷远处，此时，艺术与观者的互动交流达到了完美的境地。虽然放弃了一切抽象的表达和象征，但《肖像之相——小唐》同样能够引发人们无数的想象和思考，或许这正是超写实主义绘画所追求的艺术境界。

▲《肖像之相——小唐》
冷军，2007年，油画，140厘米×80厘米

思考与练习

练习一：思考与讨论

1. 南朝谢赫在其著作《古画品录》中提出了"六法"作为绘画品评的标准，即"气韵生动、骨法用笔、应物象形、随类赋彩、经营位置、传移模写"，它是对我国古代绘画思路的系统总结，也被后世画家奉为不易之典。请你查阅相关资料，思考并和同学一起讨论：我们应如何理解"绘画六法"？如何通过其评价绘画作品以及指导绘画创作？

2. 美学家和艺术史家贡布里希在赞赏肖像画佳作时曾说过："宛如活生生的真人一般，她似乎就要在我们眼前改变姿势。每次回头再去看她时，都有那么一点点不同。这整个听起来颇让人觉得有些神秘，然而事实果真如此：这也是伟大的艺术作品经常具有的效果。"思考并与同学一起讨论：我们应如何理解人物肖像之美？

练习二：认识与赏析

1. 《千里江山图》是我国传世名画之一，描绘了庐山和鄱阳湖一带的景色，虽属于写意之作，但不乏工美佳作，集北宋以来水墨山水之大成。元代著名书法家溥光对此画推崇备至，在题跋中赞道："在古今丹青小景中，自可独步千载，殆众星之孤月耳。"请扫描二维码获取《千里江山图》的高清图片，对其进行赏析，谈一谈你所感受到的绘画之美。

图片：《千里江山图》

2. 文森特·梵高钟情于向日葵，以插在瓶中的向日葵为主要内容创作了一系列油画作品，后世认为文森特·梵高以向日葵代表自身，在画中展现了他对友情、对生活、对生命的感悟和追求。《花瓶里的十二朵向日葵》就是其中之一。请扫描二维码获取《花瓶里的十二朵向日葵》的高清图片，对其进行赏析，谈一谈你所感受到的绘画之美。

图片：《花瓶里的十二朵向日葵》

审美实践——自画像

自画像是绘画艺术重要的题材之一，古今中外的画家多有自画像传世。同时，自画像也是画家表现自己精神、意志最直接的绘画题材。下面，请同学们拿出纸笔，以自己为蓝本创作一幅自画像吧。

一、活动名称

自画像。

二、活动主旨与意义

亲身进行艺术实践活动是提高艺术鉴赏力的重要途径，通过自画像的创作，同学们能够内化并运用审美的知识和技能，同时也能够展现自己的外形和精神风貌。

三、活动内容

同学们至多利用一节课的时间或一周的课余时间完成此次活动，活动内容如下。

1. 以自己为对象进行绘画创作，对体裁、材料、画种、尺幅、绘画流派、绘画风格、是否上色等都不做限制，但作品必须能够在教室内展示。

2. 在所有同学完成作品后，在教师的组织下进行统一展示，并且由各位同学依次讲解自己的作品。讲解的角度可以是构图、色彩、线条，也可以是作画历程、灵感来源、作品的精神内涵等。

实践目的	
实践内容	
实践成果	
心得体会	

审美实践——参观美术展

美术展是美术作品集中展示的展览活动，在美术展上，同学们能够近距离接触真实的绘画作品，这种体验是再高清的作品图片都无法比拟的。请同学们在教师的组织和带领下，就近参观一次美术展，并记录自己的感受。

一、活动名称

参观美术展。

二、活动主旨与意义

通过实际观摩大量的绘画作品，熟悉绘画作品，获得最直接、最确切的审美体验，从而提高自己的艺术鉴赏力，并在艺术的熏陶下提高审美素养。

三、活动内容

同学们在教师的组织下，利用半天或一天完成此次活动，活动内容如下。

1. 集体讨论，选择将要参观的美术展。通常，博物馆、画廊、美术馆，学校的美术学院、绘画系、艺术陈列室等会开展美术作品的集体展示活动。

2. 进行参观，在参观过程中，同学们应保持集体活动，听从教师的安排，并注意遵守美术展举办方的相关规定，爱惜展品。

3. 参观完毕后，同学们应记录自己的参观感受，并选择自己最喜欢的一幅（一组）绘画作品进行解读和评价。

🔍 审美实践报告

实践目的	
实践内容	
实践成果	
心得体会	

第 4 章 文明的符号——辞章之美

《淮南子·本经训》记载了一则传说："昔者苍颉作书，而天雨粟，鬼夜哭。"文字究竟有什么魔力，能够使天上下米，还能惊得鬼哭神嚎？张彦远解释道，是因为有了文字之后，"造化不能藏其秘，故天雨粟；灵怪不能遁其形，故鬼夜哭"。可见，文字在古人心中具有神圣而崇高的地位。

文字是承载信息的符号，人们将文字组织起来，就成了诗歌、小说——文学艺术就此出现。将文字这一符号本身进行修饰和改造——书法艺术就此诞生。

★ **知识目标**

1. 了解文学艺术的审美特征，并熟悉经典文学艺术作品。
2. 了解书法艺术的审美特征，并熟悉经典书法艺术作品。

◉ **能力目标**

能够鉴赏不同的文学艺术作品和书法艺术作品，认识文学艺术和书法艺术之美。

▤ **素养目标**

通过对文学艺术和书法艺术知识的学习，培养审美意识和审美意趣，提高艺术修养。

椎心泣血之作——《祭侄文稿》

"安史之乱"中，颜氏一门被叛军杀害30余口。颜真卿在几年后终于寻访到了从侄颜季明的尸骨。在为侄子写祭文时，颜真卿悲愤交加，情不自禁，一气呵成，挥毫写就了《祭侄文稿》。

《祭侄文稿》共23行，234个字，追叙了常山太守颜杲卿父子一门在安禄山叛乱时，挺身而出，坚决抵抗，以致"父陷子死，巢倾卵覆"、取义成仁之事，可谓字字泣血、句句摧肝，让人读之断肠。

在写作之时，颜真卿心情极度悲愤，情绪已难以平静，不顾笔墨之工拙，行文之章法，将心中的激愤尽皆付诸笔上，通篇波澜起伏，时而沉郁痛楚，声泪俱下；时而低回掩抑，痛彻心肝。

文学与书法两门艺术在宣纸上统一，极度的悲痛游走在文字构成的字句之间，又根植于文字本身的形体之上，以惊人的情感力度，震动着每位观者。

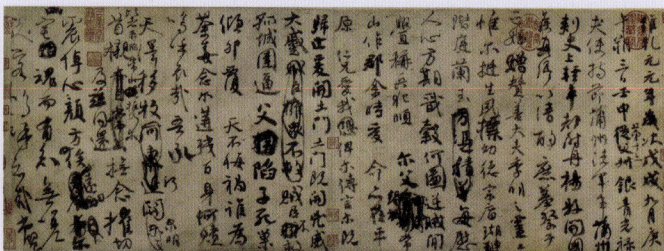

▲《祭侄文稿》（释文部分）
颜真卿，785年，28.3厘米×75.5厘米，纸本，台北故宫博物院

讨论

从《祭侄文稿》出发，你认为文学和书法为什么能够相辅相成？如果书法艺术脱离文学，只书写无意义的零散文字，是否能够称为一门艺术？

引申

《祭侄文稿》是文学和书法创作中述志、述心、表情的典型，内容与书法相得益彰，由共同的思想情感贯穿，浑然一体，带给观者强烈的艺术震撼。今天，我们观此文，仍然能够体验到其中蕴含的悲愤，认识到颜氏一门忠烈的伟岸气概。

4.1　文学艺术

文字是具现的语言，是抽象的绘画，是人类交流的密码，是承载文明的符号。古今中外的见闻、天马行空的想象、精妙深奥的知识……都能够用文字表达。而文学，就是组织文字的艺术，是以文字为砖，砌成辉煌建筑的艺术。

4.1.1　语言、文字与文学

语言是人类进行沟通交流的表达方式，语言被发明之后，人们便能够清晰地表达自己的想法。但语言仅限于口头，传播范围有限且无法留存，因此，人们将语言符号化，造就了文字。文字的出现和普及，使人类文明跨越了一大步。但很快，人们就发现，书写材料有限，刻画文字很费力，于是开始了对口语的改造，形成了简洁、高效的书面语，"写与看"取代了"听与说"，成为使用文字的主要途径。

书面语就是最早的文学作品，体现了人们对文字的组织。此后，随着生产生活的需要，标点符号、修辞、语法等纷纷出现，文学也随之不断发展，最终成为一门异彩纷呈的艺术。今天，文学依然与语言和文字密切相关，文学作品以文字为表现媒介，同时也会追求语言上的和谐，其中最典型的，莫过于诗歌的押韵。

语言和文字赋予文学独特的艺术特性，绘画靠"看"，音乐靠"听"，都能给人的感官以直接的刺激，而文学是"看了要想"，读者从自身的生活阅历和知识储备出发，通过积极想象和联想，才能领会文学艺术。因此，人们对绘画作品和音乐作品的感悟往往共通，而对于文学，则是"一千个人心中有一千个哈姆雷特"，这也正是文学的独特魅力之所在。

4.1.2　文学承载客观和主观信息

文字是信息的载体，而文学是编织信息的艺术。世界上的信息，要么是反映客观现实的，要么是进行主观表达的。文学艺术也天然具有记录客观现实和表达主观意识这两种功能，并且对此有远超其他艺术形式的能力。

1. 对客观现实的记录

文学的直接目的是记录现实，无论是客观世界，还是主观意识；无论是自然风物，还是社会生活；无论是孤立的事物，还是众多事物构成的场景；无论是静止的画面，还是动态的行为，都能够使用文字一一记录下来。试看明代散文《核舟记》：

> 舟首尾长约八分有奇，高可二黍许。中轩敞者为舱，箬篷覆之。旁开小窗，左右各四，共八扇。启窗而观，雕栏相望焉。闭之，则右刻"山高月小，水落石出"，左刻"清风徐来，水波不兴"，石青糁之。

船头坐三人，中峨冠而多髯者为东坡，佛印居右，鲁直居左。苏、黄共阅一手卷。东坡右手执卷端，左手抚鲁直背。鲁直左手执卷末，右手指卷，如有所语。东坡现右足，鲁直现左足，各微侧，其两膝相比者，各隐卷底衣褶中。佛印绝类弥勒，袒胸露乳，矫首昂视，神情与苏、黄不属。卧右膝，诎右臂支船，而竖其左膝，左臂挂念珠倚之——珠可历历数也。

舟尾横卧一楫。楫左右舟子各一人。居右者椎髻仰面，左手倚一衡木，右手攀右趾，若啸呼状。居左者右手执蒲葵扇，左手抚炉，炉上有壶，其人视端容寂，若听茶声然。

——魏学洢《核舟记》（节选）

这段文字平实、洗练，如实地详细描写了一件雕刻品"核舟"，作者准确地把握了这件雕刻品的各个细节，然后以流畅的空间顺序准确描写了整个"核舟"。读者虽然只读到了文字，但却仿佛看到"核舟"近在眼前。

除了现实事物，文学作品还能够多方位、多角度地反映社会现实，如杜甫以"三吏三别"反映底层人民的生活，雨果则在《巴黎圣母院》《悲惨世界》中细致描绘了19世纪巴黎社会的景象，司马迁以《史记》将千年前的历史娓娓道来……这是其他艺术形式所望尘莫及的。

2. 对主观意识的表现

语言和文字不仅可以描摹现实，更是人们交流思想情感的工具，个人的情感、思想、观点等都可以述之于口、书之以文，因此在思想情感的表达上，文学具有远超其他艺术形式的深度和广度。

逝者如斯，而未尝往也；盈虚者如彼，而卒莫消长也。盖将自其变者而观之，则天地曾不能以一瞬；自其不变者而观之，则物与我皆无尽也，而又何羡乎！且夫天地之间，物各有主，苟非吾之所有，虽一毫而莫取。惟江上之清风，与山间之明月，耳得之而为声，目遇之而成色，取之无禁，用之不竭，是造物者之无尽藏也，而吾与子之所共适。

——苏轼《赤壁赋》（节选）

《赤壁赋》是苏轼贬谪黄州期间所创作的作品，在这段话里，苏轼用文学的语言，表述了自己对人生的见解，展示了自己豁达的宇宙观和人生观。在所有的艺术形式中，唯有文学能够表述自己的观念。

即如此刻，宝玉的心内想的是："别人不知我的心，还有可恕，难道你就不想我的心里眼里只有你！你不能为我烦恼，反来以这话奚落堵我。可见我心里一时一刻白有你，你竟心里没我。"心里这意思，只是口里说不出来。那林黛玉心里想着："你心里自然有我，虽有'金玉相对'之说，你岂是重这邪说不重我的。我便时常提这'金玉'，你只管了然自若无闻的，方见得是待我重，而毫无此心了。如何我只一提'金玉'的事，你就着急，可知你心里时时有'金玉'，见我一提，你又怕我多心，故意着急，安心哄我。"

——曹雪芹《红楼梦》（节选）

在《红楼梦》这段文字中，作者对于贾宝玉和林黛玉两人的心理活动进行了细腻的描写，将两人内心深处隐秘的小心思与情感纠葛揭示得淋漓尽致，这种对于人的内心活动精准而细微的刻画，同样是仅有文学能够达到的效果。

> 总而言之，觉醒的父母，完全应该是义务的，利他的，牺牲的，很不易做；而在中国尤不易做。中国觉醒的人，为想随顺长者解放幼者，便须一面清结旧帐，一面开辟新路。就是开首所说的"自己背着因袭的重担，肩住了黑暗的闸门，放他们到宽阔光明的地方去；此后幸福地度日，合理地做人。"这是一件极伟大的要紧的事，也是一件极困苦艰难的事。

——鲁迅《我们现在怎样做父亲》（节选）

鲁迅在散文《我们现在怎样做父亲》中表述了他对于"怎样改革家庭"的观点，主旨明确，论述充分，逻辑严密，这样的纯粹说理，换成其他艺术形式同样是万万不能的。可见，无论是表述观念、描写内心活动还是分析事理，文学都是人的主观意识的重要载体。

4.1.3 ▶ 文学的艺术形象

在阅读文学作品时，读者往往会对其中的某个人物、事物产生深刻的印象，甚至被其带动起强烈的情绪，或对其喜爱万分，或对其咬牙切齿，又或是与人物"同呼吸、共命运"，在人物遭难时恨不能以身代之。这些人物、事物就是文学的艺术形象，能够带给读者独特的审美体验。

文学家在自己的作品中，可以凭空"捏造"一个形象，为其赋予各种世界上存在或不存在的外貌（外形）、能力、情感、性格。例如，"饮于河渭，河渭不足，北饮大泽"的夸父，"以乳为目，以脐为口，操干戚以舞"的刑天，他们都有自然界中不存在的"超能力"。雨果在塑造艾丝美拉达（《巴黎圣母院》中的人物）时，则将人类社会中诸多美好的品质，包括纯洁、美丽、善良、坚强、不畏强权，都赋予她，造就了一个集真、善、美于一体的完美艺术形象。

文学家们也能对真实存在的人物进行"艺术化的加工"，塑造出精妙的文学形象。《三国演义》是我国四大名著之一，它是以自黄巾起义到西晋统一近百年的历史为蓝本创作的长篇小说。64万字的篇幅中，一共有千余名角色登场，其中刻画极为精妙的人物形象之一便是曹操。

曹操是魏国的奠基者，书中最大的"反派"，《三国演义》着重刻画了其"奸"，其中非常著名的桥段，莫过于曹操不识好意，误杀好友吕伯奢一家，并放言"宁教我负天下人，休教天下人负我"，将其"奸"展现得淋漓尽致。这一情节便是文学家的虚构，通过这样的艺术加工，塑造了与正史不同，却别具魅力的人物形象。

文学能够塑造出各种各样超脱于现实的艺术形象，他们或是从现实中抽象出的典型，如《装在套子里的人》中的"套中人"别里科夫、《儒林外史》中因中举而癫狂的范进；或是作者理想、感情、追求的投射，如《精卫》中矢志不渝填海的精卫、《三国演义》中忠贞不贰的关羽；或干脆就是作者对自己的阐述，如《洛神赋》中与洛神相会的"余"、《狂人日记》中的"我"

等。艺术形象也不止于人物，还有"零落成泥碾作尘，只有香如故"（陆游《卜算子·咏梅》）的梅花、因伴侣被杀而"自投于地而死"（元好问《摸鱼儿·雁丘词》）的大雁、能够完成3个愿望的阿拉丁神灯（《一千零一夜》）等众多各具特色的形象，无论是哪种艺术形象，都"源于现实，高于现实"，共同构成了异彩纷呈的文学艺术，是文学艺术能打动人心的重要因素。

4.1.4 文学的精神追求

曹丕在《典论·论文》中说："夫文章，经国之大业，不朽之盛事。"古今中外的文学家们在创作文学作品时，会自觉或不自觉地将自己的精神追求熔铸其中，成为人类永恒的精神财富。虽然时过境迁，但今天我们读到这些文字时，仍然能够受到某种精神上的感召。

公元前4世纪，古希腊哲学家柏拉图深感雅典城邦的衰落和奴隶主贵族统治阶级的腐朽，写下了《理想国》，以故事和对话的形式论述了"理想国"的构建、治理和正义，展示了柏拉图对于国家管理的观点和期望，以及对正义与善的追求。

战国时，楚国的诗人屈原吟诵《离骚》，倾诉自己对国家命运和人民生活的关心，表达要求革新政治的愿望，以及自己坚持理想、虽逢灾厄也绝不向邪恶势力妥协的意志。

安史之乱爆发，杜甫为避兵灾，流亡入蜀，将沿途所目睹的惨状写成了"三吏三别"（《新安吏》《石壕吏》《潼关吏》《新婚别》《无家别》《垂老别》），揭示了战争给人民带来的巨大不幸和困苦，表达了对倍受战祸摧残的老百姓的同情。

乾隆时，吴敬梓创作了《儒林外史》，在书中描绘了各类人士对于"功名富贵"的不同表现，反映了人性被"功名富贵"腐蚀的原因和过程，批判和嘲讽了当时社会吏治的腐败、科举的弊端、礼教的虚伪。

1933年，苏联作家尼古拉·奥斯特洛夫斯基完成了小说《钢铁是怎样炼成的》，小说通过主人公保尔·柯察金的成长经历，展示了一段波澜壮阔的历史。同时，作者还借主人公之口，阐述了他的人生观。今天，我们读到这段文字，仍然能被其中蕴含的力量所深深震撼。

> 人的一生应当这样度过：当回忆往事的时候，他不会因为虚度年华而悔恨，也不会因为碌碌无为而羞愧；在临死的时候，他能够说："我的整个生命和全部精力，都已经献给了世界上最壮丽的事业——为人类的解放而斗争。"

> ——尼古拉·奥斯特洛夫斯基《钢铁是怎样炼成的》（节选）

4.2 文学作品鉴赏

随着技术的发展和社会的进步，今天的我们可以便捷地获取到从上古诗歌到网络文学在内的各种文学作品。诗歌之飘逸、史书之厚重、小说之曲折……不同的文学作品，给人以不同的审美体验。

4.2.1 结构与韵律：诗歌

诗歌乃"文学之母"，是最早出现的文学体裁。《毛诗·大序》中记载："诗者，志之所之也。在心为志，发言为诗。"人们将自己内心的想法和情感唱出来，就是最原始的诗歌。诗歌是用于歌唱和朗诵的文体，今天，我们阅读一些经典诗歌时往往能感觉其朗朗上口，读得畅快，这是因为为了能够顺畅地歌唱或诵读，诗歌在结构和韵律上往往会进行精心的处理。在结构上，诗歌通常单句较短、各句子长度相近、各段落结构统一；在韵律上，诗歌通常讲究平仄、押韵等，这使诗歌形成了精致的"语言美"，具有悦耳的音乐美感，同时也使诗歌所表达的情感更为强烈、动人。

1. 古诗

《诗经》是我国古代诗歌的开端，周代的采诗官走遍天下，收集了311篇各式各样的诗歌，这些作品中不乏具有热烈音乐美感的民歌，让我们能够体会到古代先民的真挚情感。

> 关关雎鸠，在河之洲。窈窕淑女，君子好逑。
> 参差荇菜，左右流之。窈窕淑女，寤寐求之。
> 求之不得，寤寐思服。悠哉悠哉，辗转反侧。
> 参差荇菜，左右采之。窈窕淑女，琴瑟友之。
> 参差荇菜，左右芼之。窈窕淑女，钟鼓乐之。
>
> ——《诗经·周南·关雎》

《关雎》是《诗经》的开篇之作，书写了主人公对女子强烈的相思与追求之情，全诗读起来朗朗上口。为了达到这样的艺术效果，这首诗在结构上句式整齐，并重复使用"参差荇菜，左右*之。窈窕淑女，***之"这一句式。在韵律上，则通过"之"字押韵，并选取"窈窕""参差""辗转"等联绵词，实现了音韵上的和谐。结构和韵律共同构成了诗歌的音韵美，将主人公的情思表现得更为生动传神。

诗歌在长期发展中，形成了讲究"格律"的近体诗，在句数、字数、平仄、对仗和押韵上都有细致的要求。以七言律诗为例，规定全首8句，共4联，7字一句；押平声韵，一韵到底；每句的句式和字的平仄都有规定，保证对句相对，邻句相粘。这样严格的规定使律诗结构规整、音韵谐畅，富于音韵美。

> 风急天高猿啸哀，渚清沙白鸟飞回。
> 无边落木萧萧下，不尽长江滚滚来。
> 万里悲秋常作客，百年多病独登台。
> 艰难苦恨繁霜鬓，潦倒新停浊酒杯。
>
> ——杜甫《登高》

杜甫有"诗圣"的美誉，这篇《登高》便可体现其对于格律超凡入圣的把握，明人胡应麟在《诗薮》中赞其"一篇之中，句句皆律，一句之中，字字皆律""通首章法，句法，字法，前无昔人，后无来学……然此诗自当为古今七律第一"。读者仅需通读一遍，便能从这首诗中感受到苍凉的意象、磅礴的气概和旷古的悲凉。这，正得益于格律的力量。

2. 外国诗

古代西方的诗人对于中国的格律自然是闻所未闻，但他们同样在自己的笔下，将诗歌的结构和韵律演绎到了极致。如著名的"十四行诗"，就是格律严谨的抒情诗体，莎士比亚的诗作每首诗14行，由3段4行和一副对句组成，每行诗句有10个抑扬格音节，音韵优美。

意大利诗人但丁·阿利盖利在12世纪创作了长诗《神曲》，这首诗在诗歌中可谓是"皇皇巨著"，共有14233行、85万余字。《神曲》全诗如同一个精密严整的系统，体现出一种秩序、对称的美感，全诗共分为《地狱》《炼狱》《天堂》3部，每部33篇，最前面增加一篇序诗，一共100篇。诗句是3行一段，连锁押韵（每一诗节3行，其中第一与第三行押韵，第二行与下节第一、第三行押韵），各篇长短大致相等，每部也基本相等，每部都以"群星"（stelle）一词结束。这样的安排具有浓重的象征意味，让读者能够体会到《神曲》在宗教意义上的庄严、神圣、崇高等特质。

3. 现代诗

在白话文兴起并流行后，人们开始用白话文创作"新诗"，也就是现代诗。现代诗与古诗相比，不拘于格式和韵律，而强调自由开放和直率陈述。美国诗人的《便条》便是一首有趣的现代诗，诗人将生活中常见的情景用平易浅显的词句写成了诗歌，这首诗创新了诗歌的结构，将生活化的语句进行分段和停顿，便成了诗化的语言，读来晓畅平和，富有生活情趣。

便条	This is just to say
我吃了	i have eaten
放在	the plums
冰箱里的	that were in
梅子	the icebox
它们	and which
可能是	you were probably
留着	saving
早餐用的	for breakfast
请原谅我	forgive me
它们太好吃了	they were delicious
又甜	so sweet
又凉	so cold

——威廉斯《便条》

1979年，顾城写下了《一代人》，这首著名的现代诗仅仅只有两句话，堪称简短，却用看似相悖的转折进行了奇妙的组合，构成了独特的韵律，回味悠长。

黑夜给了我黑色的眼睛，我却用它寻找光明。

——顾城《一代人》

卞之琳曾经创作了一首长诗，但其中只有4行使他满意，于是他抽出来独立成章，并命名为《断章》。《断章》通过类似"顶真"的结构，下句紧接上句，将不同的场景串联起来，昭示了个体间的相互关联，具有鲜明的画面感与空间感，让读者感受到抽象而又复杂的观念与意绪，意境深邃悠远。

> 你站在桥上看风景，看风景人在楼上看你。
> 明月装饰了你的窗子，你装饰了别人的梦。

——卞之琳《断章》

4.2.2 记叙与抒情：散文

在古代中国，凡是押韵的文字被称为"韵文"，对仗的文字被称为"骈文"，而既不押韵也不对仗的文字，就是"散文"。散文是最自由、最灵活的文学体裁，没有格式的束缚。这样的体裁使创作者得以充分发挥自己的才能、贯彻自己的想法，创作出辉煌的作品。

1. 古代散文

古代散文中，议论说明类的称为"说"，如《师说》《爱莲说》；上呈的奏议称"表"，如《出师表》《陈情表》；惜别赠言的文章称"赠序""序"，如《送东阳马生序》《滕王阁序》；记录历史事件和个人见闻的则是"杂记""记"，如《史记》《醉翁亭记》……由此可见古代散文选材范围之广、体裁之多，可谓异彩纷呈、蔚为大观。

先秦的文学家们多以散文说理，其中尤以庄子的散文最具特点，在庄子的笔下，动物和植物都有了哲学意味的象征，在《逍遥游》里，蜩与学鸠（小虫和小鸟）嘲笑九天的鲲鹏，庄子自己则通过这样的对话大发议论，认为是蜩与学鸠受限于自身，无法理解鲲鹏的想法和行为。

> 蜩与学鸠笑之曰："我决起而飞，抢榆枋而止，时则不至，而控于地而已矣，奚以之九万里而南为？"适莽苍者，三餐而反，腹犹果然；适百里者，宿舂粮；适千里者，三月聚粮。之二虫又何知！

——《庄子·逍遥游》（节选）

这样"前叙事、后议论"的方法被后代散文作者继承，司马迁在写作《史记》时，会在记述完历史人物的经历后，最后加上一段"太史公曰"，对前文内容加以议论和评价。

《醉翁亭记》是一篇诗味浓郁的游记，文章通过对醉翁亭及周边景色的描写，抒发了作者在贬官后旷达豪放、寄情山水并与民同乐的感情。

> 若夫日出而林霏开，云归而岩穴暝，晦明变化者，山间之朝暮也。野芳发而幽香，佳木秀而繁阴，风霜高洁，水落而石出者，山间之四时也。朝而往，暮而归，四时之景不同，而乐亦无穷也。

——欧阳修《醉翁亭记》（节选）

这段文字是欧阳修对醉翁亭四时景色的描写，行文骈散相间，虽多有对句，但却没有骈文的繁复，反而显得精整雅丽、轻快流畅。将叙事、写景与抒情完美地融合，既记叙了自然美景，又抒发了自己对景色的喜爱，风格平易自然而又纡徐委婉，读者通过文字即能感受到作者欢畅于山水间的自得。

2. 现代散文

我国现代散文作家首推鲁迅，鲁迅将文章作为"匕首和投枪"，简短而犀利，蕴含磅礴的情绪和力量。在其散文《纪念刘和珍君》中，鲁迅的笔墨随自己的思维而动，先写对几位遇难烈士悲痛的追悼，点出创作本文的原因，再回想自己与刘和珍烈士的过往，紧接着叙述段祺瑞政府的暴行和烈士们的牺牲，并抒发自己的看法……在不长的文章中，鲁迅一面回忆，一面谈自己的想法，一边叙述，一边议论，这样的写法并非可以安排，而更像作家拿起笔后内心想法自然流露，因此亲切真挚，动人心魄。

> 我在十八日早晨，才知道上午有群众向执政府请愿的事；下午便得到噩耗，说卫队居然开枪，死伤至数百人，而刘和珍君即在遇害者之列。但我对于这些传说，竟至于颇为怀疑。我向来是不惮以最坏的恶意，来推测中国人的，然而我还不料，也不信竟会下劣凶残到这地步。况且始终微笑着的和蔼的刘和珍君，更何至于无端在府门前喋血呢？
>
> 然而即日证明是事实了，作证的便是她自己的尸骸。还有一具，是杨德群君的。而且又证明着这不但是杀害，简直是虐杀，因为身体上还有棍棒的伤痕。
>
> 但段政府就有令，说她们是"暴徒"！
>
> 但接着就有流言，说她们是受人利用的。
>
> 惨象，已使我目不忍视了；流言，尤使我耳不忍闻。我还有什么话可说呢？我懂得衰亡民族之所以默无声息的缘由了。沉默呵，沉默呵！不在沉默中爆发，就在沉默中灭亡。
>
> ——鲁迅《纪念刘和珍君》（节选）

这段文字是全文的第4节，作者在这段文字中，先是交代了自己知晓惨案的过程，从"颇为怀疑"到"然而即日证明是事实了"的态度转变，加上连用"居然""竟""还不料""况且""更何至于"等词，表现了惨案的出乎意料，突出了段祺瑞政府的下劣凶残。

之后的"不但是……简直是……""但……但……"等文字，情绪层层递进，感情强烈，抒发了对于逝者遭遇的愤懑和哀痛，简洁明快地揭露了段祺瑞政府和流言家无耻下劣的恶毒诬蔑。在这节最后一小段，作者情绪达到顶峰，怀着极为愤慨的心情，大声疾呼"沉默呵，沉默呵！不在沉默中爆发，就在沉默中灭亡。"控诉反动的段祺瑞政府，并希望民众能够奋起反抗，在"沉默中爆发"，这样火山爆发般的强烈革命感情在今天仍能给我们以强烈的精神鼓舞。

4.2.3 ▶ 人物与情节：小说

中华大地，谁人不识大闹天宫的孙悟空？孙悟空的形象如此深入人心，在于其勇于抗争，大闹天宫，让人畅快无比。孙悟空的形象，正因大闹天宫这一情节而丰满；大闹天宫这一情节，也正因孙悟空的性格才得以出现。可见，人物和情节相辅相成，共同构成了小说这一文体的艺术魅力，欣赏小说，自然也离不开人物和情节这两个角度。

1. 生动鲜明的人物塑造

人物是小说的灵魂。红楼梦是我国古典长篇小说的巅峰之作，作者以贾宝玉与林黛玉、薛宝钗的爱情婚姻悲剧为主线，描绘了大观园内外闺阁佳人的人生百态，书写了贾、王、史、薛4个家族无可挽回的衰败，揭露了封建社会的种种黑暗、罪恶和腐朽。

在人物刻画上，《红楼梦》塑造了从高官贵妃到丫鬟等各个阶层的众多人物，且各个人物个性鲜明，没有雷同感。王熙凤是《红楼梦》中的纽带人物，处在人物关系网的中心位置，作者也对这一角色着墨甚多。

> 一语未了，只听后院中有人笑声，说："我来迟了，不曾迎接远客！"黛玉纳罕道："这些人个个皆敛声屏气，恭肃严整如此，这来者系谁，这样放诞无礼？"心下想时，只见一群媳妇丫鬟围拥着一个人从后房门进来。这个人打扮与众姑娘不同：彩绣辉煌，恍若神妃仙子……黛玉连忙起身接见。贾母笑道："你不认得他，他是我们这里有名的一个泼皮破落户儿，南省俗谓作'辣子'，你只叫他'凤辣子'就是了。"黛玉正不知以何称呼，只见众姊妹都忙告诉他道："这是琏嫂子。"黛玉虽不识，也曾听见母亲说过，大舅贾赦之子贾琏，娶的就是二舅母王氏之内侄女，自幼假充男儿教养的，学名王熙凤。黛玉忙陪笑见礼，以"嫂"呼之。
>
> 这熙凤携着黛玉的手，上下细细打谅了一回，仍送至贾母身边坐下，因笑道："天下真有这样标致的人物，我今儿才算见了！况且这通身的气派，竟不像老祖宗的外孙女儿，竟是个嫡亲的孙女，怨不得老祖宗天天口头心头一时不忘。只可怜我这妹妹这样命苦，怎么姑妈偏就去世了！"说着，便用帕拭泪。贾母笑道："我才好了，你倒来招我。你妹妹远路才来，身子又弱，也才劝住了，快再休提前话。"这熙凤听了，忙转悲为喜道："正是呢！我一见了妹妹，一心都在他身上了，又是喜欢，又是伤心，竟忘记了老祖宗。该打，该打！"又忙携黛玉之手，问："妹妹几岁了？可也上过学？现吃什么药？在这里不要想家，想要什么吃的、什么玩的，只管告诉我；丫头老婆们不好了，也只管告诉我。"一面又问婆子们："林姑娘的行李东西可搬进来了？带了几个人来？你们赶早打扫两间下房，让他们去歇歇。"

——曹雪芹《红楼梦》（节选）

在出场时，王熙凤人未至而声先到，显出了王熙凤张扬的个性及其在家庭中的特殊地位。紧接着又借贾母之口，道出了贾母对王熙凤的喜爱。然后又通过林黛玉的内心活动明确了她的身份。而从接下来王熙凤的行为言语中，我们又能对其产生更深刻的认识，她一上来就拉住黛玉的手，大发称赞，又说"竟是个嫡亲的孙女"讨贾母的欢心，受到贾母的取笑后又"忙转悲为喜"，可见其极深的城府与绝佳的察言观色能力。之后王熙凤询问黛玉的情况，一方面展示了她对黛玉的关心，另一方面也点明了她"大管家"的身份，为之后该人物在各情节中发挥作用做好了铺垫。

在这段文字中，作者通过极为平常的家庭生活场景，从多个角度、多个侧面塑造了王熙凤这一形象，使读者能够在津津有味地阅读文本的同时，理解和接受这一角色。

2. 别开生面的情节设计

小说的艺术效果，需要通过情节来呈现，情节的安排和设计决定了读者的阅读体验。例如，欧亨利往往会为小说安排"意料之外、情理之中"的情节作为结尾，就是为了通过情节的反转给人以深刻的印象，丰富文章的内容，深化文章的主题，增强文章的艺术魅力。

刘慈欣的《三体》被认为是我国最出色的科幻小说。作者在写作小说时，精心设计了各种或反常规、或瑰丽、或壮阔的情节，尤其是其对于科学的浪漫遐想，读之酣畅淋漓，令人拍案叫绝。

在《三体3·死神永生》中有如下情节：

"掩体纪元"时代，技术高度发达的人类社会决定建造"地球文明博物馆"，想要将人类文明的信息保存十亿年。但工程启动后才发现，"现代的量子存储器，就是那种一粒米大小可以放下一个大型图书馆的东西，里面的信息最多只能保存两千年左右，两千年后因为内部的元素衰变就不能读取了"，而"公元世纪的U盘和硬盘……这些存储器如果质量好，可以把信息保存五千年左右"，"光盘，如果用特殊金属材料制造，能可靠地保存信息十万年"，"但这些都不如印刷品，质量好的印刷品，用特殊的合成纸张和油墨，二十万年后仍能阅读。但这就到头了，就是说，我们通常用来存储信息的手段，最多只能把信息可靠地保存二十万年。"

这该如何是好？行文至此处，所有观众的胃口都被吊了起来，为主角面临的困难皱眉，一切可行的方案都被排除了，只让人觉得无解。好在作者紧接着就为我们揭开了谜底：

于是他们告诉我，基于现代科学在各个学科最先进的理论和技术，根据大量的理论研究和实验的结果，通过对大量方案的综合分析和比较，他们已经得出了把信息保存一亿年左右的方法，他们强调，这是目前已知的唯一可行的方法，它就是——罗辑把拐杖高举过头，白发长须舞动着，看上去像分开红海的摩西，庄严地喊道："把字刻在石头上！"

……

程心失神地笑笑说："哪里，老人家，只是……面对这些我不知该说什么。"

是啊，能说什么呢？文明像一场五千年的狂奔，不断的进步推动着更快的进步，无数的奇迹催生出更大的奇迹，人类似乎拥有了神一般的力量……但最后发现，真正的力量在时间手里，留下脚印比创造世界更难，在这文明的尽头，他们也只能做远古的婴儿时代做过的事。

把字刻在石头上。

——刘慈欣《三体》（节选）

答案就这么简单——"把字刻在石头上"，读者在恍然大悟之余，却又不得不感叹和思考，在人类科技已经高度发达的"掩体纪元"，想要长久保存信息，最后仍然迫不得已采用"把字刻在石头上"这样原始的方式。原来在时间的无穷伟力面前，人类引以为傲的文明也只如同一盏摇曳的灯火，转瞬即逝。这样的情节设计别开生面、引人深思。

4.3 书法艺术

如果说文学是组织文字的艺术，那么书法就是书写文字本身的艺术。在书写文字的过程中，古人不断总结经验、改进工具和写法，最终形成了"徘徊俯仰，容与风流。刚则铁画，媚若银钩（欧阳询《用笔论》）"的独特书法艺术。

4.3.1 汉字与书法艺术

汉字与书法艺术密不可分，古代先民在未创造文字之前，往往在陶罐等日常器物上刻画图形符纹以记载所发生的事情。后来，这些图形符纹逐渐演变为文字。而这些图形符纹的刻画，除了实用目的外，更有着对美的希冀，故而汉字书写才能成为具有独特结构与丰富内涵的艺术形式。

书法的发展可以说是和汉字的发展同步。先秦时期，我国的文字主要有殷商的甲骨文、西周的金文和春秋战国的石鼓文，这些文字虽然都是镌刻在硬质平面上的，并非通常语境下用笔纸书写的书法，但其为书法的发展奠定了基础。

甲骨文的形体结构已由独立体趋向合体，而且出现了大量的形声字，在形式上显示了非常鲜明的艺术特征，为后来书法的发展打下了坚实的基础。

金文既可以表现得凝重古穆，也可以表现得疏朗娟秀，不过无论哪种形式人们都能从金文文字上感受到一种庄严厚重的气息，这种气息是书法艺术中一种极为珍贵、古典雅致的韵味。后世书法艺术多追求"金石气息"，就是源于金文。

传说中，秦朝的蒙恬发明了毛笔，人们用柔软而富有弹性的毛笔书写出蕴含万千变化的汉字，书法这一艺术形式也就走上了历史的舞台。

4.3.2 线条、结构与章法

书法艺术包括笔法、结体和章法3要素，对应笔画、文字、篇章3个层次。出色的笔法能够写出极尽千姿的笔画（线条），良好的结体能够赋予文字变异百态的结构，严谨有度的章法则能使文章和谐统一，呈现出独特的艺术风格。

1. 线条之美

宗白华先生在《书法里的美学思想》一文中说道："罗丹在万千雕塑的形象里见到这一条贯注于一切中的'线'，中国画家在万千绘画的形象中见到这一笔画，而大书家却是运此一笔以构成万千的艺术形象，这就是中国历代丰富的书法。"笔画，是书法最基础的组成元素，书法艺术之美，正是由线条开始。

"（王献之）七八岁时学书，羲之密从后掣其笔，不得，叹曰：'此儿后当复有大名！'"书圣王羲之趁王献之写字时悄悄去拽毛笔，王献之没有脱手，王羲之便断定儿子"当有大名"，能够在书法上具备高超的造诣。王羲之如何能有此论断呢？就是在于体会到了王献之书法中的力量，握笔有力，方能线条有力，才能有好书法。卫夫人《笔阵图》中所谓"下笔点画，波撇屈曲，皆须尽一身之力而送之"也是同样的道理。

试看柳公权《玄秘塔碑》中的这个"门"字，虽是拓本，但也可以看出其笔画极有力量，顿挫有力，挺劲舒长，其提和勾两处，更是方折峻整，有如截铁。

书法的笔画并非一味追求力量，还强调节奏美，追求"一点一画，皆有三转；一波一拂，又有三折"（姜夔《续书谱》）的艺术效果。良好的线条节奏能使笔画具备如同音乐般优美的旋律，具备"活力"，用笔的松紧、轻重、快慢，都会影响线条的节奏，柳公权在写作"门"字时，横轻竖重，提勾利落，横画和竖画长短交错，各笔画之间或连接、或巧妙地留出一点缝隙，形成了错落有致的韵律感，端正、严整而不呆滞，带给人舒适的视觉体验。

▲门（《玄秘塔碑》）
柳公权，841年，拓本，局部

2. 结构之美

今天的汉字被称为"方块字"正是由于其结构。结构是将横竖撇捺点勾挑折按照一定的书写规律和体式构建的形体，我国古代书法家对书法结构进行了长期的探索，形成了诸如《欧阳询结字三十六法》等成果。

既然是"方块字"，那么其结构首先就需要平整稳定，《书谱序》云"至如初学分布，但求平正；既知平正，务追险绝，既能险绝，复归平正"，可见"平正"是书法结构的基本要求。平正最主要的表现就是所谓"横平竖直"，横平竖直的"框架"显得稳定、端庄，前文所述柳公权的"门"字就很好地体现了这一特点。同时，由于视觉的误差，人们往往会认为横的右端偏低，因此书法中横画右端常常会上扬5°～7°，以实现视觉上的美观。

除了平正，书法的结构还追求"因字取势，灵活变化""呼应连贯，气象飞动"，根据汉字本身笔画的不同和各笔画之间的关系，巧妙安排结构，以达到更高的艺术效果。王羲之善于写"之"字，在名作《兰亭序》中，他写下了20个各不相同的"之"字，其结构都有差别，形成了不同的艺术效果，令人叹为观止。

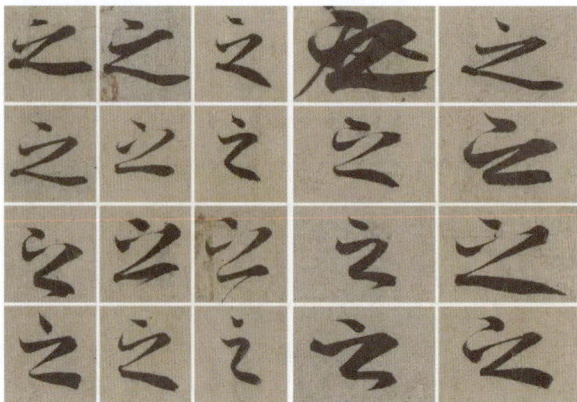

▲之（《兰亭序》）
王羲之，353年，临摹本，集字

3. 章法之美

章法即书法作品中字与字、行与行、幅与幅之间连贯、呼应、照顾等关系和整体布局安排，明代董其昌在《画禅室随笔》中云："古人论书，以章法为一大事，盖所谓行间茂密是也。余见米痴小楷，作《西园雅集图记》，是纨扇，其直如弦，此必非有他道，乃平日留意章法耳。"聚笔画而成字，集众字而成篇，章法之美可谓是书法家所追求的最高境界。

一幅良好的书法作品，其字与字、行与行间需要首尾顾盼，既要相互避让，又要相成相就，即前面的字、行既要写出自己应有的体型和风貌，又要为后面的字、行提供照应，而后面的字、行必须顺应前面的字和行来书写，形成"唱和"，互相映衬，相互照应，而使字字自然活泼，行行生动。王羲之在《兰亭序》中写的"之"字各不相同，也是因为其前后文及所处的行不同，王羲之出于对章法的考虑而为之。

同时，书法作品还要如国画一般"留白"，有字的地方叫"黑"，无字的地方叫"白"；字中有着笔墨处叫"黑"，无笔墨处叫"白"。《书筏》中云："精美出于挥毫，巧妙出于布白。"黑与白相对，虚与实相生，整个作品才能气韵生动，富于神韵。

4.3.3 书法的情感与意境

大凡为世人称道的书法作品，都是书法家心血和智慧的结晶，其中必然蕴含书法家的情绪与思想。王羲之在欢畅的聚会中，乘着酒兴挥毫泼墨，写下了《兰亭序》；颜真卿怀着满腔哀痛和悲愤奋笔疾书，成就了《祭侄文稿》；黄庭坚观松风阁而触景生情，在感慨中手书《松风阁诗帖》……书法作品可谓字字笔笔总关情。创作者所投入的情感，赋予了书法作品以生命，使书法不止于"写一手好字"，还具有了更能打动人心的特质。今天，我们在观摩这些久远的墨迹时，仍能在一笔一画间感受到情绪的悸动。

由情感而升华的，是书法的意境。意境，是书法线条、结构、章法与情感的共同体现，是书法之美的最终呈现。书法艺术以线条笔画为基本造型元素，通过运笔的轻重缓急和章法布局以得到变化灵动、风韵别致的艺术效果，加之其中寄托着的书法家的情感，给人以别样的视觉体验和精神触动，共同构成了书法艺术作品独特的意境之美。

《颜勤礼碑》是颜真卿于71岁时为其曾祖父颜勤礼撰写的墓碑。此碑文是颜真卿晚年最为精熟老道的

▲《颜勤礼碑》（部分）
颜真卿，779年，西安碑林博物馆，拓本（册页9）

作品，堪称颜体楷书的巅峰之作。此碑在笔法上，从中锋运笔、逆入平出、藏头护尾、不露锋棱，笔力深沉遒劲，尤其突出表现了长撇、长捺、长竖等笔画，在结体上笔势开张，横细竖粗，内松外紧，显得宽润疏朗、雍容大度，由此构成了整幅作品宏伟端庄、高古苍劲、大气磅礴的意境。

4.3.4 中华书法文化

书法是中华传统文化不可分割的一部分，在世界各国文字书写中，没有任何其他文字的书写，像汉字的书写一样，最终发展成为社会广泛接受的独特艺术形式。书法本身是"书写汉字"的本领，在周代即是知识分子必须掌握的"六艺"之一，对书写的重视促进了书法在文字表述的功能外，成为一种独立的艺术表达的方式，西汉杨雄"书，心画也"（《扬子法言》）便是对书法个性化表达功能的强调。随着历代书法家的钻研，书法也进入了"道"的境界并沉淀为一种经久不衰的文化。"字虽有质，迹本无为，禀阴阳而动静，体万物以成形，达性通变，其常不主。故知书道玄妙，必资神遇，不可以力求也"（虞世南《笔髓论》）成为书法家们所力求达到的精神境界。

同时，书法是文人的精神追求和生活方式，先哲欧阳修曾说："自少所喜事多矣，中年以来渐渐废弃，或厌而不为，或好之未厌，力有不能而止者。其愈久益深而尤不厌者，书也。"可见书法在其生活中的重要性。人们欣赏书法、研究书法，并通过书法来评价创作者，认识创作者。清代刘熙载在《艺概·书概》中说："书者，如也。如其学，如其才，如其志，总之曰如其人而已。"人们从《颜勤礼碑》中看到了颜真卿忠义奋进、顶天立地的伟岸形象；从《兰亭序》中了解到王羲之自由高逸、表里澄澈的个性；从《黄州寒食诗帖》中认识豪迈不羁、疏朗豁达的苏东坡。

《中国美学史》（李泽厚、刘纪纲）将书法称为"中国文化核心的核心"，书法代表了中华民族文化的精髓，根植在深厚的传统文化土壤中，有巨大的文化魅力和博大精深的文化内涵，已成为代表中华文明形象和精神的文化符号，反映了中国人独特的思维方式和审美理念。今天，我们依然欣赏书法、学习书法，通过书法从优秀传统文化中不断汲取营养，塑造我们的人格。

4.3.5 书法与篆刻

从书法中还衍生出一门独到的艺术，那就是篆刻。篆刻艺术是使用金属、象牙、犀角、玉、石等质材，于其上雕刻文字的艺术。印章本是标识身份的实用物，但宋元时，文人倡导自篆自刻且与书画结合，文人墨客常在字画作品上钤记落款，为使印章与作品相得益彰，并体现自己的格调，他们将书法和镌刻相结合，印章由此发展为灿烂的篆刻艺术。

清代邓石如工书法、篆刻，在印章篆刻上突破了"印中求印"的创作模式，提出"印从书出"的新理念，并创立了新的技法体系，是一代篆刻大家。他在45岁时以石料为质材篆刻的"我书意造本无法"（边款：戊申初冬，咏亭先生属。古浣子琰。）印章可谓是他的代表作。"我书意造本无法"语出一代文宗苏轼，乃是苏轼表述自己的创作不被成法所束缚，更为自由和创新的语句。邓石如在这一印章上也是如此，他以深厚的篆书功底作为依托，以羊毫作篆，篆隶互参，大胆突破印章篆刻的经典法式，以刚健婀娜，雄奇郁勃的笔势篆刻出印文，营造出轻松自在的意境，与"我书意造本无法"的印文内涵相合，意味深长。

▲"我书意造本无法"白文石章
邓石如，1788年，印章，3.62厘米×2.81厘米×3.49厘米，上海博物馆

4.4 书法作品鉴赏

数千年的发展和嬗变，使书法艺术具有了诸多表现形式。今天，我们往往将书法分为"篆、隶、草、楷、行"5种书体，这5种书体形态各异，各具风流，在历代书法家手中，挥洒成了异彩纷呈的书法作品。

4.4.1 古朴规整：篆书

随着大一统的秦王朝的建立，"书同文"的政策被强力推行，整个华夏文明的文字得到了统一。"秦篆"便是官方发布的汉字书写形式。笔画复杂，形式奇古，颇有古风古韵的秦篆被誉为"画如铁石，字若飞动，作楷隶之祖，为不易之法"。

峄山刻石相传为秦始皇的丞相李斯所书，刻录了了"始皇诏"和"二世诏"两篇诏书，是后天研究秦篆的重要作品，被唐代书学理论家张怀瓘誉为"传国之伟宝，百代之法式"（《书断》）。

峄山刻石的篆书起笔藏锋，行笔正锋，收笔回锋，法度十分严谨，具有浑劲圆凝的强烈质感。直笔挺拔沉着，曲笔宛

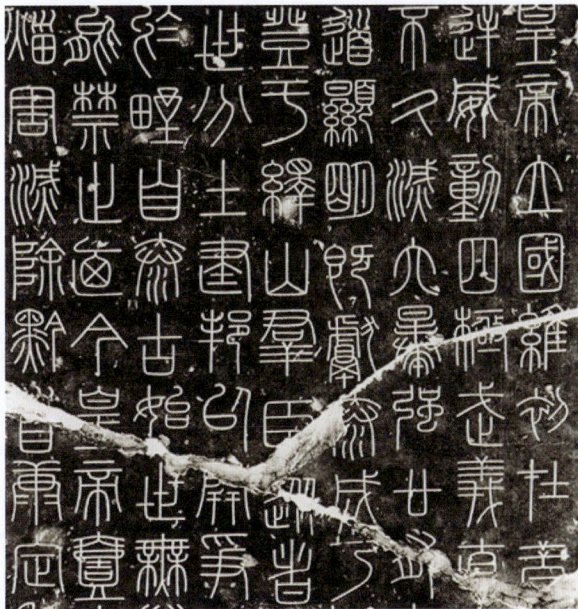

▲峄山刻石（局部）
李斯，前219年，西安碑林博物馆，宋代摹刻碑

转圆活，二者交互为用，变化律动，美不胜收。

有着"落笔洒篆文，崩云使人惊"美誉的唐代书法家李阳冰是历史上有名的篆书大家，清孙承泽云："篆书自秦、汉以后，推李阳冰为第一手。"

《三坟记》是李阳冰的代表作，此作用笔灵活，体势灵动，线条圆融，厚重而不失圆转流畅，笔画从头至尾粗细一致，光滑洁净，婉曲翩然。当代书法家王南溟先生评价李阳冰的小篆为："线条或如垂柳之摇曳，或如流云之舒卷，洋溢著一种抒情的气息，代表著小篆书法在唐代复兴的文采风流。"

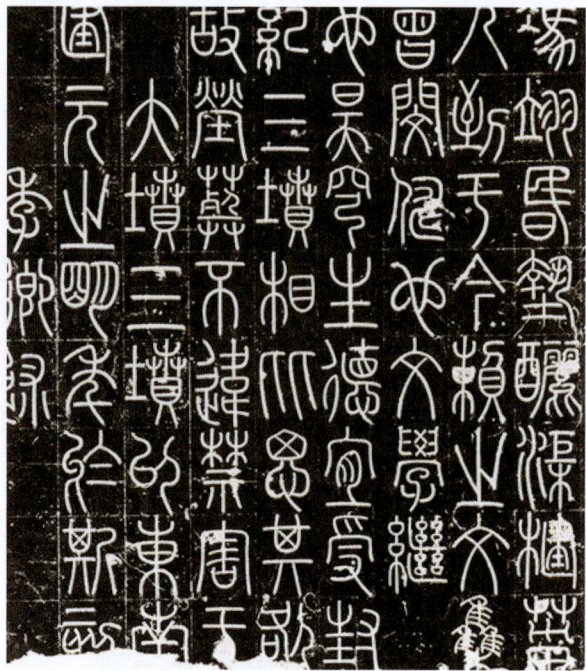

▲《三坟记碑》（局部）
李阳冰，767年，西安碑林博物馆，拓本

4.4.2 ▸ 蚕头雁尾：隶书

相传，秦时官吏程邈因获罪被关押在狱中。他深感小篆书写困难，便潜心研究，创作出一种便于书写的字体，因当时通行于下层小吏之中，所以被称为"隶书"。隶书加强了由圆转为方折的变化，实现了汉字的定型。相较于现代实用最多的楷书，隶书字形多呈宽扁，横画长而竖画短，讲究"蚕头燕尾""一波三折"。

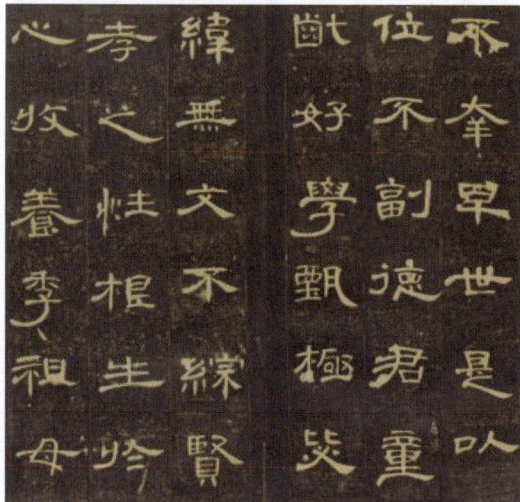

▲《曹全碑》（局部）
185年，西安碑林博物馆，明拓本

《曹全碑》全称《汉郃阳令曹全碑》，是汉末隶书完全成熟期的代表作品。曹全碑点画、横波、波挑、波磔等各类笔画形态都臻于完美，情趣多端，哪怕相同的笔画也能顺应字境各有变化，表现出丰富的意趣。

在结体上，《曹全碑》文字扁平舒展、结构呈扁方形，凡是能够左右展放的笔画尽量展放，字的两侧充斥着一种横向张力，有很强的动势。撇画和捺画极为舒展，字形内紧外松，造就了"中敛旁肆"的格局，给原本静稳的结构带来了生气，有了飞动之感。

《曹全碑》的另一突出艺术特点在于其笔性极为活脱，以圆实的篆籀笔意为主，兼以劲峭与刚健的线形，兼具"圆"与"韧"的双重特征，达到了轻重相和、曲直相谐、刚柔相济的境界，显示出遒丽多姿的风貌。

清代书法家方朔在《枕经堂金石书画题跋》中说到："此碑波磔不异《乙瑛》，而沉酣跌宕直合《韩敕》。正文与阴侧为一手，上接《石鼓》，旁通章草，下开魏、齐、周、隋及欧、褚家楷法，实为千古书家一大关键。不解篆籀者，不能学此书；不善真草者，亦不能学此书也。"

4.4.3 笔走龙蛇：草书

如果说哪一种书体最适合表达书法家的个人情感，最能展现文人的风流和恣意，那一定是草书。所谓"存字之梗概，损隶之规矩，纵任奔逸，赴速急就，因草创之意，谓之草书"（《说文解字》），草书字形最简单，书写最便捷，具有颠覆常规的艺术美感。

唐代，是狂草的黄金时代，张旭与怀素并称"颠张狂素"，代表了草书的巅峰。张旭传世作品稀少，西安碑林现存一块于北宋仁宗赵祯嘉祐三年（1058）的刻石，相传为宋代临张旭的草书《肚痛帖》摹刻而成。

《肚痛帖》似是张旭肚痛时自诊的一纸医案，全文仅30字，曰："忽肚痛不可堪／不知是冷热所致／欲服大黄汤／冷热俱有益／如何为计／非临床"。当代书法家姚时进评论其："开头三字写得还比较规正，字字独立，随后的字就愈写愈快，愈写愈奇，大开大合，粗细悬殊，反差很大，疏密对比强烈，矛盾对立而统一，气势连绵，意象迭出。"可见其将草书的情境表现发挥到了极致。

▲《肚痛帖》
1058年，西安碑林博物馆，刻石，临唐张旭草书而刻

虽然一气呵成，尽癫尽奇，但《肚痛帖》一笔一画尽合唐法典范，可见张旭渊源有自，功力深厚。今天，通过这篇奇文，我们仍能感受到张旭在创作时强烈的冲动与充沛的激情，其纵横豪放的情怀、张扬恣肆的宣泄、泰山压顶的气概、变幻莫测的态势，在奋笔疾书的狂草中横空出世，让观者惊心动魄。明王世贞跋云："张长史《肚痛帖》及《千字文》数行，出鬼入神，倜恍不可测。"

怀素被公认为"草圣"，李白称赞其"草书天下称独步"。怀素的狂草在笔法上比张旭更为丰富，但又不违背传统法度，具有较强的可识性，因而对后世的影响超过张旭。其中，尤以《自叙帖》最能代表其艺术成就。

怀素的《自叙帖》是其自述其生平大略，兼录颜真卿、张谓、戴叔伦等人对其的赠诗成文。通篇书体为狂草，同时引篆入草。笔法上多用中锋，并融合篆书笔法，藏锋内转、圆转活脱、活泼飞动。结体上狂纵雄强，剑拔弩张，如龙蛇竞走，激电奔雷。布局上字与字、行与行之间的安排，既有变化，又有统一，参差错落，忽大忽小，似任意而为，实则于动态中彰显出疏密、正斜、大小的协调，达到了艺术上的平衡美。陈振濂在《中国书画篆刻品鉴》中评价其："如狂风骤雨，如闪电雷鸣；溶天地万物之态，合宇宙阴阳之道；精彩频出，高潮叠起，这不可捉摸的线的精灵，溶化在《自叙帖》的黑白之间，呼之欲出，腾空欲飞。"

▲《自叙帖》（局部）
怀素，776年或777年，28.3厘米×775厘米，台北故宫博物院，纸本

4.4.4 横平竖直：楷书

由于隶书过于繁复，书法家们删繁就简，创造了"楷书"这一书体。楷书形体方正，笔画平直，因此是"楷模的书体"，又称真书、正书，成为现代通行的汉字手写正体字。楷书这样的特点使其一经出现就被广泛应用在严肃场合，今天，我们能从很多石碑上看到历代楷书精品的风采。

褚遂良的楷书作品丰艳流畅，变化多姿，是唐代楷书的典范。《雁塔圣教序》（亦称《慈恩寺圣教序》）是褚遂良的楷书代表作，刻于两座石碑上，均立于陕西西安慈恩寺大雁塔下，相传为玄奘法师亲手竖立。东边的全称是《大唐三藏圣教序》，是唐太宗李世民于贞观二十二年为玄奘所译佛经写的总序；西边的全称是《大唐三藏圣教序记》，是唐高宗李治叙述太宗皇帝敕立《三藏圣教序》所作记文。

《雁塔圣教序》是褚遂良晚年书法风格成熟老到之作，书体为径寸楷书，但融入隶、行笔意，字的右上部细小的牵丝，即是行草书的笔法。相比以前的褚书，此碑在笔法上方圆兼备，中锋侧锋交替，文字点画的配置恰到好处。结体上紧密中富于变化，中宫收缩，四方散开，大方有致。章法上则疏朗整齐而不板滞，行间玉润，字字珠玑，表现出纤劲秀逸，神采飞扬的意态，充分显示了褚书的独特之处。张怀瓘赞其曰："美人婵娟，似不轻于罗绮；铅华绰约，甚有余态。"

柳公权的书法吸取欧阳询和颜真卿的书风，创造了别具一格的"柳体"，《玄秘塔碑》可谓其集大成之作。《玄秘塔碑》全称《唐故左街僧录内供奉三教谈论引驾大德安国寺上座赐紫大达法师玄秘塔碑铭并序》，内容记述了大达法师在唐德宗、顺宗、宪宗等朝受皇帝恩遇的情况。

《玄秘塔碑》在笔法上多用中锋，方圆兼有，提按分明。点画上长横细，短画粗，撇轻捺重，既有悬针竖，也有垂露竖。结体上内紧外松，间架挺拔秀美。整幅作品结构严谨，字画瘦硬，骨力遒劲，令人耳目一新。明王世贞在《弇州山人四部稿》中称其："此碑柳书中之最露筋骨者。"而此碑也正是从露中运笔，显示出了其特有的神采。

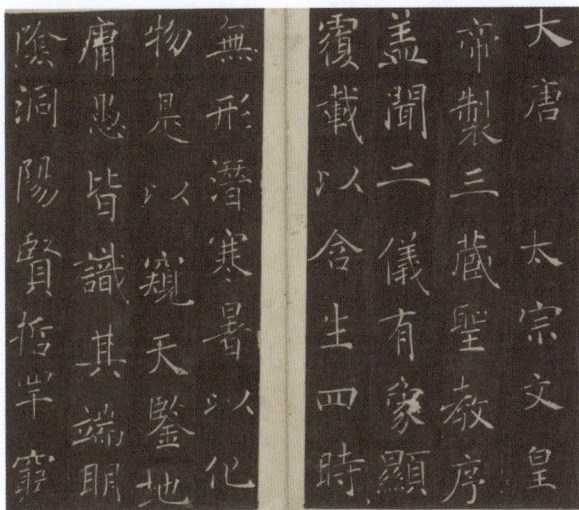

▲《雁塔圣教序》（局部）
褚遂良，653年，西安大慈恩寺大雁塔，明拓本

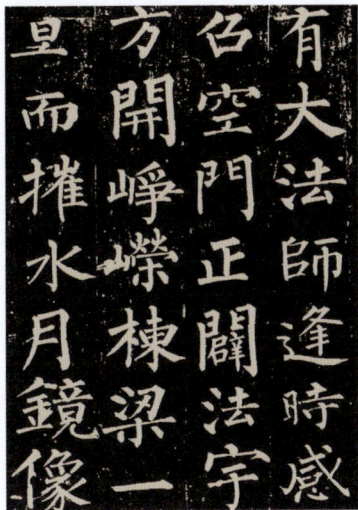

▲《玄秘塔碑》（局部）
柳公权，841年，西安碑林博物馆，拓本

4.4.5 潇洒灵动：行书

行书在东汉末年出现。唐代张怀瓘在其《书断》中说："行书者，乃后汉颍川刘德升所造，即正书之小讹，务从简易，故谓之行书。""（德升）以造行书擅名。虽以草创，亦甚妍美，风流婉约，独步当时。"刘德升为东汉时期著名书法家，创造了介于楷书与草书之间的"行书"。

公元353年，书圣王羲之在浙江绍兴兰渚山下以文会友，饮酒赋诗，王羲之将这些诗赋辑成一集，并作序一篇，记述这次雅集，挥毫泼墨，写就了"天下第一行书"《兰亭序》。

《兰亭序》兼具行楷之美，从头至尾信手写来，浑然天成。该作品在章法布局上疏朗有致，纵有行、横无列，行与行虽大致相等，但时有宽窄曲折，相映成趣。用笔上变化多端、精妙至极，粗者健壮而不臃肿，细者秀丽而不纤弱，轻重缓急，自成节律。其中挺秀飘逸的风神、遒劲爽健的线条、圆融中和的体态完美地呈现了一个洗练、细腻、丝丝入扣的美学境界。

遗憾的是，今天《兰亭序》真迹已佚，我们只能借由后世的摹本来领略其魅力。历代摹本中，公认以唐代书法名家冯承素的《神龙本》最佳。

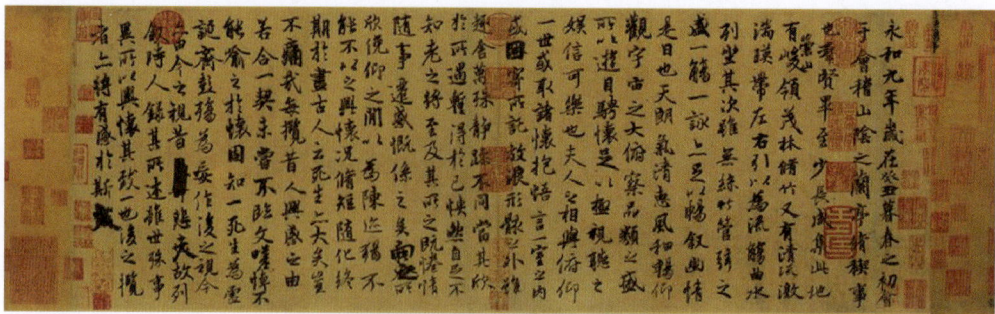

▲冯承素行书摹《兰亭序》卷（局部）

冯承素，705～707年，24.5厘米×69.9厘米，故宫博物院，纸本，临摹于王羲之《兰亭序》

思考与练习

练习一：思考与讨论

1. 唐朝诗人白居易在倡导新乐府运动时，提出了"文章合为时而著，歌诗合为事而作"的响亮口号，你如何评价白居易的这一观点？请思考并和同学一起讨论。

2. 唐代书法家孙过庭在《书谱》中提出书法之美体现在5个方面："神怡务闲，一合也；感惠徇知，二合也；时和气润，三合也；纸墨相发，四合也；偶然欲书，五合也。"你如何理解这5个方面的内容？请思考并和同学一起讨论。

练习二：赏析

1. 鲁迅的短篇小说中，《铸剑》一文常被称道。此故事改写自《搜神记》中的《三王墓》，讲述了眉间尺的复仇故事。请扫描二维码，获取《铸剑》全文，阅读并赏析此文。

2.《中秋帖》（又名《十二月帖》）据传为王献之的草书作品，宋代书法大家米芾赞曰："大令《十二月帖》，运笔如火箸画灰，连属无端末，如不经意，所谓一笔书，天下子敬第一帖也。"请扫描二维码，获取《王献之行草书中秋帖卷》的高清图片，对其进行赏析，谈一谈你所感受到的书法之美。

文档：《铸剑》

图片：《王献之行草书中秋帖卷》

审美实践——微型小说创作

微型小说是短篇小说中的短篇小说，篇幅短小，富于意趣，适合"新手"尝试文学创作。下面请同学们拿出纸笔，创作自己的微型小说。

一、活动名称

微型小说创作。

二、活动主旨与意义

同学们通过写作微型小说，在文学艺术的创作过程中增强对小说这一文学体裁的认识；通过对他人微型小说的欣赏，提升文学审美能力，获得艺术熏陶。

三、活动内容

同学们至多利用一节课的时间或一周的课余时间完成此次活动，活动内容如下。

1. 创作微型小说，要求字数不得超过1000字，在小说中不得使用图片、图形。微型小说应具备人物、情节和环境等要素。

2. 所有同学完成微型小说创作后，举办班级展示会，互相阅读和欣赏大家的作品。大家可以选出自己最喜欢的作品，如果条件允许，还可以将同学们的作品集结成册，打印留念。

🔍 审美实践报告

实践目的	
实践内容	
实践成果	
心得体会	

审美实践——春联写作

贴春联是中华民族过年的重要习俗，春联也是书法家们挥毫泼墨的重要舞台。写作春联，既是书法创作，也是践行传统文化。下面请同学们在教师的统一组织下，进行春联写作。

一、活动名称

春联写作。

二、活动主旨与意义

通过亲身创作春联，在实践中领会书法的笔法、结体和章法，进而领略书法的意境，提高自己的审美素养，并将书法与中华传统文化相融合，提升自身的文化素养。

三、活动内容

同学们在教师的组织下，利用一节课完成此次活动，活动内容如下。

1. 集体购买墨汁（或者墨条和砚台）、对联红纸、毛笔等所需材料。

2. 进行春联创作，书体不限，字数不限。春联包括上联、下联、横批，其内容可以通过网络搜集，也可以自拟，但应该符合大众对于春联的一般要求。

3. 创作完成，待墨迹自然干后，将大家创作的春联集体悬挂起来，进行集体参观，并开展点评。

🔍 审美实践报告

实践目的	
实践内容	
实践成果	
心得体会	

第 5 章 共同的语言——音乐之美

虽然世界各地的语言各不相同，但音乐却因是人类所能共同理解的一种情感表达方式，被视为"人类共同的语言"。《科学》杂志上刊登的一篇文章显示，对一个世纪以来的 315 种文化的音乐唱片进行比较研究，发现无论它们的原生文化如何，所有舞曲、爱情歌曲和摇篮曲都非常相似。这说明音乐能够引起全人类的普遍共鸣，具有超越语言的表达性。

使用这种"共同的语言"，音乐家们谱写出一曲曲激荡人心的音乐，感染了世界无数民众。

★ 知识目标

1. 了解音乐艺术的形式要素与基本类型。
2. 了解音乐艺术的审美特征并熟悉各个类型的音乐作品。

⊘ 能力目标

能够从多个角度鉴赏不同类型的音乐艺术作品，认识音乐艺术之美。

▤ 素养目标

通过对音乐艺术相关知识的学习，培养自身情操，增进艺术修养，提升对音乐及音乐文化的审美素养。

地球之音——《高山流水》

　　1977年，"旅行者2号"和"旅行者1号"两艘探测器发射升空，它们承担联系宇宙其他文明的使命，开启了无尽的漫漫征途。"就算遇到了外星文明，如何与其沟通呢？"研究者决定用纯净的音乐作为沟通的载体，于是选取了人类文明最具代表性的音乐，制成了名为"地球之音"的铜质镀金激光唱片，随探测器一起升空。其中，便有管平湖演奏的古琴曲《流水》，中华民族的智慧和文明，就此随着《流水》的旋律，响彻在茫茫宇宙之中。

　　《流水》与《高山》合称《高山流水》，是古老的古琴曲。"伯牙鼓琴，钟子期听之。方鼓琴而志在太山，钟子期曰：'善哉乎鼓琴！巍巍乎若泰山。'少选之间，而志在流水，钟子期又曰：'善哉乎鼓琴！汤汤乎若流水。'钟子期死，伯牙破琴绝弦，终身不复鼓琴，以为世无足复为鼓琴者。"（《吕氏春秋·本味》）俞伯牙弹琴，他在音乐中表述的情绪和思想都被钟子期敏锐地洞察，两人因此成为"知音"，在钟子期亡故后，俞伯牙没有了知音，也就不再弹琴了。

　　品味音乐，钟子期感受到了巍巍高山、潺潺流水；弹奏音乐，俞伯牙收获了被理解的欣喜。从这一层面来看，音乐已经不仅仅是一门艺术，而是连接双方精神的桥梁，使双方心灵相契，情感相通，达到了一种超越语言所能描述的境界。

讨论

为什么研究人员会选择音乐作为向外星文明展示人类文明的载体？为什么"地球之声"会选择《流水》作为人类文明的代表之一？

引申

除了乐曲本身的高妙，伯牙、钟子期因为音乐缔结的深厚情谊更是为人们所称道，充分体现了乐曲艺术的魅力，他们的故事在历代都被歌咏和传颂。《高山流水》已经不仅仅是一首乐曲了，更成为中华优秀传统文化的典范。

5.1 音乐艺术

距今7800~9000年的河南省舞阳县贾湖遗址中，出土了30多支用丹顶鹤翅骨制成的"贾湖骨笛"。在远古时期，音乐就已成为先民们日常生活的一部分。在今天，我们戴上耳机就能享受到各种音乐，古典、民族、流行、摇滚、民谣、电子乐等，不一而足。音乐，凭借其独特的魅力，成为人类社会中一种受众极广的艺术形式。

5.1.1 音乐与音乐语言

心理学的定向反射和探究反射原理显示，一定距离内的各种外在刺激中，最能引起人们注意的便是声音。音乐，便是以声音作为材料，直接作用于人听觉的艺术。音乐创作者通过自己的创造性艺术活动，将一个个单独的音节编织成有规律的乐章。

音乐家在创作音乐时，也有一套表情达意的"语言"，如同文学家遣词造句一般，音乐家精心设置每个音的高低、长短、强弱及音色，而这些基本的音乐要素相互结合，形成音乐语言的各种"形式要素"，包括最基础的节奏、旋律、和声，以及曲式、力度、速度、调式、复调等。

节奏是指音乐中音的长短和强弱，常被比喻为音乐的骨架。在节奏中体现着音乐的轻、重、缓、急。通常而言，宽长的节奏可以表现庄重、辽阔、力量、崇高或歌颂、赞美等情绪；短促的节奏则往往与欢快、活泼、紧张等情绪相连。强弱相间节奏按照一定的顺序循环重复，就形成了相对固定的节拍。节拍有多种不同的组合方式，叫作"拍子"，节奏通常是按一定的拍子（如4拍、8拍）进行的。

旋律亦称曲调，是指若干乐音经过艺术构思而形成的有组织、有节奏的序列。作为音乐家塑造音乐形象最主要的手段，旋律被认为是音乐的灵魂，具有音乐作品中最吸引人的表现作用。人们对音乐的记忆以旋律最为深刻，音乐作品的可听性往往也主要表现在成功的旋律上。

若干旋律同时结合便形成了"复调"，复调可以丰富音乐形象，加强音乐发展的气势和声部的独立性，造成前呼后应、此起彼落的效果。

和声是两个或两个以上不同的音按一定的法则同时发声而构成的音响组合。和声的基本素材是"和弦"，是由3个或3个以上不同的音，根据三度叠置或其他方法同时结合构成的。各和弦的先后连接则被称为"和声进行"。和声是塑造音乐形象的重要因素，衬托着旋律，使音乐形象更为丰满、立体。同时，在统一的和声基础上，乐曲的各声部相互组合成为协调的整体。

此外，还有曲式、速度（音乐的快慢）、力度（声音的强弱）等，各种形式要素相互配合，形成了丰富多彩的音乐语言，造就了音乐艺术千变万化的表现力。

5.1.2 器乐与乐器

按照人声在音乐中的地位，音乐可以分为器乐与声乐。完全使用乐器演奏而不用人声或者人声处于附属地位的音乐即为器乐。器乐的艺术效果依赖于乐器的演奏及其配合乐器是可以用各种方法奏出音色音律的器物，按照发声的原理可分为体鸣乐器、膜鸣乐器、气鸣乐器、弦鸣乐器、电鸣乐器等，丰富的乐器使器乐在没有人声参与的情况下也能够完成复杂的表达。

1. 体鸣乐器

体鸣乐器以一定形状的发声物质为声源体，受到外部力量激发而发声，无其他媒介振动体。典型的体鸣乐器包括钟、锣、磬、钹、快板、响板、木鱼、木琴等。

体鸣乐器被认为是最古老的乐器种类，1978年，在湖北随县擂鼓墩曾侯乙墓出土了一套大型青铜编钟。全套编钟共65件，每件钟均能奏出呈3度音阶的双音，全套钟12个半音齐备，可以旋宫转调。

▲ 曾侯乙编钟
战国早期，青铜，湖北省博物馆

音列是现今通行的C大调，能演奏五声、六声或七声音阶乐曲。音域宽广、音调准确、音色优美，令人们惊叹地认识到，在2000多年前，已经出现了相当成熟且优秀的体鸣乐器。

2. 膜鸣乐器

凡由紧绷的膜振动发音的乐器都属膜鸣乐器，其典型代表就是各种鼓。鼓的历史悠久，中国历史上有关鼓的传说和文献很丰富，如《礼记·明堂位》记载"土鼓蒉桴苇龠，伊耆氏之乐也"。出土的实物鼓文物也可以上溯至商代。

现代的架子鼓，融合了多种体鸣乐器和膜鸣乐器，其组合通常包括一个脚踏的低音大鼓（底鼓）、一个军鼓、两个或两个以上嗵鼓，再加上一个或两个吊镲、一个节奏镲和一个带踏板的踩镲组成。架子鼓演奏者分别用手和脚控制这些乐器发出声音，一个人独奏便能够演奏出复杂丰富的乐声。

3. 气鸣乐器

气鸣乐器又称吹奏乐器，在西洋乐器中则被称为气鸣乐器，是利用气流振动管体而发声的乐器的统称，气鸣乐器又称"吹奏乐器""气鸣乐器"，是利用气流振动管体而发声的乐器的统称，分为吹孔气鸣乐器、哨嘴类气鸣乐器、簧管类气鸣乐器、唇振动类气鸣乐器等几类。根据材料和音色，在西方管弦乐队中，吹孔气鸣乐器、簧管类气鸣乐器被统称为"木管组"，而唇振动类气鸣乐器被称为"铜管组"。

气鸣乐器包含的乐器众多，吹孔气鸣乐器主要有长笛、短笛、洞箫、笛、箫、埙等；哨嘴类气鸣乐器包括哨子、竖笛、哨埙等；簧管类气鸣乐器包括单簧管、萨克斯、双簧管、唢呐、笙、风琴等；唇振动类气鸣乐器包括小号、长号、大号、圆号、螺号等。此外，还有一些特殊的种类，如"风哨器"（牛吼镖、空竹、响陀螺等）等。在管弦乐中，气鸣乐器主要作为和声支持声部出现。

比利时人阿道夫·萨克斯将低音单簧管的吹嘴和奥菲克莱德号的管身结合在一起并加以改进，制作出了萨克斯。萨克斯音色异常丰富，同时兼具木气鸣乐器和铜气鸣乐器的特点，强吹奏时类似铜管，弱吹奏时类似木管。法国作曲家柏辽兹曾经写到："萨克斯的主要特点是音色美妙变化，深沉而平静，富有感情，轻柔而忧伤，好像回声中的回声，在寂静无声的时刻，没有任何别的乐器能发出这种奇妙的声响。"

4．弦鸣乐器

柔美、动听是所有弦鸣乐器的共同标志，无论是古典音乐还是现代音乐，无论是东方音乐还是西方音乐，几乎所有的抒情旋律都由弦乐声部来演奏。弦鸣乐器是依靠机械力量使张紧的弦振动发音的乐器，从其发音方式来说，弦乐器可以分为拨弦乐器、拉弦乐器、击弦乐器。

在我国传统乐器中，琵琶负有盛名，其音域广阔、音色多变、表现力丰富。"大弦嘈嘈如急雨，小弦切切如私语。嘈嘈切切错杂弹，大珠小珠落玉盘。"这首《琵琶行》便是千古传诵的名篇。

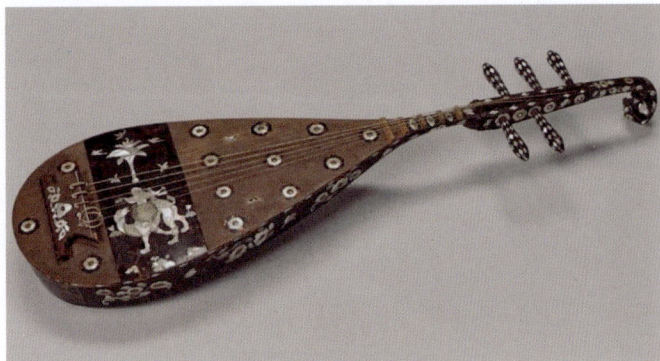

在西方音乐中，提琴家族具有重要地位，小提琴、中提琴、大提琴、低音提琴涵盖了从高到低的所有音域，是弦乐中的绝对主角。

▲螺钿紫檀五弦琵琶
唐，镶嵌乐器，日本宫内厅正仓院北院

小提琴的发音近似人声，适于表现温柔、热烈、轻快、辉煌以至最富于戏剧性的强烈感情。中提琴的音色比小提琴更厚实、温暖而丰满，被认为是"充满鼻音"的弦鸣乐器。大提琴以其热烈而丰富的音色著称，是管弦乐队中必不可少的次中音或低音弦鸣乐器。低音提琴发音最低，是乐队演奏时基本节奏的基础。

视频：大小提琴合奏

"乐器之王"钢琴则是击弦乐器中最为著名的，普通的钢琴有88个琴键（52个白键，36个黑键），按下琴键，通过杠杆传动，弦槌将击打在琴弦上，琴弦的振动传播到音板上将声音辐射出来。钢琴几乎囊括了音乐体系中的全部乐音，是除了管风琴以外音域最广的乐器。由于音

域宽广、音色多变、表现力极为出色，钢琴普遍用于独奏、重奏、伴奏等演出。

5. 电鸣乐器

电鸣乐器是指乐手通过特定手段触发电子信号，使其利用电子技术来通过电声设备发出声音的乐器。电鸣乐器多是利用电气科技手段来改造或模拟传统乐器的效果。常见的电鸣乐器主要有电子琴、电钢琴、电子合成器、电子鼓、电吉他等。

在众多电鸣乐器中，电吉他可谓是最成功的，电吉他音色高亢，长于表现滑音、颤音和倚音，并且可由各种效果器来改变、修饰，达到各种不同的效果，能演奏出各种不同风格的乐曲。电吉他不仅在流行音乐中多用于歌曲伴奏，在摇滚乐中更是常有大段落的独奏，是摇滚乐的标志之一。

5.1.3 ▶ 声乐与唱法

与器乐相对的，便是人声演唱的音乐形式，即声乐。声乐的原理如下：人以声带为主，配合口腔、舌头、鼻腔作用于气息，发出悦耳、连续、有节奏的声音。在声乐的发展历程中，逐渐形成了多种独特的演唱模式，这些演唱模式被称为唱法。目前，主流的唱法包括美声唱法、民族唱法、流行唱法3类。

1. 美声唱法

美声唱法是指喉头在保持吸气位置状态下，呼出气流吹响声带，使打开的共鸣腔体能够完全、均匀共鸣的歌唱方法。

美声唱法的外文名称是意大利语"bel canto"，本义是精美、优美地歌唱，美声唱法也正是如此，要求气息通畅，高、中、低3个声区统一，音域宽广，声音幅度大，以追求声音的色彩、力度、连贯、流畅、柔美。美声唱法的代表人物是"世界三大男高音"鲁契亚诺·帕瓦罗蒂、普拉西多·多明戈和何塞·卡雷拉斯。

鲁契亚诺·帕瓦罗蒂的代表作《今夜无人入睡》是歌剧《图兰朵》中最著名的一段咏叹调，也是美声唱法的经典之作。鲁契亚诺·帕瓦罗蒂在这首歌曲中完美地展现了自己的高音，特别是最后一句"星星沉落下去！星星沉落下去！黎明时得胜利！得胜利！得胜利！"，恢宏的高音突然爆发，节节拔高，极具穿透力和震撼性。

▲鲁契亚诺·帕瓦罗蒂（1935—2007）
意大利男高音歌唱家

视频：美声唱法作品
《今夜无人入睡》

2. 民族唱法

民族唱法是由我国各族人民按照自己的习惯和爱好，创造和发展起来的歌唱艺术的一种唱法，包括我国的戏曲唱法、说唱唱法、民间歌曲唱法和民族新唱法。民族唱法根植于中华文明，产生于人民之中，因此语言生动、感情质朴，演唱风格带有鲜明的民族特色和地域特色。

1956年，歌唱家郭兰英为电影《上甘岭》献唱了插曲《我的祖国》，这首歌随即传唱大江南北，成为民族唱法的经典之作。郭兰英以明亮、高昂的女高音，按照我国传统民歌的演唱方法，将歌曲的情境表现得淋漓尽致，使人们如同身临其境般看到祖国的江河与田野，同时也体会到歌曲中汹涌的思乡之情。后半部副歌采用混声合唱，慷慨激昂，与前半部分委婉动听的曲调形成鲜明对比，抒发了志愿军战士们的激情，深切地表达了对祖国、对家乡的无限热爱，唱出了"这是美丽的祖国"的主题。

▲ 郭兰英（生于1930年）
女高音歌唱家，
戏剧表演艺术家

3. 流行唱法

流行音乐起源于欧洲，后在美国发展壮大，逐渐形成了爵士、布鲁斯、摇滚、节奏布鲁斯、说唱、民谣、灵歌、舞曲等，并逐渐流行于整个世界。伴随着流行音乐的兴盛，一种新的唱法——流行唱法也就应运而生。

流行唱法又称通俗唱法，风格多样，没有固定的模式，追求自然、随意，往往用真声唱，接近生活语言，轻柔自然。这种现代时尚、贴近人们生活的演唱风格，使流行唱法比起其他唱法具有更强的娱乐性和商业性，学习的门槛也较低，无须经过专业训练也可以自如演唱，因此深受大众的欢迎，具有非常广泛的群众基础。今天，世界各地的流行音乐，大都采用的是流行唱法。

5.2　音乐艺术与审美

美是一切艺术的基本特征，美也是音乐艺术的灵魂。音乐既是人类抒发情感的一种特殊活动，又是一种具有独特艺术感染力的艺术形式。每一个音符都凝聚着审美主体对现实、对人生的深刻体验，无论是自己歌唱、弹奏，还是聆听艺术家的音乐表演，我们都能够获得自然幽微的情感体验，得到美的享受。

5.2.1 音符的迸发与流动

音乐艺术是"通过有组织的乐音在时间上的流动来创造艺术形象、传达思想感情、表现生活感受的一种表现性时间艺术"（陈兆金《艺术鉴赏学导论》）。"时间上的流动"说明音乐并非像绘画、雕塑等"定格"的艺术，而是从第一个音符迸发开始，如同河流般流淌开来，在一段时间内带给欣赏者一种持续性发展变化的听觉体验。

声音的流动性，使音乐艺术在反映复杂情感变化方面，更少地受到其所反映的对象的具体制约，与绘画、雕塑等造型艺术相比，具有明显的优越之处。运用节奏的快慢、音调的高低、音强的大小、旋律的起伏、节拍和回环复沓、乐器和人声的搭配等，音乐艺术能够表现情绪、情感的完整发展过程。音乐艺术所要表达的情感随着乐声，在听者心中建立起独特的听觉意象，听者能随着乐曲的高低强弱、疾徐浓淡，听懂音乐语言。

《赛马》是二胡名曲，这首曲子只用二胡独奏，便描绘出牧民们赛马的热烈场面。聆听乐曲，仿佛能够看到纵横驰骋的骏马来回竞驰，你追我赶，难舍难分。乐曲声调的起伏节奏，恰如一匹飞奔的骏马身姿的起伏和四蹄交替蹬踏的节奏，随着乐曲的展开，听者脑海中的骏马也随之痛快地飞奔，到乐曲最后一个音符落下，骏马也尽兴而止。

5.2.2 间接的形象与丰富的想象空间

音乐艺术不占有空间，但音乐艺术同样在塑造形象。音乐艺术的形象在时间的流动中逐渐丰满，通过整体的各个组成部分的陆续显示而发展着，直到最后一个部分显示完毕之后，才为听者提供完整的音乐形象。19世纪音乐理论作曲家姆尼兹·豪普德曼在他的名作《和声与节拍的本性》里说"音乐是流动的建筑"，音乐和建筑一样遵循特定的艺术规律，具有严谨的结构与形式的美。

但值得注意的是，绘画艺术以图案为形象和载体，文学艺术以语言文字为形象和载体，二者都具备较强的直观性与确定性，可以让受众直观地认识和感受其艺术形象。而音乐依靠声音作为形象和载体，并不具备"实体"，其本身就是间接的、不确定的，其艺术形象是听者在接受音乐作品后，根据自己的感受、想象所建立的。可以说音乐艺术的形象，是通过人的主观感觉的折射，间接地得以表现。正如波兰当代著名音乐理论家卓菲娅·丽莎所说："在音乐中反映现实的具体性和直接性，比起在美术、文学、戏剧中要弱。"

间接的艺术形象，给予听者丰富的想象空间，音乐总能唤起听者在自己现实生活中的经历，使其将这些经历与具有情感的声音相联系，同时融合自己审美意识中的经验与联想，根据音乐在自己的脑海中勾勒出一幕幕充满意境的图景。音乐想象来源于听者的现实生活体验，听者运用听觉去感受这些特定的情感。当音乐体现的喜、怒、哀、乐等情绪，经由联想与听者原有生活中的经历相契合时，听者便会与音乐产生共鸣，这种共鸣进一步升华，听者便被音乐所感动。

5.2.3 ▶ 抽象朦胧的情感表达

《礼记·乐记》云："凡音之起，由人心生也。人心之动，物使之然也。感于物而动，故形于声。"即认为任何音乐都是情感的外发。黑格尔也指出："音乐是心情的艺术，它直接针对着心情。"有研究表明，音乐的音响在空间所具有的扩散力和穿透力，能够对人的生理、心理产生一种比其他艺术更为强烈的刺激力和感染力，因此对人的感情的激发在所有艺术形式中最为直接和强烈。萨拉萨蒂创作的小提琴独奏曲《流浪者之歌》中，便蕴含挥不去的伤感色彩，任何人听后，恐怕都会心荡神驰，被勾起忧伤的回忆。

正如艺术形象的间接性，音乐艺术在情感表达上也是抽象而朦胧的，文坛巨匠维克多·雨果表示："音乐表达的是无法用语言进行描述，却又无法让人对其保持沉默的事物。"陈兆金先生则认为，这一特征源于音乐创作者。"一般说来，音乐家在表现一个音乐主题时，往往会被一种情感心灵以及对生活感知的某种模糊思维所包围，音乐形象正是在这种'突发'和'领悟'中，通过如醉如痴的'迷狂'状态表现出来的。音乐家的这种模糊思维状态下的创作过程，使得他作品中的音乐形象呈现出来的不确定性具有了先天的艺术土壤。"（《艺术鉴赏学导论》）

对声乐而言，尚可以通过歌词进行一些直观的表达，而器乐，则只能借助于抽象的象征手段，如小提琴协奏曲《梁山伯与祝英台》中"楼台会"一段，小提琴独奏象征了女性祝英台，大提琴独奏象征了男性梁山伯，大、小提琴琴音相和、缠绵悱恻、如泣如诉。听者若对相关情节稍有了解，便能从中体会到梁祝相会楼台时百感交集的情绪。

朦胧含蓄的情感表达，加以丰富的想象，使音乐艺术具有了"千人千面"的魅力，每个人由于自己的个人经历和审美素养，都会从音乐中获得不同的内心感受，勾起内心最幽微晦涩的感情，似语非语，朦胧含蓄。

同样，也正是这种抽象朦胧的情感表达，赋予了音乐超越语言、超越时代、超越文化界限的艺术魅力。歌剧作曲家普契尼被我国传统民歌《茉莉花》所深深打动，在其代表作歌剧《图兰朵》中，便加入了改编自《茉莉花》的歌曲。虽然地域相隔，文化迥异，但并没有阻碍西方民众接受《茉莉花》，喜爱《茉莉花》。

5.3 音乐艺术作品鉴赏

在漫长的历史过程中，世界各地的音乐独立演进，形成了各具特色的音乐流派。随着全球化进程，地区交流增多，音乐也得以互相借鉴融合，取得进一步的发展。每个音乐流派、每种音乐形式，都为人类文明留下永恒的经典作品。

5.3.1 古典器乐

《吕氏春秋·仲夏记·古乐篇》记载："黄帝令伶伦作音律……听凤凰之鸣，以别十二律。"由此拉开了我国古典器乐的大幕。我国传统乐器众多，各种类型的乐器应有尽有，谱写出的古典器乐也风格多样，具有别具一格的艺术魅力。

《将军令》源于唐朝皇家军乐，流传千余年，在千年流变中，逐渐形成多种曲谱和演奏形式，有四川扬琴、浙江筝派、苏南吹打等流派，其中尤以用两支大唢呐吹奏旋律的吹打乐《将军令》气势最盛。《将军令》表现了古代将军升帐时的威严庄重、出征时的矫健轻捷、战斗时的激烈紧张，曲调气魄宏伟，音乐气氛庄严隆重，犹如千军万马簇拥主帅胜利归来，为古曲中最为"威武"者。

音频：吹打乐《将军令》

如果说唢呐是最激昂慷慨的乐器，那么二胡当是沉郁顿挫之至。流浪艺人阿炳（华彦钧）一生流离，饱受苦难，还因患眼疾而双目失明，他刻苦钻研音乐，将自己一生的际遇和血泪凝结成了一曲二胡独奏曲，这首曲子被研究者命名为《二泉映月》。

音频：二胡独奏《二泉映月》

《二泉映月》一开始，便是以一个下行音阶式短句为引子，如同一声饱含辛酸的叹息，旋律如泣如诉。时而沉静、时而躁动的变奏，使整首曲子时而深沉、时而激扬，最后结束于轻奏的不完全终止上，好像无限的惆怅与感叹，余音绕梁。全曲层次分明却浑然一体，多次变奏使情感层层递进，道尽了人生的悲怆。听者闻之，也不禁为之掬一把辛酸泪。

我国传统乐器不仅善于独奏，同样长于合奏。1934年，作曲家聂耳根据民间乐曲《倒八板》，整理出了民族管弦乐曲《金蛇狂舞》，该乐曲使用了绑笛、曲笛、高音笙、中音笙、高音唢呐、中音唢呐等管乐器，小鼓、大鼓、小锣、铙钹、大镲、大锣等打击乐器，扬琴、柳琴、琵琶、中阮、大阮、古筝等拨弦乐器，板胡、二胡、中胡、大革胡、低音革胡等拉弦乐器，各种乐器声交织，形成了具有中国特色的管弦乐。

▲聂耳（1912—1935）
音乐家，作曲家

《金蛇狂舞》为三段体结构，第一段以明亮上扬的音调不断地呈现出欢乐、昂扬、奔放的情绪；第二段由两小节打击乐器音响引出更加热情昂扬且流畅明快的旋律，生机盎然，活力无限；第三段巧妙借鉴民间锣鼓点中"螺蛳结顶"的结构形式，上下句对答呼应，句幅逐层减缩，

视频：民族管弦乐曲《金蛇狂舞》

速度逐渐加快，加之打击乐器的节奏烘托，情绪渐次高涨，热烈欢腾、昂扬激奋的气氛被推到顶点。

5.3.2 民族声乐

在漫长的历史进程中，各族人民经过长期的社会实践，形成了绚丽多彩的民族声乐体系。民族声乐集中体现为各地民歌，东北有《乌苏里船歌》《阿里郎》《鄂伦春小唱》；西北有"信天游""榆林小曲"；西南地区有"侗族大歌""云南山歌"；广西壮族群众更是以"对山歌"为最重要的文娱活动。

《山歌好比春江水》是广西歌舞剧《刘三姐》的主题曲，整首歌只有"唱山歌，这边唱来那边和，山歌好比春江水，不怕滩险弯又多"4句歌词，但胜在朗朗上口，风格纯朴、自然，具有十分鲜明的民族特色和浓厚的乡土气息，让人不自觉代入其中，感受到广西人民对山歌和唱山歌的乐趣。

中华民族大型声乐代表作，首推《黄河大合唱》。1938年，诗人光未然从陕西宜川县的壶口附近东渡黄河，有感于黄河呼啸奔腾的壮丽景象和黄河船夫们与狂风恶浪搏斗的英勇，在次年创作了朗诵诗《黄河吟》。冼星海回国痛感民族危亡的深重，听人朗诵《黄河吟》后感动不止，抱病连续写作6天，为《黄河吟》谱曲，创作出《黄河大合唱》。全曲包括序曲和8个乐章，并由配乐诗朗诵和乐队演奏将各乐章连成一个整体，从《黄河船夫曲》到《黄河颂》，深厚的情感和感人的艺术形象渐次展开，最终在《保卫黄河》《怒吼吧，黄河》中化为宏伟的合唱，民族的激愤与怒吼喷薄而出，气吞山河，势不可挡。

▲冼星海（1905—1945）
作曲家，钢琴家

"风在吼马在叫。黄河在咆哮。黄河在咆哮。河西山冈万丈高。河东河北高粱熟了。万山丛中，抗日英雄真不少！青纱帐里，游击健儿逞英豪！端起了土枪洋枪，挥动着大刀长矛，保卫家乡！保卫黄河！保卫华北！保卫全中国！"当听到熟悉的旋律和歌词时，你是否也会心潮澎湃？《黄河大合唱》堪称一部无比壮丽的史诗，将自然的伟力、劳动人民的奋斗、抗战军民的英勇融为一体，谱写了中华民族不屈不挠的战争史和自强不息的民族英雄气节，具有强大的精神号召力和凝重深刻的哲学意味，激励中华儿女不断奋进！

与东方的中国一样，西欧也在世界音乐史上书写了浓墨重彩的一笔，先进的乐理、丰富的乐器、成熟的乐队组织……从6世纪到20世纪，西欧诞生了无数音乐名家，也将器乐推上了一座又一座高峰。序曲、狂想曲、幻想曲、小夜曲、摇篮曲、圆舞曲、协奏曲、组曲、奏鸣曲、交响乐，琳琅满目，蔚为大观。

圆舞曲即"华尔兹"，在18世纪后半叶用于社交舞会，旋律流畅，节奏明显，热情奔放、感情充沛，成为19世纪流行的器乐曲之一。约翰·施特劳斯父子（两人同名）是圆舞曲作曲家中的代表人物，父亲老约翰·施特劳斯被誉为"圆舞曲之父"，儿子小约翰·施特劳斯造诣更高，被人们称为"圆舞曲之王"。

《蓝色多瑙河》是小约翰·施特劳斯最负盛名的圆舞曲作品，此曲按照典型的维也纳圆舞曲的结构写成，由序奏、5首小圆舞曲和尾声组成，序奏象征黎明的到来，5首连着一起演奏的小圆舞曲都包含两个相互对比的主题旋律，旋律明朗活泼，展示出多瑙河秀丽明快的春光，体现出华丽、高雅的格调。最后，全曲结束在疾风骤雨式的狂欢气氛之中。

视频：圆舞曲《蓝色多瑙河》

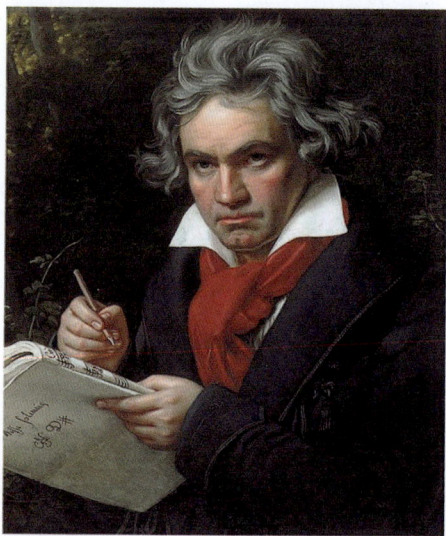

交响乐是包含多个乐章的大型管弦乐曲，是西洋音乐中最大的管弦乐套曲，也是众多器乐体裁中结构最复杂、写作技术最全面、思想内容最深刻的。交响乐队一般来说分为弦乐组、木管组、铜管组、打击乐组和色彩乐器组5个器乐组，大型的三管制乐团演出阵容可达100人，可见其复杂和宏大。

18世纪中后期，交响乐在海顿的创作中确立，真正将交响乐推向成熟和完备的，是音乐巨匠贝多芬。贝多芬一生完成了9部交响乐的创作，其中《d小调第九交响曲》（简称"第九交响曲"，也称"合唱交响曲"）被公认为贝多芬在交响乐领域的最高成就，是其音乐创作生涯的最高峰和总结，也是交响乐中的不朽经典。

▲ 贝多芬（1770—1827）
德国作曲家

《第九交响曲》共分4个乐章，第一乐章最开始在低沉压抑的气氛下由弦乐部分奏出，而后逐渐加强，表现了艰苦斗争的形象，充满了巨大的震撼力和悲壮的色彩；第二乐章是极活泼的快板，明朗振奋，充满了前进的动力；第三乐章是如歌的柔板，表现静观的沉思；第四乐章引入合唱《欢乐颂》，充满了庄严的宗教色彩，气势辉煌。整部作品在无比光明、无比辉煌的情景下落幕，表达了人类寻求自由并终将实现自由的斗争意志。

5.3.4 流行乐

流行乐于19世纪末20世纪初起源于美国，具有强烈的市场性和商业性，也因此最为大众化，得到了普遍的推广和传播，成为目前世界上主要的音乐艺术消费品。流行乐风格多样，形态丰富，除了狭义流行乐"pop"外，布鲁斯蓝调、爵士、灵魂乐、节奏布鲁斯、说唱乐、乡村音乐、雷鬼乐等都可归入流行乐的行列。

《Billie Jean》是迈克尔·杰克逊1982年发布的个人专辑《Thriller》中的曲目，也是公认的流行乐代表作，为了这首歌的最终效果，迈克尔·杰克逊足足进行了91次编曲。这首歌的创作颇为传奇，据迈克尔·杰克逊1988年在自传中的回忆，当时他在驾车回家的路途中便"深深沉醉于一段萦绕在脑海里的旋律"，连座驾起火都浑然不知，这旋律便是《Billie Jean》。

《Billie Jean》开场用一段30秒贝斯和鼓的音乐进入，这种节奏贯穿整首歌曲，有乐评人描述到"它（前奏）是如此动感，以至于让人不禁随之摇摆"。之后这一节奏被很多歌曲采用，成为流行乐中被广泛使用的经典节奏之一。

20世纪20年代初，唱片业在上海兴起，流行乐也逐渐在我国传播开，出现了诸多知名歌手。20世纪70年代，流行乐在我国港台地区兴盛开来，涌现出一批批词曲作家和歌手，并创作出了具有"中国风"的优秀流行乐作品。

1990年上映的电影《笑傲江湖》的主题曲《沧海一声笑》便是一首经典的中国风流行乐。《沧海一声笑》由黄霑填词谱曲、顾嘉辉编曲、许冠杰演唱，在作曲上巧妙地将我国传统音乐五音排序，编为旋律起伏、朗朗上口的曲调，以笛子、古琴和三弦演奏，再配以豪情满怀、潇洒不羁的歌词，既有胸怀天下的"风流"、看淡生死的"洒脱"，又有儿女情长的"柔情"和人在江湖的"沧桑"，展示出极具中国味道的"侠士逍遥风"，让人听了便不可自抑地对歌曲中的"江湖"心向往之。

5.3.5 摇滚乐

摇滚乐是20世纪50年代兴起的音乐形式，其简单、有力、直白，以强烈的节奏和无拘无束的表演形式收获了众多乐迷的喜爱，从而风靡全球，成为一个时代的标志。

由佛莱迪·摩克瑞、布赖恩·梅、罗杰·泰勒、约翰·迪肯组成的英国摇滚乐队"皇后乐队"是摇滚乐的殿堂级乐队。虽然时过境迁，但这支1971年成立的乐队的一些歌曲在今天人们仍然耳熟能详，如《We will rock you》（《我们将震撼你》）。

《We will rock you》凭借其干劲简练的切分节奏，加上恣意昂扬的情绪，使音符一起，便能将听众的热情调动起来，加之歌曲创新性地加入拍手、跺脚的音效，观众往往瞬间跟随歌手的领唱进入节奏，同时跺脚、拍手和合唱。充满互动性的演出体验，使观众领略到摇滚乐带来的无与伦比的震撼。

作为一种独立的音乐种类，摇滚乐在20世纪80年代出现在我国。这种新兴的音乐形式几乎立刻引起了年轻人的关注，1980年，我国出现了第一支摇滚乐队"万李马王"，而1989年，崔健的《新长征路上的摇滚》专辑作品则是我国摇滚唱片史的开始。在我国，摇滚一诞生便已取得了相当的艺术成就，《新长征路上的摇滚》专辑中的《一无所有》《假行僧》《花房姑娘》等在今天仍是脍炙人口的歌曲。

歌曲《假行僧》中，崔健采用陕北民歌常用的五声羽调式、充满张力的大跳与口语化的激进旋律，用吉他、键盘等搭配古筝等民族乐器，创造了特殊的音响效果，加以简单规整，仅两个乐段反复、穿插组合而成的曲子，演绎出西北戈壁苍凉、粗犷、直接且豪情万丈的特质，创造出具有"西北味"的中国特色摇滚。

崔健本人则以粗粝、浑厚的嗓音，塑造了一位不虚伪、不矫揉造作、不受束缚、永不停止追求的"假行僧"形象，同时这个"假行僧"之所以"假"，在于他并非完全抛却尘俗，而是仍然保留着他人性本真的悲悯，如歌词中"我只想看到你长得美，但不想看到你在受罪，我想要得到天上的水，但不是你的泪"，可见他人性的善良和对现实的抵触。这样有血有肉的艺术形象具有显著的感染力，引发诸多听众对自己精神层面的追寻与探求。

思考与练习

练习一：思考与讨论

1. 我国幅员辽阔，每一个民族、每一个地区都有自己的民歌和民谣，请你思考并与同学分享讨论：你的家乡有哪些独特的乐器、音乐？它们具有什么样的音乐魅力和文化内涵？它们现在的传承状况如何？

2. 当代大学生或多或少接触过音乐作品，请你说说自己最喜欢的音乐类型（或者一首歌、一个音乐家、一门乐器），并思考自己为什么喜欢这一音乐类型，然后和同学分享讨论。

练习二：认识与赏析

1. 《彩云追月》源自清代广东民间粤音曲谱，1932年，任光同聂耳一起，为百代国乐队谱写一批民族管弦乐曲灌制唱片，将其以管弦乐重新编曲，成就了今天的《彩云追月》。该曲以富有民族色彩的五声性旋律，上五度的自由模进，竖笛、二胡的轮番演奏，弹拨乐器的轻巧节奏，低音乐器的拨弦和吊钹的空旷音色，形象地描绘了浩瀚夜空的迷人景色。请对《彩云追月》进行赏析，谈一谈你所感受到的音乐之美。

2. 《钟》（La Campanella）是匈牙利作曲家李斯特在1834年采用意大利小提琴家和作曲家帕格尼尼的《b小调小提琴协奏曲》第三乐章（"钟声回旋曲"）的主题写成的一首钢琴幻想曲，全曲用变奏的手法淋漓尽致地发挥了华丽的演奏技巧和钟声的效果，是一首令听众叹为观止的钢琴曲名作。请对《钟》进行赏析，谈一谈你所感受到的音乐之美。

审美实践——演奏或翻唱

现在的大多数人都是作为欣赏者在欣赏音乐作品，而要真正感受音乐之美，试着自己创造和演绎音乐作品也是一个重要的方法。下面，请大家尝试对喜欢的音乐作品进行翻唱，或者使用自己掌握的乐器演奏喜欢的音乐。

一、活动名称

演奏或翻唱。

二、活动主旨与意义

通过亲身翻唱或演奏音乐作品，在主动创造音乐美的过程中深化对音乐艺术的认识和把握，从而提高审美能力和审美素养。

三、活动内容

同学们至多利用一周的课余时间进行练习，然后利用两节课的时间在课堂上展示，活动内容如下。

1. 选择自己喜欢的音乐，音乐的体裁不限，在选定曲目后，同学们应将曲目提前报给教师或教师指定的同学，事先将需要的伴奏提供给教师，用于后期的表演。教师也可以指定一首合唱曲目，组织进行全班大合唱。

2. 练习翻唱或演奏自己选择的音乐。同学们可以自由组队，如进行多人合唱，或者演唱和演奏分工，还可以将演奏多种乐器的同学组织起来，成立管乐队、弦乐队、民乐队、摇滚乐队等，进行集体表演。

3. 同学们分别上台展示自己的演唱或演奏，其他同学在下面配合演出同学，欣赏表演并做出点评。在所有同学都完成展示后，可以评选出"最佳男歌手""最佳女歌手""最佳演奏""最佳乐队"等奖项。

🔍 **审美实践报告**

实践目的	
实践内容	

续表

实践成果	
心得体会	

审美实践——欣赏音乐会

音乐会包括演唱会、演奏会等，是音乐人在观众面前现场表演的活动。参加音乐会是大学生直接接触音乐的途径之一，能够获得绝非听唱片、听网络音乐可比的听音体验。下面，请同学们在教师的组织和带领下，就近欣赏一场音乐会，并记录自己的感受。

一、活动名称

欣赏音乐会。

二、活动主旨与意义

通过实际聆听现场的音乐表演，感受音乐的气氛和情感，获得最直接、最确切的审美体验，从而提高艺术鉴赏力，在艺术的熏陶下，提高审美素养。

三、活动内容

同学们在教师的组织下，利用半天或一天完成此次活动，活动内容如下。

1. 集体讨论，选择将要欣赏的音乐会。通常，本市的音乐厅、剧院、公共演艺厅、体育馆等会有专业的音乐会；此外，还可以选择街头音乐会、学生音乐会、学校社团音乐会等。

2. 欣赏音乐会，在欣赏过程中，同学们应听从教师的安排，并注意遵守音乐会举办方的相关规定，不得干扰音乐会的进程。

3. 欣赏完毕后，同学们应记录自己的感受，并选择自己最喜欢的一首歌、一曲演奏进行解读和评价。

实践目的	
实践内容	
实践成果	
心得体会	

第 6 章

人体的律动——舞蹈之美

《毛诗序》云："情动于中而行于言，言之不足故嗟叹之；嗟叹之不足故咏歌之；咏歌之不足；不知手之舞之足之蹈之也。"当言、嗟叹、歌都不足以表达情感时，人们就"手之舞之足之蹈之"，挥动自己的肢体来表达情绪。可以说，舞蹈是人类自发的艺术。

今天，舞蹈越来越多地和音乐联系在一起，舞者伴随着音乐做出舞蹈动作，肢体运动与音乐相合，或舒展、或优雅、或有力、或动感，让人感受到舞蹈的审美意趣，获得美的享受。

★ **知识目标**

1. 了解舞蹈艺术的概念及其表现手段。
2. 了解舞蹈艺术的审美特征并熟悉各个类型的舞蹈作品。

⊘ **能力目标**

能够从多个角度鉴赏不同类型的舞蹈艺术作品，认识舞蹈艺术之美。

▤ **素养目标**

通过对舞蹈艺术相关知识的学习，提高艺术鉴赏力和创造力，增进审美素养。

舞绘《千里江山图》——《只此青绿》

2022年1月31日除夕夜，备受瞩目的《2022年中央广播电视总台春节联欢晚会》上，舞蹈《只此青绿》一经登场，便惊艳了所有观众，在网络上收获"每一帧都是画"的赞誉。

《只此青绿》通过"展卷、问篆、唱丝、寻石、习笔、淬墨、入画"7个篇章，讲述了一位故宫青年研究员"穿越"回北宋，以"展卷人"视角"窥"见画家王希孟创作《千里江山图》的故事。典雅的服装、古意的造型、优雅的舞姿、古典的配乐，《只此青绿》将宋代传世名画《千里江山图》用舞蹈在舞台上再现出来，将观众引入王希孟的艺术世界，徜徉在青山绿水中不能自拔。

▲《只此青绿》剧照
舞蹈诗剧，中国东方演艺集团表演

讨论

舞蹈《只此青绿》为什么能够广受好评？你认为《只此青绿》美在何处？

引申

"展卷人"穿越时空，来到《千里江山图》即将完成之时，循着展卷、问篆、唱丝、寻石、习笔、淬墨、入画7个篇章，进入画家王希孟的艺术世界……舞蹈《只此青绿》将这幅宋代名作搬上舞台，传达出对中华优秀传统文化及其创造者、传承者的崇高敬意。
（人民网评）

6.1 舞蹈艺术

"手之舞之足之蹈之"，先民们情感所至，一时兴起，便"手舞足蹈"，用肢体来表达自己的情绪，造就了原始的舞蹈艺术。征战、祭祀、播种收获、婚丧嫁娶、年节庆典……舞蹈在人类社会的一切重要活动中都占有一席之地，广阔的生活为舞蹈艺术提供了成长的沃土，培育出了门类众多的舞蹈艺术。

6.1.1 舞蹈——人体的动态表现

作为一种表演艺术，舞蹈的主要"工具"是人的身体，是以人的动态动作进行艺术化的表达。因此，一些学者直接将舞蹈定义为"通过人体的动态表达人类在各种生活中的思想感情的艺术"。

同时，舞蹈也并不是人体动态造型的简单堆砌和罗列，而是作为一种形象化的"舞蹈语言"，充分运用和挖掘人体动态之美，最大限度地发挥人体的表现能力，塑造鲜明、生动的舞蹈形象，以表达抽象的内心思想感情。右图是一幅摄影作品，摄影师精准定格了舞者腾空的身姿。在这一瞬间，舞者手臂舒展、腰肢柔软、下肢肌肉紧绷，兼具力量感和柔软感，显示出轻盈向上的态势，展示了人体动态之美。

人体动态赋予了舞蹈艺术独特的艺术表现力，舞蹈艺术具有将人们内心抽象的思想感情和人生哲理以人体美的形态充分展现出来的能力，能够使抽象的情态物化为形象。这使舞蹈在感官上给人以美的愉悦，更能在精神上给人以美的享受。

▲舞蹈中的人体动态
露易斯·格林菲尔德（Lois Greenfield） 摄

6.1.2 动作、表情、构图、服饰、道具

"手之舞之足之蹈之"这句古语形象地说明了舞蹈的动作，但舞蹈其实并不只是"手舞足蹈"，其表现手段包括动作、表情、构图、服饰、道具等。任何一场成功的舞蹈表演，其艺术效果都是这些表现手段所共同作用而达成的。

1. 动作

作为"人体动态的艺术"，动作是舞蹈最基础、最主要的表现手段。舞蹈动作来源于生活实践，最初是模拟生活的外在形态，模仿飞禽走兽和再现农耕狩猎等动作，这些动作经过提炼、组织和美化，便成为舞蹈动作。这类动作在今天的民族舞蹈中仍然可见，如《采茶舞》中的采茶动作、《洗衣歌》中的洗衣动作、《担鲜藕》中的挑担动作等。这类动作虽然经过了美化和变形，但仍然能显现其生活形态，因此也称为具象性舞蹈动作。

随着舞蹈的发展，出现了只做单纯的情感表达的舞蹈动作，如表现欢快的快速旋转和连续跳跃，表达崇高和坦然的腰背挺立、昂首向前等，这种动作富于抒情和象征，因此也称为抽象性舞蹈动作。甚至有学者认为"凡是舞蹈动作，都应该洋溢着某种饱满的、引人生发的情思，具备某种特定的审美意识所产生的审美意想，成为内心情感外化的鲜明符号"。

要达到舞蹈的艺术效果，具象性舞蹈动作和抽象性舞蹈动作相辅相成，缺一不可。如在芭蕾舞剧《白毛女》中，杨白劳送女儿喜儿红头绳便是具象性舞蹈动作，而喜儿起身旋转则是抽象性舞蹈动作，表达其喜悦之情，二者共同演绎了这段父女情深的舞蹈情节。

▲《白毛女》剧照
芭蕾舞剧，上海芭蕾舞团表演

2. 表情

舞蹈艺术中的表情包括面部表情和身体姿态表情，是由舞蹈的全部动作，包括全身心的动态来体现的。面部的表露、手臂的传情、身体的摆扭、足部的移动……身体各部位都能够揭示人物的内在心理活动、表现情绪的变化，互相协调配合之下，就能够准确表达丰富的内心感情，反映出特定的美的神韵。

表情是舞蹈富有艺术魅力的关键，当每一个舞蹈动作都充满了表情且彼此协调时，观众所感受到的就不再是一个个孤立的舞蹈动作，而是能够透过动作感受到舞蹈蕴藏的内在潜意，舞蹈的表现力方能得以实现，观众方能感受到美的艺术境界。正如梅兰芳先生在中央戏剧学院讲话时所说：

> 要使台下的观众被我们吸引，为我们喝彩，就要从每一个细小的动作、每一个唱词、每一个眼神着手，让人家都感到很美，而且美得有内容。尤其是舞蹈动作，更要讲究，应当使人从各个方面和角度看来都是美的，都是有表情的。

3. 构图

舞蹈是作用于视觉的艺术，构图自然也是舞蹈艺术重要的表现手段。舞蹈表演在一定空间与时间内，对色、线、形等各个方面关系的合理布局形成了舞蹈构图，舞者的空间运动线、舞蹈的队形变化中形成的图案、舞蹈静态造型所构成的画面等，都属于舞蹈构图。

舞蹈构图在作品主题的表现、意境的创造、气氛的渲染、形象的塑造上都发挥重要作用。2005年春晚，21个听障演员演出的舞蹈节目《千手观音》获得了广泛好评。层出不穷、千变万化的舞蹈造型，形成了震撼的视觉冲击力。右图便是其中一个造型，演员们排成一列，伸展的双臂形成了一个"圆"的视觉效果，完美复现了神话传说中千手观音的形象，造就了极具视觉震撼力的画面，极富艺术魅力。

▲舞蹈《千手观音》造型
中国残疾人艺术团表演

4. 服饰与道具

在舞蹈表演中，服饰和道具必不可少。服饰能够体现出人物的年龄、性格、职业、地域、民族、所属时代等，如民族舞中，各民族的舞者都会穿着本民族的特色服装，以增强角色的艺术感染力。例如，在舞蹈《只此青绿》中，女演员所穿的表演服便是以石青与石绿为底色，用不同种类的棉麻布制成的，其发式采用了类似宋朝"高椎髻"的设计，各个设计都具有浓厚的古代美学韵味，如此方能古色古香，展现出《千里江山图》的神韵。

同时，服饰能够赋予舞蹈造型美，例如，在芭蕾舞中，女舞者的芭蕾舞裙、连裤袜及芭蕾舞鞋就能够凸显舞者的身体曲线，使舞者显现出优雅、轻盈的姿态。而我国的芭蕾舞剧《红色娘子军》虽一改传统芭蕾舞的服饰，采用独具中国革命战士气节的军装，但同样贴合舞蹈主题且显得英气十足。

在一些舞蹈中，道具是不可或缺的，我国传统舞蹈中，多有纱巾、水袖、扇子、手绢等道具参与，舞蹈《红扇》更是以道具为名，红扇在舞蹈中有举足轻重的地位。

6.1.3 动态立体的视听体验

依托编导的设计编排，通过动作、表情、构图、服饰、道具等种种表现手段，伴随着乐师的现场配乐，配合舞台布景、灯光效果，舞蹈艺术最终为观众呈现的就是一场动态立体的视听盛宴。

上海歌舞团创排舞剧《朱鹮》，以国际珍稀保护动物朱鹮为题材，表现人类与自然休戚与共的关系。《朱鹮》是一部纯美的舞剧，舞蹈演员采用中国古典舞的现代表现方式，运用巧妙的肢体语言，展示出朱鹮纯美、洁净、典雅和高贵的姿态，辅以唯美恬静的舞台布景和优美感人的音乐，揭示出"为了曾经的失去，呼唤永久的珍惜"的主题，为观众奉献了一场视听盛宴。

> 朱鹮、鹮仙、群鹮，单、双、群舞，丹青水墨般跃动开来，不拘泥于古典舞，不囿于民族民间舞，只汲取"中国式"的精神气质的舞蹈之美，将传统中国温婉灵动的审美底蕴尽现。
>
> ——《中国艺术报》评

▲舞剧《朱鹮》剧照
上海歌舞团表演

随着科技的进步和大众媒体的发展，舞蹈在视听体验上做出了新的尝试。2021年，河南卫视的特别节目《端午奇妙游》开场展示了一段完全在水下表演的舞蹈《祈》，舞者化身洛神登场，随歌拂袖起舞，娉婷袅娜，衣袂随舞而动，在水的作用下仿佛不受重力影响地飘动，真有"髣髴兮若轻云之蔽月，飘飖兮若流风之回雪"的出尘之感。如此出色的视觉效果，不仅要归功于舞者和编导，精湛的水下拍摄技术和运镜技术也同样功不可没。

6.2　舞蹈艺术与审美

舞蹈自诞生起，就与美联系在一起，人们在舞者舒展恣意的动作中享受舞蹈，在有韵律的节奏中感受舞蹈，在舞蹈的象征意蕴中理解舞蹈，最终在丰沛的情感中与舞蹈共鸣，进入美的境界。

6.2.1　控制自如的形体美

舞蹈是人体的动态表现，通过演员的形体动作来传情达意，因此，舞蹈的审美首先便需要关注舞者在表演中呈现出的形体美。然而舞蹈毕竟不同于健美运动，除了身高、比例、瘤腴的合宜，还需要舞者能够对自己的身体控制自如，能够通过对自身肌肉发力的细微控制，恰如其分地完成舞蹈动作，如此才能实现舞蹈编排预设的造型，完成对舞蹈主旨的表达。

在《只此青绿》中，最为人所称道的动作便是"青绿腰"，舞者长袖一甩，上半身后躺，与地面近乎平行，然后定住并保持，整个人仿佛飘在半空——这一动作一经亮相，便惊艳了无数观众。然而其却有着超高的难度，需要舞者的腰背部、腹部、臀股部几乎所有肌群参与，既要有充分的柔韧度，又要有很好的控制力，才有可能完成，舞者在场下数日苦功，方能在舞台上"举重若轻"，呈现飘逸轻盈的神仙姿态。

▲舞蹈动作"青绿腰"
孟庆旸表演

在流行街舞中，有一种名为"锁舞"（locking）的舞种，这种舞蹈依靠从一个很迅速的运动中凝固不动，然后停在一个特定的姿势，短暂保持后又继续迅速动作，产生令人眼花缭乱的美感和力量感。这样突然定格，然后又迅速动作的舞蹈方式具有令人震撼的视觉观感，要求舞者对自己身体具有精细的控制力，才能"锁住"。

6.2.2　富于韵律的节奏美

舞蹈与音乐总是相伴出现的。尼采甚至直言："那些听不见音乐的人认为那些跳舞的人疯了。"音乐有节奏，舞蹈同样需要节奏，舞蹈的节奏与音乐的节奏相协调，便生出了富于韵律的节奏美。

节奏是舞蹈艺术和音乐艺术结合的基础，在音乐中，节奏是指音乐中音的长短和强弱，是作用于听觉的；而在舞蹈中，节奏体现为舞蹈动作在力度的强弱、速度的快慢、能量的增减及幅度的大小、浮沉等方面的对比和变化，是作用于视觉的。当听觉上节奏的起伏和视觉上的动作相呼应时，舞蹈就具备了韵律化的节奏美感。

我国北方民间普遍流行"秧歌舞"，包括陕北秧歌、东北秧歌、山东鼓子秧歌等，这些秧歌舞步、舞姿各异，乐曲也各具特色，但其节奏和乐句的重复是一致的，随着舞步有规律地重复，节奏得以逐渐强化，积极热烈的情绪也随之上扬，"扭秧歌"最重要的"热闹劲"便由此而生。

▲东北秧歌
2017年黑龙江省舞蹈大赛

在舞蹈中，节奏体现最直接的当属踢踏舞（tap dance）。踢踏舞几乎没有全身性的动作，而是着重趾尖与脚跟的打击节奏的复杂技巧。在踢踏舞剧《大河之舞》中，我们可以领略到舞者清脆整齐的踢踏击地声，这种击地动作贯穿整个舞蹈，并且与配乐的旋律相统一，是舞蹈中最显著的节奏，也成为整个舞蹈中最具表现力的部分。

视频：踢踏舞
《大河之舞》片段

6.2.3 ▸ 高度象征意味的虚拟美

因为舞蹈的起源就是对事物的认知和模仿，所以无论何种舞蹈，总是在虚拟某些实际存在的事物，对现有的事物进行联想，如傣族舞蹈以手、肩、腰的灵活摆动来模拟孔雀的姿态，蒙古族舞蹈则以肩、背、臂的有力动作来模拟牛羊的姿态，进而人为地加入感情色彩以象征某些不容易表达的感情和精神。人们从自己的生活中取材，将其高度概括、提炼、加工后，便形成了固定的舞蹈动作。舞姿受到情感逻辑的统率，既不片面追求形式美，也并非机械地模仿生活，而是形式与内容相统一，形成一种实中见虚、虚中有实的运动形式，赋予舞蹈具有高度象征意味的虚拟美。

具有象征意味的表演能够唤起观众的联想和反思，使之从舞者表演出的"意象"中窥见舞蹈的"意境"，得到一种富于哲思的体验。舞蹈《丰收歌》便以黄色纱绸的舞动象征稻浪翻滚，让观众体会到农民对于丰收的喜悦，就此领会舞蹈的主旨。这种虚拟和象征以生活为基础，概括而凝练地反映了生活的本质，因而能够被广大观众自然地理解，构成舞蹈艺术表现力的一部分。

要描绘的感情越强烈，就越难用语言来表达它，作为人类感情的顶峰的喊叫，也已显得不够，于是喊叫就被动作所取代。

——18世纪法国舞蹈理论家　诺维尔

歌以咏志，舞以宣情，舞蹈是人类感情最集中、最激动时的表现形式。通过舞蹈的形体动作、节奏和虚拟性的表演，观众最终能够了解舞蹈形象的主体的内在精神世界，把握其情感律动，进而感受到无法用言语表达的情感共鸣。

芭蕾舞剧《敦煌》以芭蕾舞的形式，融合了京剧、戏曲、武术等我国传统文化元素，讲述了为敦煌、为敦煌艺术而坚守与奉献的"敦煌人"的故事。

一时间，观众仿佛穿越时间和空间，亲历千年敦煌。一幅幅浓墨重彩的壁画展现在眼前，千年前的画僧呕心沥血绘制壁画，千年后的青年吴铭舍生忘死保护文化遗产，曼妙的"飞天"走出壁画，以舞蹈演绎出壁画中摇曳生姿的绝美姿态，也勾连起古今两个时空，之后重层壁画逐渐黯淡，积劳成疾的吴铭在恍惚中与画僧神交于时间之外，最终竭尽全力用生命完成了临摹，留住了敦煌的美好。

透过现场的表演，观众得以受到精神的感召，领会到莫高窟的辉煌艺术，品味到千年文明与戈壁大漠中孕育的那份坚守与奉献的"敦煌大爱"。

▲《敦煌》剧照
芭蕾舞剧，中央芭蕾舞团表演

6.3　舞蹈艺术作品鉴赏

世界各地都有自己独特的舞蹈艺术，我国民间有花鼓灯、秧歌、舞狮舞龙，还有蒙古族安代舞、藏族热巴、维吾尔族赛乃姆、傣族孔雀舞等；欧洲有芭蕾舞、现代舞、国标舞；此外还有曼尼普利舞、非洲方腾弗罗姆舞、新西兰哈咔舞等。这些舞蹈依托于当地地域文化和音乐，在肢体动作、节奏、服装道具等方面都各具特色，也成为当地居民文化娱乐与生活的重要组成部分。随着文化交流的日益频繁，各种舞蹈也在交流中互相促进，我们也能够欣赏到世界各地的舞蹈，享受到风格各异的舞蹈之美。

中国古典舞起源于我国古代，融合了我国传统武术、杂技、戏曲中的动作和造型，具备刚柔并济的美感，独具东方风韵。

荷花舞是我国民间舞蹈之一，以"云朵子"等名字长期流行在甘肃省庆阳市。20世纪50年代，著名舞蹈家戴爱莲到此采风，将"云朵子"在舞蹈主题、结构、艺术表现手法上进行改编，定名为"荷花舞"，《荷花舞》一经演出，便大获好评，成为中国古典舞的永恒经典。"中国舞蹈荷花奖"便是以之为名。

《荷花舞》共分为5部分。第一部分，荷花群舞，多位"荷花"舞者在舞台上时而回旋，时而蜿蜒地流动，轻盈、顺畅地实现各种圆形舞台构图。第二部分，群荷由圆形变化为两行面向观众，以"碾步"向两旁轻轻移动，展现出荷花在水面的碧波涟漪中荡漾。第三部分，领舞白荷花出场，与群荷交错呼应，展现彼此亲密的感情。第四部分，白荷花与群荷一起抒发情感的场面，整个舞蹈达到了高潮。第五部分，音乐又回复到第一部分的基调，白荷花带领群荷在夕阳的霞光中缓缓地漂向了远方。

▲《荷花舞》年画
金雪尘、李慕白，75厘米×52厘米

中国古典舞被称为"画圆的艺术"，《荷花舞》便将"圆形"动律展现得淋漓尽致，舞者形体姿态的开合、不断变化的舞台构图，几乎都是以大小不一的圆形轨迹运动的。如此，舞步方能圆润流畅，队形变化方能舒缓平稳，荷花亭亭玉立、出污泥而不染的圣洁和优雅形象才能建立。

"丰年人乐业，陇上踏歌行"（赵扩《题马远踏歌图》），以脚踏地为节拍，边走边歌的"踏歌"是一种历史悠久的舞蹈形式，远在2000多年前的汉代就已兴起，到了唐代更是风靡盛行。史料记载，唐玄宗先天二年（713年）元宵节，还出现了"少女妇千余人，衣服、花钗、媚子亦称是，于灯轮下踏歌三日夜"（张鷟《朝野佥载》）的盛况。

古老的传统民俗成为中国古典舞得天独厚的题材，编导孙颖取魏、晋及南朝的文化风韵和古时江汉秦淮地域的特色，参考文物中的舞蹈形象，潜心钻研，创编出中国古典舞《踏歌》，重现了古时踏歌的风采。

舞蹈《踏歌》表现了阳春三月，碧柳依依，少女翠裙垂曳、身姿婀娜，结伴踏青，联袂歌舞的自在欢乐景象。《踏歌》在舞蹈上颇有汉代女乐舞蹈的遗风，在静态舞姿上大量借鉴古代遗存汉画砖中的造型，在动态舞蹈上则以敛肩、含颏、掩臂、摆背、松膝、拧腰、倾胯为基本体态，同时综合使用汉代的"翘袖"、唐代的"抛袖"、宋代的"打袖"和清朝的"搭袖"，使整个舞蹈具有浓厚的文化气息，充满了古典文人的诗情画意，更具有远远超乎作品本身艺术价值的史学和美学价值。

6.3.2 民族风情：中国民族舞

在辽阔的中华大地上，生活着56个民族，其中不乏能歌善舞的少数民族，他们创造了丰富多彩的民族舞蹈，这些舞蹈是民族文化、民族艺术的结晶，是中华民族的宝贵精神财富。

在傣族人民心目中，"圣鸟"孔雀是幸福吉祥的象征，相传1000多年前，傣族领袖召麻栗杰数模仿孔雀的优美姿态而学舞，后经历代民间艺人加工成型，流传下来，形成孔雀舞，成为傣族民间舞中最负盛名的传统表演性舞蹈。

杨丽萍对传统孔雀舞的形态与模式进行创新演绎，在传统孔雀舞中融合全新的现代舞蹈元素，自编自演而成女子独舞《雀之灵》。

在舞蹈中，舞者身着饰以孔雀伪眼的白色长裙，以指、手、腕、肘、臂、肩、颈、胸、腰、胯的变化、组合、屈伸，拟态孔雀的动作，惟妙惟肖地演绎出机敏、轻巧的孔雀形象。举手投足之间，孔雀

视频：舞蹈《雀之灵》

或迎风挺立、或跳跃旋转、或展翅飞翔、或漫步溪边、或俯首畅饮，观众仿佛看到一个自由、纯洁、天然的精灵在大自然中徜徉，这也正是"雀之灵"这个题目的含义。通过对孔雀形体动作的微妙刻画，表现孔雀的优雅、高洁、富有生命激情的"灵性"。舞者与孔雀灵肉合一，对生命、对自然的深刻体验与真切动人的情感，在纤细、柔美的舞蹈中得到充分迸发。

2021年，第十三届中国舞蹈"荷花奖"民族民间舞的桂冠由男子群舞《阳光下的麦盖提》摘得。《阳光下的麦盖提》将新疆麦盖提地区的"刀郎麦西来甫"与山东鼓子秧歌巧妙融合，以铿锵有力的鼓点、高亢激昂的歌声、极富张力的舞蹈，演绎出了新时代新疆人民的和谐幸福生活。

刀郎木卡姆音乐响起，22名舞者以一横排的不同姿态映入观者眼中，肩部的有力抖动、击地有声的踩撒步、模拟狩猎和日常生活的动作……原始粗犷的美感在独具民族特色的舞姿中迸发，山东鼓子秧歌的加入则代表山东对麦盖提地区的对口扶持。在一次次的"同点配合"中，在时、空、力的交替对比中，将人们幸福的模样刻画得淋漓尽致，凸显出舞蹈的主题"阳光下的麦盖提"——在新的时代，麦盖提在阳光下展露出蓬勃的生命力！

▲《阳光下的麦盖提》剧照
男子群舞，新疆艺术学院舞蹈学院表演

6.3.3 ▶ 足尖上的艺术：芭蕾舞

　　孕育于14世纪，降生于17世纪，完善于18世纪，繁荣于19世纪——芭蕾舞，西方古典舞蹈最杰出的代表。作为在世界上影响广泛的舞蹈，"用脚尖站立的芭蕾舞女演员"也成为芭蕾舞甚至整个西方古典艺术的标志，"足尖上的艺术"也成为芭蕾舞最贴切的注解。

　　19世纪的俄国是芭蕾舞最繁荣的艺术中心，音乐家柴可夫斯基在1876年完成了芭蕾舞剧《天鹅湖》。在今天，《天鹅湖》已经是世界上著名的芭蕾舞剧，也成为所有古典芭蕾舞团的保留节目。

　　《天鹅湖》取材于神话故事，讲述了被恶魔变成白天鹅的公主奥杰塔和王子齐格弗里德的爱情故事，全剧分为4幕，共29个分曲。舞剧中几段双人舞、三人舞、四人舞以及天鹅群舞令人眼花缭乱、目不暇接，更有黑天鹅奥吉莉娅独舞中一气呵成的连续32个被称作"挥鞭转"的单足立地旋转，可谓技惊四座、美不胜收。

▲ 四小天鹅舞
选自芭蕾舞剧《天鹅湖》，巴黎歌剧院2006年版本

　　但即便如此，历代评论家最为青睐的，却是第二幕中的"四小天鹅舞"。4位女舞者手拉着手、腿并着腿，编导以音乐中"复调"的手法处理腿和头的动作，当腿做各种小跳动作移动时，头也随之从一边移动到另一边，头部的端庄显示了小天鹅从容不迫的温柔，腿部的急

视频：芭蕾舞剧
《天鹅湖》片段

速动作则表现出活泼、俏皮的儿童特征。4只"小天鹅"腿并着腿，整齐地进行灵巧、美妙的腿部动作，产生了奇妙的视觉效应，具有特殊的美感。"四小天鹅舞"这种"没有'手舞'，只有'足蹈'"的表现形式，正是芭蕾舞"足尖上的艺术"最好的诠释。

1958年，北京舞蹈学校集中全力，成功地上演了世界经典芭蕾舞剧《天鹅湖》，这是我国演员第一次演出经典芭蕾舞剧，之后芭蕾舞便在我国如火如荼地发展起来，并且落地生根，与中华民族文化相融合，诞生了一批具有我国文化基因的芭蕾舞作品，其中最为人们熟知的，便是《红色娘子军》。

《红色娘子军》以中国革命历史为背景，全剧充满革命激情，讲述了丫鬟琼花成长为坚定的共产主义战士的过程。该芭蕾舞剧不仅展现了西方古典芭蕾舞足尖的技巧，还突破了西方古典芭蕾舞的定式，将"倒踢紫金冠""乌龙绞柱"等中国古典舞、传统戏曲动作及"刀笠舞""五寸刀舞"等民族舞蹈成分巧妙融入其中，在芭蕾舞的柔美和优雅基础上，彰显了革命者的英勇豪情和飒爽，令人耳目一新。

6.3.4 社交仪式：国际标准交谊舞

国际标准交谊舞（简称"国标舞"）也称体育舞蹈，它起源于欧洲、拉丁美洲，由民间舞蹈演变而来。自16世纪起，国标舞在欧洲各国成为一种普遍的社交活动，有"世界语言"之称。在现在的影视作品中，常有男女在舞会结伴跳国标舞的社交场面。

国标舞其实是两类共10种舞蹈的统称，分为摩登舞（或称"现代舞"）和拉丁舞两类。摩登舞持握规范，步法精确，包括华尔兹、探戈、狐步舞、快步舞和维也纳华尔兹5个舞种。其中华尔兹的动作风格庄重典雅、舒展大方、华丽多姿、飘逸优美，有"舞中之后"的美誉；探戈起源于美洲中西部的民间舞蹈"探戈诺"舞，动作风格刚劲挺拔、热烈狂放且变化无穷；狐步舞起源于美国，动作风格流动感强，舒展流畅、平稳大方；快步舞是一种快速4拍舞蹈，动作风格轻快活泼、圆滑流利、洒脱自由、快速多变，饱含动力感和表现力；维也纳华尔兹起源于奥地利，动作风格流畅华丽、轻松明快、翩跹回旋、活泼奔放。

拉丁舞的特点是持握相对自由，步法灵活多变，舞曲节奏感强烈、热情奔放，舞态婀娜多姿，注重展示人体曲线。拉丁舞包括伦巴、桑巴、恰恰、斗牛舞和牛仔舞5个舞种。起源于古巴的伦巴风格浪漫奔放、性感热情、曼妙婀娜，有"拉丁舞之魂"的美誉；桑巴是巴西较具代表性的象征，是一种集体性的交谊舞蹈，桑巴的风格狂放不羁，动作幅度很大，节奏强烈，给人以激情似火的感觉；恰恰风趣诙谐、热烈俏美、步法利落、俏皮紧凑；斗牛舞澎湃激昂、雄壮强悍、动静鲜明、敏捷顿挫，盛行于西班牙，也称"西班牙一

▲华尔兹舞

步舞"；牛仔舞源于美国，风格快速粗犷，自由奔放，热情欢快。

下面重点介绍一下华尔兹。华尔兹通常是男女两位舞者对向站立，双手握持，女舞者上体后展，显示出女性脖颈和背部精致的曲线美。他们站在那里，就仿佛一幅精美的画。随着舒缓的音乐，两位舞者以一致的动作迈步、摆荡、旋转，穿梭在舞台上。舞步起伏连绵，舞姿华丽典雅，举手投足之间流露出一种端庄、优雅、高洁的气质，视觉观感极佳。

6.3.5 动感节奏：街舞

20世纪60年代末，美国西部年轻人中流行起一种新兴的舞蹈形式，这种舞蹈节奏强烈，动作自由，充满跳跃感，并且拥有多种视觉冲击力强大的高难度旋转动作，具有一种"叛逆"的活力，在各种舞蹈中显得格格不入，这就是街舞（hip-hop）。现在街舞已成为流行文化的代表之一，并得以专业化、精细化，分化出霹雳舞、锁舞、嘻哈舞、机械舞、雷鬼舞等多种类型。

2022年8月，16岁的中国女孩刘清漪在世界霹雳舞顶级赛事"Outbreak 2022街舞大赛"获得"女子1vs1"项目冠军，更新了中国霹雳舞的历史纪录，也在国内掀起了一阵街舞风潮。

在决赛的较量中，刘清漪充分展示了霹雳舞的风采。在热烈动感的音乐伴奏下，刘清漪以大量手撑地的快速脚步移动、各种倒立定格动作，以及在地板上或者空中做出的各种高难度身体旋转动作，为观众奉献了一场令人血脉偾张的精彩表演。通过全情发挥，刘清漪还充分表现了自己的独特个性，将自己对于霹雳舞的热爱和理解都熔铸其中。或许正是由于这种崇尚"个人表达"的精神特征，街舞才得以受到现代青年的普遍喜爱，成为十分受年轻群体欢迎的舞蹈形式。

思考与练习

练习一：思考与讨论

1. 舞蹈在社会生活中扮演重要的角色，经常在庆典、祭祀、社会交际等重要场合出现，你认为这样的"具有鲜明社会意义的舞蹈"与"纯为艺术审美而生的舞蹈"在"美"的方面是否有差异？差异何在？请思考并与同学一起讨论。

2. 目前，舞蹈艺术正走向多元化，一些编创者一反常规，创作出了"无音乐伴奏舞蹈"，即在作品中无音乐、无伴奏，认为这样的表现形式能够让观众更集中于舞蹈本身，能够为作品提供更广阔的想象空间，赋予舞蹈作品更深刻的内涵。你如何看待这种舞蹈形式？请思考并与同学一起讨论。

1.《丝路花雨》是甘肃敦煌艺术剧院取材于敦煌莫高窟壁画艺术，并博采各地民间歌舞之长创作的大型民族舞剧，首演于1979年，被评价为"为中国舞蹈剧开辟了新路"。2016年，《丝路花雨》在经典的基础上推陈出新，在置景、服装方面再度突破，并引入多种现代科技手段，使整部舞剧的观感再上一个台阶。请观看《丝路花雨》的视频，对其进行赏析，谈一谈你所感受到的舞蹈之美。

2.《胡桃夹子》是由列夫·伊凡诺夫编导、柴可夫斯基作曲的俄罗斯古典芭蕾舞剧。该舞剧根据霍夫曼的童话故事《胡桃夹子与老鼠王》改编，讲述了女孩玛丽夜晚梦见胡桃夹子变成了一位王子，领着她经历一场童话历险的故事。整部舞剧充满了单纯而神秘的神话色彩，具有强烈的儿童音乐特色，被称为"圣诞芭蕾"。请观看《胡桃夹子》的视频，对其进行赏析，谈一谈你所感受到的舞蹈之美。

审美实践——班级舞会

跳舞是人类表达情绪的一种本能。同学们或许没有经过专业的训练，没有深厚的舞蹈功底，但这并不影响大家一起享受一个欢乐的班级舞会。下面请同学们在教师的组织和带领下，举办一次班级舞会。

一、活动名称

班级舞会。

二、活动主旨与意义

通过与班级同学一起跳舞，在共同活动中增进集体感情，同时感受舞蹈的氛围，获得亲身参与集体舞蹈的体验，从而提高审美能力和审美素养。

三、活动内容

同学们至多利用一周的课余时间进行舞会筹备和个人练习，然后利用一节课的时间举行班级舞会，活动内容如下。

1. 班级讨论舞会的举办事项、舞种选择等，对初学者而言，简单的交谊舞步、围成圆圈跳的"锅庄舞"、不变换队形的踢踏舞等是比较适合的选择。注意，如果舞会可能发出很大的噪声，则需将场地移到室外，或选择专门的活动教室。

2. 准备舞会相关事宜，如联系场地、准备音乐等。对大学生个人而言，需要准备服装，练习舞蹈动作。

3. 在预定地点举办舞会，大家一起享受舞蹈的快乐，在活动过程中，同学们要注意安全，服从教师的组织和安排。

实践目的	
实践内容	
实践成果	
心得体会	

审美实践——观看舞蹈演出

舞蹈是一种现场的表演，只有在现场即时观看才能获得最直接、最完整的审美体验，从而领略到舞蹈更深层次、更本质的美。下面请同学们在教师的组织和带领下，就近观看一次舞蹈演出，并记录自己的感受。

一、活动名称

观看舞蹈演出。

二、活动主旨与意义

通过在现场实际观赏舞蹈作品，在演员的表演、舞蹈的编排、现场的气氛等因素的带动下体会舞蹈之美，从而提高艺术鉴赏力，感受舞蹈之美。

三、活动内容

同学们在教师的组织下，利用半天或一天完成此次活动，活动内容如下。

1. 集体讨论，选择要观看的舞蹈演出。通常，本市的音乐厅、剧院、公共演艺厅等会有舞蹈演出。此外，还可以选择观看校园内舞蹈专业、舞蹈社团的表演。

2. 进行参观，在参观过程中，同学们应听从教师的安排，并注意遵守举办方的相关规定，不得干扰演出进程。

3. 参观完毕后，同学们应记录自己的参观感受，解读和评价所观看的舞蹈节目。

🔍 **审美实践报告**

实践目的	
实践内容	
实践成果	
心得体会	

第7章 现实的镜像——戏剧之美

莎士比亚这样评价戏剧："自有戏剧以来，它的目的始终是反映人生，显示善恶的本来面目，给它的时代看看它自己演变发展的模型。"戏剧，可以说是现实的一面镜子，个人的悲欢离合、家族的兴衰起落、国家的兴亡盛衰……都一一被戏剧艺术化地表现出来，被观众所感受。"演悲欢离合，当代岂无前代事；观抑扬褒贬，座中常有剧中人。"戏剧与人生的关系如此密切，北京正乙祠戏楼门前的这副对联，可谓道尽了戏剧的本味。

★ 知识目标

1. 了解戏剧艺术的概念及我国戏剧文化。
2. 了解戏剧艺术的审美特征并熟悉各个类型的戏剧作品。

◎ 能力目标

能够从多个角度鉴赏不同类型的戏剧艺术作品，认识戏剧艺术之美。

📄 素养目标

通过对戏剧艺术和戏剧文化知识的学习，提升文化素养，提高艺术审美力。

"戏中戏"《戏台》

　　《戏台》是毓钺创作、陈佩斯担当导演并主演的戏剧话剧。与一般的剧目不同，该剧是典型的"戏中戏"，在舞台上演绎了著名京剧戏班"五庆班"在乱世之中进京演出，历经名角儿无法上台、流氓上门寻衅、军阀闯入后台等重重意外，最终得以上演的喜剧故事。

　　在《戏台》中，后台变成向观众开放的舞台，而戏班的"舞台"又成了"幕后""画外"；全剧以白话话剧的形式展开，但京剧作为戏班的"主业"，同样有重要的戏份——《戏台》以"后台"写"前台"，以话剧演"京剧"，最终展现出混乱年代下戏剧工作者对于生活的无奈和对于艺术的坚守，深刻的内涵与密集的喜剧笑料交织，成就了这部悲喜交加、笑中带泪的佳作。

▲《戏台》剧照
喜剧，北京大道文化节目制作有限公司

讨论

《戏台》和大家日常认识的戏剧有哪些方面的差异？你愿意专程到戏院去看这部剧或类似的戏剧吗？

引申

以白话文写戏曲韵、以现代艺人演戏曲艺人、以现代话剧表演京剧……古和今，京戏和话剧，在同一时空里融汇，《戏台》通过自己的方式，向"国粹"——京剧艺术致敬，是中华传统文化瑰宝与现代艺术互相推进的有益尝试。

7.1 戏剧艺术

黑格尔在《美学》中说："戏剧无论在内容上还是在形式上都要形成最完美的整体，所以应该看作诗乃至一般艺术的最高层。"作为"最高的诗""最高的艺术"，戏剧不仅是文学创作的重要对象，也是漫长岁月中大众的主要文艺娱乐活动之一，无论是东方还是西方，无论是古代还是现代社会的各个群体，都对于戏剧这门艺术情有独钟。

7.1.1 以叙事为主的舞台表演艺术

戏剧艺术历史悠久，种类繁多，但无论何种戏剧，其形式都是演员在舞台上为观众现场演出故事，哪怕是皮影戏、木偶戏等特殊的戏剧，也是由演员操纵才得以表演。

但凡戏剧，必定需要为观众讲一个故事，通过故事的情境及其冲突来展现作品的主旨。为了组织串联起整个故事，使演员能够"各安其位"，适时地做出对应的表演，戏剧都需要剧本。"剧本剧本，一剧之本"，剧本是戏剧艺术创作的文本基础、编导与演员演出的依据，包括台词（即戏曲之"念白"）和舞台说明。台词是剧中人物所说的话，而舞台说明则是对剧中人物关系、剧情发生环境、服装、道具、布景等的说明，二者共同组成了整部剧的全貌。《窦娥冤》剧本节选如下：

（外扮监斩官上，云）下官监斩官是也。今日处决犯人，着做公的把住巷口，休放往来人闲走。（净扮公人鼓三通、锣三下科。刽子磨旗、提刀，押正旦带枷上）（刽子云）行动些，行动些，监斩官去法场上多时了！（正旦唱）

【正宫】【端正好】没来由犯王法，不堤防遭刑宪，叫声屈动地惊天！顷刻间游魂先赴森罗殿，怎不将天地也生埋怨？

【滚绣球】有日月朝暮悬，有鬼神掌著生死权，天地也，只合把清浊分辨，可怎生糊突了盗跖、颜渊？为善的受贫穷更命短，造恶的享富贵又寿延。天地也，做得个怕硬欺软，却原来也这般顺水推船。地也，你不分好歹何为地？天也，你错勘贤愚枉做天！哎，只落得两泪涟涟。

以上剧本中，凡"（ ）"内的内容，都属于舞台说明；正常行文的则是台词；而"【 】"则是曲调和曲牌名。通过剧本，各个演员便可清楚地知道自己在舞台上如何动作、如何唱词，如此便能够在舞台上演出对应的剧目。

剧本上的戏剧，还需要演员演出来才算完整，作为一门舞台表演技术，演员是戏剧最重要的"元素"，演员作为角色的代言人，在舞台上须扮演角色、演出台词，如此，剧本中的角色才能得以伸张，剧本的情节方才能够得以推进，"戏剧"这一戏剧形式才得以成立。对于同一个剧本的同一角色，不同的演员能够演出不同的效果；对于同一个演员，在不同的场次也会因为个人发挥而呈现出不同的表演。因此，格洛托夫斯基说："演员个人表演技术是戏剧艺术的核心。"

7.1.2 悲剧、喜剧、正剧

人具有喜、怒、哀、乐等多样的情感，在艺术的感染下，我们的情感会自然地生发，产生悲、喜、崇高、滑稽、幽默、讽刺等一系列不同的情绪体验。这种现象表现在戏剧艺术中，便有悲剧、喜剧、正剧之分，观悲剧可落泪神伤；观喜剧可开怀大笑；观正剧则各种情绪杂而有之，悲喜交加。

1. 悲剧

悲剧是最古老的戏剧题材，它源于古希腊，由酒神节祭祷仪式中的酒神颂歌演变而来。在悲剧中，主人公往往虽心怀正确的愿景和正义的精神，却历经不公、困难、挫折、失败乃至死亡，鲁迅先生所言"悲剧将人生的有价值的东西毁灭给人看"（《再论雷峰塔的倒掉》）可谓是对悲剧的精当概括。

无论是东方还是西方，无论是古代还是现代，悲剧都是剧作家们热爱的题材，《俄狄浦斯王》《哈姆雷特》《窦娥冤》《雷雨》等都是经典的悲剧作品。为什么人们喜爱观看悲剧，并能从人的悲痛与苦难中获得美的体验呢？亚里士多德在《诗学》中指出：悲剧能够"使人产生怜悯和恐惧并从体验这些情感中得到快感。"悲剧的美感，正在于其把这种消极的情感变成了美的创造的原料，观众在欣赏悲剧的过程中，"否定性的情感便被我们以精神的力量加以疏导、宣泄与净化，并在疏导、宣泄、净化的过程中对这些情感重新加以'体验'，把它们转化成一种高尚、纯洁、爱我人类的慈悲情怀与追求自由的奋发精神"（董健等《戏剧艺术十五讲》）。

悲剧因为其"悲"，才有"悲壮"的气质，悲剧主人公的巨大痛苦、悲惨遭遇、毁灭的结局，更显示其强大的精神力量和人格魅力，从而造就了严肃而崇高的英雄气概。天神普罗米修斯因为维护人类而被缚于高加索的山岩上，饱受折磨而不屈服（埃斯库罗斯《被缚的普罗米修斯》）。韩厥、程婴、公孙杵臼为救赵氏遗孤，舍生忘死，保护孤儿生存（纪君祥《赵氏孤儿》）。哪怕是弱质女流窦娥，在蒙冤被处决前，也敢于痛斥上苍，石破天惊地喊出："地也，你不分好歹何为地？天也，你错勘贤愚枉做天！"她又何尝不是一位"悲情的英雄"！正因为人物"悲剧"的结局，人物的品格和精神才更得以升华，故事的内涵才更能得到体现，观众才能在经受艺术震撼之余产生深度的思考，这就是"悲剧精神"。

▲《窦娥冤》窦娥临刑前场面
绘画作品

2. 喜剧

喜剧是和悲剧相对应的题材，情调轻松、活泼，洋溢着欢欣、喜悦，往往以代表进步力量的主人公获得胜利或如愿以偿为结局。不同于悲剧中严肃而高尚的英雄形象，喜剧中的人物形象往往是具有各种各样缺陷的"较差的人物"，现代美学用"滑稽"来形容喜剧形象，他们既非英雄豪杰，亦非大奸大恶之徒，而是"或包含谬误，或其貌不扬，但不会给人造成痛苦或带来伤害"的可笑角色。

诙谐可笑是戏剧艺术表演力的灵魂，笑代表积极、欢快的情绪，但同时也带有对社会的批判，体现着一种寓褒贬于其中的社会姿态。在《威尼斯商人》中，"吝啬鬼"夏洛克步步紧逼，坚持按照契约割取安东尼奥胸前的一磅肉用以偿债，生死关头，聪明的女郎鲍西娅女扮男装，化身律师参与到审判中，她找到契约的漏洞反将一军，提出："这约上并没有允许取他的一滴血，只是写明着一磅肉；所以你可以照约拿一磅肉去，可是在割肉的时候，要是流下一滴血，你的土地财产，按照威尼斯的法律，就要全部充公。"这使狠毒无情的夏洛克无法执行合约，最终不仅无法取走安东尼奥的性命，还失去了所有财产。此时观众的笑声，既包含对夏洛克出乖露丑的嘲笑，又有

▲鲍西娅在审判中查看契约
选自话剧《威尼斯商人》，2017年北京喜剧艺术节

对鲍西娅智慧和果敢的赞叹。喜剧正是如此，引发人们对丑的、滑稽的嘲笑，以及对美德、正义、智慧的肯定。

喜剧的笑，能使人暂时摆脱尘俗的负担，进入轻松活泼的情调，内心得到抚慰和开解，将生活的烦恼抛诸脑后，甚至培养出笑看一切的豁达胸怀，因为喜剧在曲折过后，总会峰回路转，以光明和美满为结局。好的喜剧不仅引人发笑，令人轻松、愉快，更能使人在笑过之后产生更为深入的思考，受到更为深刻的触动。

3. 正剧

悲剧和喜剧在很长一段时间之内都是喜剧艺术的主流，但在漫长的发展中，逐渐出现了戏剧的第三种形式"正剧"。狄德罗指出："一切精神事物都有中间和两极之分。一切戏剧活动都是精神事物，因此似乎也应该有个中间类型和两个极端类型。两极我们有了，就是悲剧和喜剧。但是人不至于永远不是痛苦便是快乐的。因此，喜剧和悲剧之间一定有个中间地带。"随后，狄德罗创作并推广了他自称为"严肃剧"的剧目，它不拘泥于悲剧和喜剧的划分，灵活利用了两者的有利因素，能够更好地表现生活，这便是后世的"正剧"。

别林斯基说："生活本身应该是正剧的主人公。"正剧具有生活化的特征，普遍取材于日常生活，写一切人、一切事，写悲喜之间那丰富多彩的生活，也因此，正剧不论是在人物形象还是故事情节上，都更为贴近生活中"真人真事"的原貌。挪威戏剧家亨利克·易卜生的名作《玩偶之家》中，女主角娜拉原本是一位单纯善良、以丈夫和家庭为中心的妻子形象，但在一次危机中，丈夫暴露出伪君子的嘴脸，娜拉在痛苦之中明悟，跟父亲一起生活的时候，她是个"泥娃娃孩子"，跟丈夫结婚以后，她又变成了"泥娃娃妻子"，从头到尾，她始终是个"玩偶"，只是从父亲手里换到丈夫手里而已，不论在谁手里，她永远都逃脱不了被支配和摆布的命运，于是毅然决然地离开了这个"玩偶之家"。通过这一系列情节，我们可以发现娜拉是一个复杂、立体，有自己完整个性和完整生活的人物，而不像悲剧和喜剧中的普遍形象一样只突出个性中固定的一面，而娜拉这个角色又如此贴近生活，她的生活、她的困扰就如同很多平凡的女性一样，由此便具有最为真实的艺术表现力。

7.1.3 中华戏剧文化

我国是戏剧大国，传统戏剧在我国有一个特定的称谓——"戏曲"。《新唐书·礼乐志》中记载："玄宗既知音律，又酷爱法曲，选坐部伎子弟三百，教于梨园。声有误者，帝必觉而正之，号皇帝梨园弟子。"从此，戏曲界习称为梨园界或梨园行，戏曲演员称为梨园弟子。

元代，元曲成为中原最具代表性的文学体裁，与唐诗、宋词并为一时之盛事，元杂剧便在此时得到突破性的发展，关汉卿的《窦娥冤》、王实甫的《西厢记》、白朴的《墙头马上》、郑光祖的《倩女离魂》等一大批经典作品集中出现，成为永恒的经典。

明清时期，戏曲继续发展，受众也越来越广，汤显祖的《牡丹亭》、孔尚任的《桃花扇》、洪昇的《长生殿》等都是轰动一时之作。如《长生殿》一问世，立即引起世人强烈的反响，"一时梨园子弟，传相搬演""观者堵墙，莫不俯仰称善"（尤侗《长生殿序》）。徐麟的《长生殿序》更是记载："一时朱门绮席，酒社歌楼，非此曲不奏，缠头为之增价。"

到清朝时，戏曲已经在中华大地上"遍地开花"，四川的川剧、浙江的越剧、安徽的黄梅戏、广东的粤剧、河南的豫剧、西北的秦腔、山东的吕剧、福建的闽剧、湖北的汉剧、河北的评剧、江苏的昆曲等，这些剧种在语言、配乐、腔调上各具特色，繁多有趣。而随着1790年"四大徽班"进京，一个兼具多种艺术特点的新式戏剧"京剧"走上了历史的舞台。

京剧是在安徽艺人与湖北的汉调艺人合作，同时接受了昆曲和秦腔的部分剧目、曲调及表演方法，又吸收了一些地方民间曲调，通过不断交流、融合后，最终形成的剧种。因为博采众家之长，京剧在清朝的政治中心北京广受推崇，后来流播全国，影响甚广，有"国剧"之称，成为我国传统戏曲的代表。

早在杂剧兴盛时，戏曲中的角色被分为各种"行当"，每个行当，都是一个形象系统，同时也是一个相应的表演程式系统，这是中国戏曲所特有的表演体制。各类剧种行当的数量不一，就京剧而言，角色有"生、旦、净、丑"4行。其中，生行包括须生（亦称老生，中年以上的剧中人，口戴胡子）、红生（勾红脸的须生，如扮演关羽、赵匡胤等）、小生（指演剧中的年轻男性）、武生（戏中的武打角色）、娃娃生（儿童一类的角色）等；旦行全为女性角色，包括青衣（贤妻良母型角色）、花旦（性格开朗的妙龄女子角色）、武旦（戏中的女性武打角色）、老旦（中老年妇女角色）等；净行又称"花脸"，要扮演在性格、品质或相貌等方面具有突出特点的男性人物，又分唱工花脸（重唱功）、架子花脸（以工架、念白、表演为主）和武净（重武戏）；丑行是指扮相不俊美的角色，分为文丑、武丑两种，文丑是剧中各类诙谐人物，武丑则是擅长武艺、性格机警、语言幽默的男性人物。随着戏曲的发展，行当已经不单指角色分类，还指专门扮演该行当的演员，如"京剧四大名旦"便是指梅兰芳、程砚秋、荀慧生、尚小云4位京剧旦角行当中的名角。

我国戏曲的表演方法被概括为"四功五法"，既是演员表演的必备技能，也是观众欣赏表演、评判演出效果的切入点。"四功"者，唱、念、做、打，"唱"即歌唱，讲究以情带声，依字行腔，字正腔圆；"念"即说台词，讲究吐字清晰，"快而不乱，慢而不断"；"做"是动作的程式化、舞蹈化的具体体现；"打"则是舞蹈化的武术动作。"五法"是指手、眼、身、法、步5种技法，"手"是手势，"眼"是眼神，"身"是身段，"步"是步态，而"法"是以上4种技法运用的规矩和方法。手、眼、身、法、步将对表演的要求细化到具体的身体部位，是对生活场景中人物动作的高度提炼，从而使演员在台上的一举一动都能够体现角色的不同思想情感和心理活动，八形四态（富、贵、贫、贱、痴、疯、病、醉之外形，喜、怒、哀、惊之神态）都于台下一望可知。

7.2 戏剧艺术与审美

鲁迅先生在《社戏》中描写了儿时看社戏的场面，"近台的河里一望乌黑的是看戏的人家的船篷"，可见当地人家对戏剧的热衷。在影视作品普及之前，看戏长期是人们最重要的娱乐和社交活动之一，戏剧究竟有何魅力，使其超越其他艺术形式，成为广受大众喜爱的艺术？

7.2.1 综合性的艺术体验

作为一种舞台表演艺术，戏剧为大众奉献了最为综合性的艺术体验，在戏剧中，人们能体验绘画般的精致画面，感受文学性的故事编排，聆听美妙的音乐，欣赏动人的舞蹈，观看精彩的武术……这些艺术形式以戏剧的方式组合在一起，空间性与时间性兼具，视觉与听觉同备，迸发出新的火花，造就了戏剧独一无二的戏剧表现力。

《魔笛》是莫扎特创作的歌剧，故事中，塔米诺王子在森林中戏剧性地来到了夜后的王国，并与夜后的女儿帕米娜相爱，而夜后要求帕米娜刺杀祭司长萨拉斯特罗后才允许他们成婚，这让善良的帕米娜难以接受。

这一段，由夜后唱《夜后的咏叹调》，这首曲子充满力量的压迫感，激烈而亢奋的情绪表达，在夜后以华丽又有力的高音花腔向女儿宣布"必须杀死萨拉斯特罗，完成复仇使命，否则再无母女之情"后，观众哪怕身在观众席，也能够感受到歌声中强大的压迫力。而台上的女儿帕米娜也确实在母亲的威压下来回躲闪，夜后则强势地步步紧逼。在服装上，夜后及其随从身着黑色长裙，显示出严酷的气质，而帕米娜则是一身白裙，柔弱而孤单。由此，音乐、表演和服装结合在一起，形成了统一的气氛，表现出夜后的强势和不近人情，以及帕米娜受迫的惶恐。多种艺术形式的有机组合，使戏剧的艺术表现力尤为突出，观众也获得了更生动、更有代入感的艺术体验。

▲《魔笛》剧照
歌剧，2003年，德国，英国皇家歌剧院版

视频：歌剧《魔笛》
片段

7.2.2 代入性的表演

> 演员是戏剧的心脏和灵魂。演员以现场表演的方式，直接把戏剧活动跟观众紧密地联系在一起，并将戏剧和电影、电视及其他影像艺术区分开。只有当男女演员登场献艺的时候，剧本上的对话，剧作家所创造的性格，以及布景和服装才获得了生命。
>
> ——爱德温·威尔逊《戏剧经验》

戏剧要求演员凭借自己的形体动作、语言、情感，在舞台上为观众表演出另一个人物，这就要求演员入戏，将自己代入角色之中，将角色"演活"，如此才能带动观众"入戏"，博得观众的喝彩。

在京剧《杨门女将》中，佘太君是一个非常出彩的角色。开场时，佘太君正在准备给自己的孙子——外出领兵的杨宗保过50岁生日，出场便是一阵豪爽的笑声，唱到："为孙儿庆生辰满心欢畅……"喜气洋洋溢于言表。然而此时，杨宗保已经战死，其妻子穆桂英和母亲柴郡主已得知消息，只是不敢叫老太太知晓。但很快，佘太君就敏锐地从两人的神情中发现事情不虞，唱："桂英儿平日里颇有酒量，为什么一杯酒醉倒在厅堂……"喜悦褪去，担忧泛起。待

▲京剧《杨门女将》佘太君剧照
饰演者：张静

众人交代真相，佘太君悲从中来，唱："听一言如雷震魂飞目眩。"其间，佘太君神情悲戚，手指颤抖，几乎栽倒在地。而在经历了"寿宴变灵堂"的悲剧后，佘太君又立即投入军国大事中，主动请缨率领杨门女将抗击外敌，面对主和派的王辉"经国大事，非同儿戏，不能只为杨家报仇不计国家利害"的谬论，更是毅然反驳道："王大人且慎言，莫乱测我忠良之心……到如今宗保边关又丧命，才落得，老老小小，冷冷清清，孤寡一门，我也未曾灰心！杨家要报仇我报不尽，哪一战不为江山，不为黎民！"神色凛然，怒气与豪气兼备。几段精彩的表演，将佘太君这一形象对儿孙的慈爱、对家人神情的敏锐洞察、对家国大事的勇敢担当都表现得淋漓尽致，慈爱的长辈、权威的家长、英勇的统帅这3重不同的身份在佘太君这一角色身上得到统一，可以说是演员的表演，演出了佘太君巾帼英雄的风范，让这个人物真正"立"住了。

演员的表演是整部戏剧演出效果的决定性因素，在没有配角的"独角戏"中，主角的表演更是重中之重。韩国美丑剧团曾在2014年"第二届乌镇戏剧节"上演出话剧《墙壁里的精灵》，这便是一部独角戏，主演金星女在其中分别饰演了30多个角色，从总角儿童到耄耋老人，从清纯少女到粗鲁流氓，金星女在角色中跳进跳出，没有流露出丝毫夸张做作的表演痕迹，做到了从始至终的完整与和谐一致。精湛的演技使"一人分饰多角"的设计非但没有使观众产生违和感，反而赋予了《墙壁里的精灵》独特的艺术感染力，使剧中一家人不离不弃、始终如一的坚守和陪伴的情感更加感人至深。

7.2.3 超脱现实的虚拟性

虽说"戏剧艺术是现实的镜子"，但艺术究竟不是现实，其艺术效果呈现依赖于虚拟性。在戏剧中，虚拟性使神仙鬼怪都能够悉数登场，《白蛇传》《闹天宫》等都纷纷被搬上戏台。虚拟性使演员们能够在咫尺戏台和有限的表演时间内演出复杂的故事，"三五步走遍天下，七八人百万雄兵""咫尺地五湖四海，几更时万古千秋"，时间和空间的局限都在戏剧中被打破，使戏剧有了无限的可能。

京剧《三岔口》讲述了任堂惠暗地里保护被发配沙门岛的焦赞至三岔口夜宿，店主刘利华夜中欲救焦赞而被任堂惠误会，二人在黑夜中搏斗的故事。

《三岔口》全剧的中心是一场摸黑搏斗，但演出时总不可能把舞台上的灯关掉让观众看不见影，于是便要求两位演员在灯火通明的舞台上虚拟一场夜中决斗。只见舞台上，两位演员谨小慎微，用耳朵听，用鼻子嗅，用手摸索追踪，咫尺却仍然无法觉察到对方。两人有时无的放矢，对着无人处攻击，有时有偶然接触，旋即爆发出一场快速而激烈的交锋，险象环生，刀锋从头顶、鼻尖削过。摸索时的小心、出招时的试探、对方在眼前却视而不见的神情……两位演员如同真在一间黑暗的斗室中搏杀。这样的表演让观众直呼过瘾，可谓是戏剧"虚拟性艺术表现"的典范。

▲京剧《三岔口》剧照
短打武生剧目

7.2.4 情节中的矛盾冲突

黑格尔将"各种目的和性格的冲突"看作戏剧的"中心问题"；伏尔泰说："每一场戏必须表现一次争斗。"法国戏剧理论家布伦退尔更是提出了戏剧冲突说，在其著作《戏剧的规律》中，明确把冲突作为戏剧艺术的本质特征。这样的理论或许有绝对化之嫌，但无疑揭示了矛盾冲突在戏剧艺术上的重要地位。

我们可以发现，在几乎所有的戏剧中，都有一个或几个"中心矛盾"，在《罗密欧与朱丽叶》中，中心矛盾是两大家族对他们爱情的反对；在《赵氏孤儿》中，中心矛盾是赵氏遗孤被仇人追杀；《威尼斯商人》的中心矛盾则是既要按照契约执行，又要保全安东尼奥的生命。这些中心矛盾是戏剧情节的核心，也是戏剧吸引观众的主要因素，待到冲突解决，戏剧落幕，观众的一颗心也终于放下，可以尽情喝彩。

《哈姆雷特》是英国剧作家威廉·莎士比亚最具代表性的名作，是世界上颇负盛名的一部悲剧作品。《哈姆雷特》以主人公丹麦王子哈姆雷特为报父仇，与现任国王、叔父克劳狄斯的矛盾冲突为主线，叠加了哈姆雷特恋人奥菲莉娅的哥哥雷欧提斯为父报仇等次要的矛盾冲突。

在剧情的矛盾冲突之下，隐藏的是哈姆雷特内心的矛盾，即《哈姆雷特》开篇便抛出的"生存还是毁灭，这是个问题"。父亲的死亡、母亲的背叛、恋人的自尽，主角哈姆雷特的世界一下子天翻地覆，理想、亲情、爱情、友情破灭之后，迷惘、焦虑、惶惶不安的情绪以及为父报仇的责任与勇敢同时降临在他身上，优柔寡断的哈姆雷特对亲情、爱情、社会和人生都产生了疑问和怀疑。当哈姆雷特在"应该行动"和"怎样行动"之间苦苦挣扎，延宕不已之时，局势无可避免地倒向悲剧，最终以哈姆雷特与克劳狄斯同归于尽而收场。

哈姆雷特作为一个悲情的英雄，他在外部的逼迫和内心的煎熬下，最终坚定地奋起反抗，付出了生命的代价。"生存还是毁灭"这个问题在剧中并没有给出答案，但还是成为无数观众细细思索的问题，因为哈姆雷特的内心冲突在任何时代、任何人身上都不鲜见，当《哈姆雷特》以戏剧的形式展现出这种冲突所导致的悲剧时，自然拥有了直击人心的力量。

7.3　戏剧艺术作品鉴赏

"尧舜净，汤武生，桓文丑旦，古今几多角色？日月灯，云霞彩，风雷鼓板，宇宙一大戏台。"戏剧艺术可谓包罗万象，无数的故事在戏台上上演，无论是我国戏曲，还是西方戏剧，无不是观者麇集，满堂喝彩。

7.3.1　华夏国粹：京剧

京剧被视为我国传统社会戏曲审美理想的集大成者，有"国剧""国粹"的美誉，故事大多取自历史演义和小说话本，擅长于表现历史题材的政治和军事斗争，其唱腔属于板式变化体，以二黄、西皮为主要声腔，因此也有"皮黄"的别称。

据统计，京剧的传统剧目有1300多个，常演的有三四百个，其中不乏传世之经典。杨贵妃与唐玄宗的故事在我国可谓家喻户晓，绘画、诗歌、小说等都有以其为题材创作的经典作品，京剧自然也不例外。《贵妃醉酒》是一出单折戏，又名《百花亭》，源于乾隆时一部地方戏《醉杨妃》的京剧剧目，该剧在京剧大师梅兰芳倾尽毕生心血精雕细刻、加工点缀之下脱俗就雅，博得好评无数，现在已是梅派经典代表剧目之一。

《贵妃醉酒》的主要剧情非常简单：唐玄宗先一日与杨贵妃相约，命杨贵妃次日设宴于百花亭，同往赏花饮酒。第二天，杨贵妃提前赶赴百花亭，备齐了果酒宴席，等候唐玄宗驾临，但是苦等良久，唐玄宗车驾迟迟不至。不知过了多久，才有人来报，说唐玄宗早已幸江妃宫（江妃即梅妃，江采萍），杨贵妃一时妒忌、失望、哀怨，万端愁绪涌上心头，无以排遣，遂命高力士、裴力士添杯奉盏，借酒消愁，饮至大醉，后来怅然返宫。

在白底五彩花朵的台幔、帐幔之间，杨贵妃穿大红贴金彩绣蟒、彩裙彩鞋登场，可谓"帘未启而已众目睽睽，唇未张而已声势夺人"，不用开口，观众便可以感受到她的喜悦。接着便是久等不至，坐立难安，当听到皇帝移驾西宫的消息时，杨贵妃水袖一舞，惊讶、失落与苦闷的复杂情绪便自然而然地攀上了人物的脸。接着便是借酒消愁，杨贵妃一句"这才是酒入愁肠人已醉，平白诓驾为何情"道出心底辛酸。第一杯用扇子遮住酒杯缓啜，第二杯快饮，第三杯仰头一饮而尽，三杯酒，仪态渐失、醉意渐深、情绪渐起，最终显出一个骄纵任性又放浪形骸的"醉贵妃"来，让人又叹又怜。

虽然整部戏时长较短，剧情也比较简单，但其通过流动的仪仗、纷繁的舞蹈、精美的服饰、大段的唱腔、丰富的伴奏，细腻生动地以难以比拟的优美展现了杨贵妃"醉"的风姿，将杨贵妃这个绝代美人由喜悦到烦闷的心境变化刻画得惟妙惟肖，令观众目不暇接，耳不暇听。最终揭示出封建社会宫廷女性富贵生活下的残酷命运，成就了"一出暴露宫廷里被压迫女性的内心感情的舞蹈好戏"。

▲京剧《贵妃醉酒》剧照
饰演者：梅兰芳

随着时代的发展和社会的进步，在新中国成立后，文艺工作者们创作了一批讴歌革命胜利，展现爱国情怀的优秀新剧目，使古老的京剧传统走向现代，如《奇袭白虎团》《智取威虎山》《沙家浜》等。其中反响最大、影响最广的便是以电影《自有后来人》改编的京剧艺术片《红灯记》。

《红灯记》是一部"红色戏剧"，讲述了我党地下工作者李玉和一家三代，为向游击队转送密电码而前仆后继、与日寇不屈不挠斗争的英雄故事。中国共产党党员李玉和以铁路工人为掩护身份，在一次与交通员接头时，接到了将密电码交给柏山游击队"磨刀人"的任务，但此情报被日寇探知，日寇破坏了李玉和与"磨刀人"的接头。后来李玉和被叛徒出卖，身份泄露，面对敌人软硬兼施的伎俩也没有开口，与母亲二人被日寇残忍杀害，仅余孤女李铁梅在邻居的掩护下逃出虎口，把密电码交给游击队长，完成了父亲的任务。

李玉和是《红灯记》的中心人物，其人物形象在其与日寇宪兵队队长鸠山的斗争中体现得淋漓尽致，鸠山："宪兵队刑法无情，出生入死！"李玉和："共产党钢铁意志，视死如归！"鸠山："你就是铁嘴钢牙，我也叫你开口说话！"李玉和："你就有刀山剑树，我叫你希望成灰！"。两个日本宪兵上前架住李玉和，他一举双手将其摔开，从容地走到圆桌边，拿起帽子，用力吹灰，狠狠地瞪鸠山一眼，转身"绷脚面"走"台步"，昂首进场，把鸠山斗得"眼发花来头发

▲《红灯记》宣传画
京剧艺术片

胀，血压增高手冰凉"，无可奈何地说出："共产党人，也是父母生来父母养，为什么比钢铁还要刚！"无疑宣告了李玉和的胜利。演员演得舒展，观众看得痛快，坚强不屈的气度自然而生。从李玉和的唱词中，我们更能感受到革命者的精神。

【二黄导板】狱警传似狼嗥我迈步出监。【回龙】休看我，戴铁镣，裹铁链，锁住我双脚和双手，锁不住我雄心壮志冲云天！【原板】贼鸠山要密件毒刑用遍，筋骨断体肤裂心如铁坚。赴刑场气昂昂抬头远看：我看到革命的红旗高举起，抗日的烽火已燎原，日寇，看你横行霸道能有几天！但等那风雨过，【慢三眼】百花吐艳，新中国如朝阳光照人间。那时候全中国红旗插遍，想到此信心增斗志更坚！【原板】我为党做工作很少贡献，最关心密电码未到柏山。王连举他和我单线联系，因此上不怕他乱咬乱攀。我母亲我女儿和我一样肝胆。【垛板】贼鸠山，要密件，任你搜，任你查，你就是上天入地搜查遍，也到不了你手边；革命者顶天立地勇往直前！

——《雄心壮志冲云天》

7.3.2 百戏之师：昆曲

元末明初，昆山顾坚"擅发南曲之奥"草创昆曲。明代嘉靖年间，以太仓魏良辅为首的曲家群落引进了北曲和先进的北曲乐理以及传统的声韵学说，对昆曲进行了大规模的改革，形成了新的声腔，广受欢迎。后来昆曲逐渐发展，自明代中叶以来盛行中华300余年，对京剧、川剧等诸多戏曲都有深厚的影响，故有"百戏之祖，百戏之师"的雅称。

昆曲由歌、舞、表演、故事4个艺术要素组成基本内容，其中"歌"指音乐唱腔，"舞"是身段，"表演"是叙事或代言过程中的唱、念、做、打，"故事"则是戏剧情节。昆曲融诗、词、赋、赞于一炉，直承古典文学传统，同时保持了中国古代戏曲的曲牌体，歌者须"依字行腔"，保留了中国古典文艺的韵味，是中国传统戏剧的典型代表，其著名的剧目包括《牡丹亭》《桃花扇》《鸣凤记》《义侠记》《长生殿》等，同时在近现代也有一些新编剧目如《南唐遗事》《偶人记》《司马相如》《班昭》等。

《牡丹亭》是明朝剧作家汤显祖创作的传奇，该剧描写了大家闺秀杜丽娘在梦中与书生柳梦梅倾心相爱，后伤情而死，化为魂魄寻找爱人，最终起死回生，与柳梦梅终成眷属的故事。

《牡丹亭》是中国戏曲史上杰出的作品之一，也是昆曲的经典剧目，深得昆曲文辞典雅、婉转清丽之三昧。

昆曲《牡丹亭》中最为知名的曲目之一是《惊梦》，这部分讲述了杜丽娘与丫鬟春香到后花园游春，花香鸟语，倦怠后回屋歇息的情节。《惊梦》由《绕池游》《步步娇》《醉扶归》《皂罗袍》《好姐姐》《隔尾》6个曲牌组成。其中《皂罗袍》刻画了杜丽娘千回百转的心态变化，是《惊梦》的高潮，其曲词如下：

▲ 昆曲《牡丹亭》剧照
2022年上海大剧院《重逢牡丹亭》

原来姹紫嫣红开遍，似这般都付与断井颓垣。
良辰美景奈何天，赏心乐事谁家院？
……
朝飞暮卷，云霞翠轩，雨丝风片，烟波画船。
锦屏人忒看得这韶光贱！

视频：昆曲《牡丹亭》

这段词音韵和谐，一韵到底，在昆曲表演大师唱来更是冷冷如一泓清泉，杜丽娘对园中美景的惊讶，对满园春色的喜爱，同时又有为自己青春苦闷的深深自伤，并对自由产生深深的向往，种种复杂幽微的情绪，都随着昆曲"功深熔琢，气无烟火，启口轻圆，收音纯细"的婉转腔调歌咏而出，哀而不伤，浑然天成，真有"亢之入青云，抑之如绝丝，圆好如珠环，不竭如青泉"之美。

7.3.3 ▸ 西方艺术明珠：歌剧

歌剧用声乐和器乐来表现剧情，其自16世纪诞生以来，在数百年里不断完善和进步，广泛传播并流行于欧洲各国，莫扎特、贝多芬、比才、柴可夫斯基、德彪西等音乐家都纷纷创作了自己的歌剧作品，歌剧也被称为"艺术皇冠上的明珠"，拥有崇高的艺术地位。钱苑、林华合著的《歌剧概论》评论："歌剧是一部百科全书，它记录了大革命的雄伟，世纪末的伤颓，阴谋家的诌媚，有情人的苦悲；有赌徒的狂热，有歌手的忏悔，有多余人的失落，有英雄的眼泪。"

意大利歌剧《茶花女》改编自亚历山大·小仲马的同名小说，由剧作家弗朗西斯科·皮亚伟编为歌剧脚本，作曲家朱塞佩·威尔第作曲。其自1853年首演以来，至今已经是全世界范围内常被演出的歌剧，被称为"世界歌剧史中的最灿烂的宝石"。原著作者小仲马曾无限感慨地说："50年后，也许谁也记不起我的小说《茶花女》了，但威尔第却使它成为不朽。"

《茶花女》全剧共3幕，讲述了巴黎名流交际花薇奥莱塔（茶花女）和年轻作家阿尔弗莱德不顾身份地位的悬殊及世俗礼教倾心相许，却被阿尔弗莱德的父亲秘密干涉而分开并产生误会，待误会解除之时，薇奥莉塔已沉疴难起，最终在阿尔弗莱德的面前香消玉殒，留下永远的遗憾。

剧中优美抒情的音乐旋律、真挚感人的咏叹比比皆是，第一幕中男女主角对唱的《饮酒歌》更是世界闻名。这首曲子表现了阿尔弗莱德在宴会上借祝酒对薇奥莉塔倾诉爱慕，而薇奥莉塔也同样祝酒回答的场景，揭示了两人互相倾慕。这首曲子全曲都贯穿着轻快的舞曲节奏、明亮的色彩及六度大跳的旋律动机，热闹欢快、充满活力，让观众感受到阿尔弗莱德和薇奥莉塔之间美妙的爱情。

▲ 歌剧《茶花女》剧照
国家大剧院2019版

7.3.4 对话与独白：话剧

在众多的剧种之中，话剧是其中音乐的成分最少的，没有西皮、二黄等繁多的唱腔，也没有咏叹调、宣叙调等独唱曲，更没有乐队的现场伴奏，但是话剧依靠演员的对白或独白，依然能够为观众奉上精彩的表演。

《茶馆》是现代文学家老舍于1956年创作的话剧，自1958年3月焦菊隐、夏淳导演的《茶馆》首次被北京人民艺术剧院搬上话剧舞台，60多年来演出不辍，已成为我国话剧的经典剧目之一。

《茶馆》结构上分为3幕，以老北京一家叫裕泰的大茶馆的兴衰变迁为背景，展示了戊戌变法、军阀混战和新中国成立前夕近半个世纪里的风云变幻与社会上的众生百态。3幕话剧中，共上场70多个人物，三教九流鱼龙混杂，一个茶馆便是一个微缩的社会。而胆小、精明的茶馆老板王利发周旋于众多人物之中，小心翼翼地维持着茶馆的经营。

茶馆全剧由几个几乎没有联系的小故事组成，但形散神聚，通过常四爷因为说了一

▲ 话剧《茶馆》剧照
北京人民艺术剧院2005版

句"大清国要完"被抓进监狱、破产农民康六被迫将15岁的女儿卖掉、大批难民进城讨饭、巡警兵痞前来敲诈等情节揭露时代的黑暗和劳苦大众的苦难，裕泰茶馆也是一幕更比一幕破败，显示出旧中国衰落和灭亡的必然性。结尾时，王利发、常四爷、秦仲义3位老人在凄凉、绝望中，撒纸钱"祭奠自己"，同时也是在给旧时代送葬，而康顺子、王大拴等人则选择投奔西山抗日游击区，在这场悲剧的最后显示出新的希望。

思考与练习

练习一：思考与讨论

1. 在中华大地上，几乎每一个地方都有自己的特色地方剧种，你家乡的地方剧种是什么？你对其有哪些了解？请思考并和同学一起讨论：你家乡的"地方戏"有何艺术魅力？它们现在的传承状况如何？

2. 随着影视艺术的发展和普及，戏剧艺术受到了极大的冲击。目前，戏剧艺术已经由一种几乎全民参与的大众艺术转变为以部分爱好者为主要受众的"小众艺术"，当代年轻人更是难有机会真正坐到剧院里完整看一部戏。请你思考并和同学一起讨论：戏剧艺术在今天应该如何发展或改良，以便被更多人欣赏和喜爱？

练习二：认识与赏析

1. 爱尔兰现代主义剧作家塞缪尔·贝克特创作的《等待戈多》是荒诞派戏剧的开山鼻祖，通过两个流浪汉苦等"戈多"，而"戈多"不来的情节，表现了一个"什么也没有发生，谁也没有来，谁也没有去"的荒诞情节。请观看《等待戈多》的视频，对其进行赏析，谈一谈你所感受到的戏剧之美。

2. "当年海上惊雷雨"是茅盾先生对话剧《雷雨》在我国上演引起的巨大轰动所给予的一句描述。《雷雨》是"东方莎士比亚"曹禺的代表作品，是我国话剧的奠基之作，更是我国话剧史上永远的丰碑。请观看《雷雨》的视频，对其进行赏析，谈一谈你所感受到的戏剧之美。

审美实践——班级情景剧

大学生想要参与到戏剧艺术中，最好的载体是"情景剧"。情景剧场景简单、无须配乐、篇章短小，适合表演基础薄弱的非戏剧专业大学生。请同学们自己编排并上演一段情景剧。

一、活动名称

班级情景剧。

二、活动主旨与意义

通过参与戏剧作品的表演或各种幕后工作，获得戏剧艺术创作的亲身体验，从而提高艺术创造力和鉴赏力。

三、活动内容

同学们至多利用一周的课余时间进行筹备，然后利用一节课的时间进行情景剧表演，具体活动内容如下。

1. 班级集体讨论剧本，可以自己撰写，也可以用影视作品改编，还可以直接用网络上的成熟剧本。然后分配工作，如导演、编剧、演员、旁白、布景人员、服装师、道具师等，尽量保证每个人都投入情景剧创作中。

2. 准备情景剧相关事务，如联系场地、布置舞台、准备所需服装等。演员需要熟悉剧本、练习表演。如果条件允许，可以进行几次排练。

3. 在预定地点进行情景剧演出，没有演出任务的同学作为观众。在活动过程中，同学们要注意安全，服从教师的组织和安排。演出后可以进行一次集体讨论和评价。

🔍 审美实践报告

实践目的	
实践内容	
实践成果	
心得体会	

审美实践——看戏

无论是传统戏曲，还是西洋戏剧，在剧场里亲身观看能获得最佳的观赏体验，更能领略到戏剧艺术的美。请同学们在教师的组织和带领下，就近观看一场戏剧表演，并记录自己的感受。

一、活动名称

看戏。

二、活动主旨与意义

通过在现场实际观看戏剧，从演员的表演、舞台美术、现场配乐等方面欣赏和享受戏剧艺术，接受戏剧艺术的熏陶，提高审美素养。

三、活动内容

同学们在教师的组织下，利用半天或一天完成此次活动，活动内容如下。

1. 集体讨论，选择待观看的戏剧演出。通常，本市的音乐厅（主要演出歌剧和音乐剧）、剧院、公共演艺厅、茶馆（主要演出地方戏）等会有戏剧演出。此外，还可以选择观看校内戏剧专业、戏剧艺术团、戏剧社的表演。

2. 进行参观，在参观过程中，同学们应听从教师的安排，并注意遵守举办方的相关规定，不得干扰演出的正常进程。

3. 参观完毕后，同学们应记录自己的参观感受，解读和评价所观看的戏剧节目。

🔍 审美实践报告

实践目的	
实践内容	
实践成果	
心得体会	

第 8 章

视听的盛宴——影视之美

影视作品是我们在日常生活中接触最多的艺术形式。今天，我们可以通过电视、手机、计算机等终端，便捷地观看电影、电视剧等影视作品。看影视作品甚至已经成为现代生活的代表性标志。

影视是人类的伟大创造，动态画面与声音的完美结合将人们的视听体验提高到了一个新的层次，观看一部优秀的影视作品，就如同亲身经历了一次梦幻的时空之旅。

★ 知识目标

1. 了解影视艺术的技术基础与基本技术。
2. 了解影视艺术的审美特征并熟悉各个类型的影视作品。

◎ 能力目标

能够从多个角度鉴赏不同类型的影视艺术作品，认识影视艺术之美。

▤ 素养目标

通过对影视艺术知识的学习，培养审美意识，欣赏当代影视作品呈现的艺术美。

长津湖

2021年12月，电影《长津湖》的累计票房达到57.6亿元。这部电影由陈凯歌等执导，吴京等主演，展现了抗美援朝战争第二次战役中长津湖战役波澜壮阔的历史，书写了中国人民志愿军冒着极寒，以钢铁般的意志和英勇无畏的战斗精神，战胜敌人取得胜利的故事。

恢宏震撼的战场画面、扣人心弦的情节、力求真实的特效与音效、考究的台词、出彩的表演……电影《长津湖》为荧幕前的观众奉献了一场难得的视听盛宴。在这背后，是3位知名导演的联合执导，是全国四五十家特效公司参与制作，是海量的历史文献材料作为参考，是2500多名现役军人参与拍摄。正是在台前幕后所有工作人员的一致努力下，我们才能在大银幕上重温这一段惊心动魄的历史！

讨论

《长津湖》累计观影人次达数十亿，是名副其实的大众艺术品。为什么现代人普遍接受和喜爱电影这一艺术形式？电影与戏剧等传统艺术相比到底有何优势？

引申

透过银幕，光影交错间，带给观众逼真的战场认知和深度的情感体验，这是电影的魅力，更是人心的和鸣。该片再现了抗美援朝战争中第9兵团在长津湖地区那场艰苦卓绝的战役，生动诠释了国家意志和民族力量的强大，有力彰显了中国军人为国舍命的碧血丹心。（新华社评）

8.1 影视艺术

在整个艺术历史中，影视艺术之前的艺术门类，都无法确定其诞生时间。1895年12月28日，卢米埃尔兄弟在法国巴黎卡普辛路14号大咖啡馆的地下室里，放映了世界上第一部电影影片《火车进站》，由此打开了影视艺术的大门。如今，影视艺术早已走进千家万户，根据统计，2021年中国电影影片总产量为740部，全国城市院线电影票房达472.58亿元，观影人次世界第一。影视艺术，已经成为最大众化的艺术。

8.1.1 科技孕育的艺术

影视艺术与科技的发展和进步有密切的关系，可以说，正是科技孕育了影视艺术，并且在未来，科技进步还将进一步推动影视艺术的革新。

《火车进站》这部影片，仅仅展示了一辆火车开进巴黎萧达车站时的情景，片长不过50秒，和今天的影视作品远不能同日而语。早期的电影没有声音，画面也是黑白的，代表作有《城市之光》《摩登时代》《大独裁者》等。

电影创作者一直没有放弃将图像和声音拼接在一起的尝试和实践，随着录音设备、技术条件的改善，电影开始向有声过渡。华纳兄弟公司采用vitaphone录音系统，于1927年出品的《爵士歌王》成为世界上第一部有声电影。1933年以后，由于技术的进步，电影制作中同期录音得以改为后期录音，基本解决了声音的问题。

彩色胶片的发明，使电影艺术又进入一个新的发展阶段，1935年，马摩利安摄制了世界上第一部彩色故事片《浮华世界》。自然的声音和色彩，使电影的观看体验大大提升，趋近于真实。

当电影创作者们想要将神话传说、幻想小说等题材搬上银幕时，虽然有道具、特技镜头、特技表演者的帮助，但仍然难以达到预期效果。为此，各路电影创作者开展了诸多尝试，早在1902年，乔治·梅里爱使用定格拍摄创造的视觉特效，拍摄了电影史上第一部科幻片《月球旅行记》，但该技术仍然有巨大缺陷。1975年，乔治·卢卡斯准备开拍《星球大战》，这是一部太空科幻电影，以

▲电影特效镜头
出自彼得·杰克逊执导系列电影《指环王》

当时的电影拍摄技术完全无法实现预期效果。为此，乔治·卢卡斯于1975年创建工业光魔公司，参与《星球大战》的特效制作，开创了电影特效行业。之后，以计算机三维动画为代表的影视特效技术不断发展，使影视作品的视听效果更上一层楼，也使影视艺术的题材大大扩充了。

1953年，试验性质的立体电影出现，立体电影将两影像重合，产生三维立体效果，戴着特殊眼镜的观众能够在观影时享受到极为真实的画面，仿佛置身于电影场景中。立体电影技术在一定程度上突破了"银幕的平面"，虚拟现实（VR）、增强现实（AR）等前沿技术也越来越多地应用到影视艺术中，使影视作品的效果更加接近"身临其境"。

影视作品的图像质量也今非昔比，分辨率2K、4K的影视作品逐渐普及，视频帧数也达到了120帧、144帧甚至更高，这无疑使画面的清晰度和流畅性都大大提高。除了影视作品的拍摄，科技还在影视作品的存储、传播、观赏等方面起到了重要的作用。早期的电影，用电影胶片将静止或运动的被摄体按时间顺序记录下来，然后通过放映机投射在银幕上，操作复杂，甚至稍不注意就会导致胶片报废。而在今天，我们打开电视便可收看各种数字电视节目，在网络上即可在线观看影视作品，电影院所放映的电影也是储存在计算机中的，便利性远非以前可比。

8.1.2 表演、摄影与剪辑

影视艺术是时间艺术与空间艺术的结合，既像时间艺术那样，在延续时间中展示画面；又像空间艺术那样，在画面空间上展开形象。表演、摄影和剪辑便是影视艺术达成综合性艺术效果的法宝。

1. 表演

绝大多数的影视作品以人或拟人的事物为主要角色，演员的表演成为影响影视作品艺术效果的重要因素。演员需要了解自己扮演的角色，通过动作、台词、神态、语气等的表现，推动情节的发展并且展现人物的特征。

演员的表演直接影响观众对影片故事、主题、人物的认识，良好的表演能够让观众更快"入戏"，被影视作品所吸引，并由此获得各种各样的心理体验。由杨洁执导的央视版《西游记》电视剧是很多人共同的童年记忆，其中的唐僧、孙悟空、猪八戒、沙僧等形象深入人心。在《救难小儿城》一集中，昏庸的国王听信妖言，要用一千一百一十个小儿的心肝做药引，为此传下圣旨，命百姓选送小儿，装入鹅笼，听候使用。为了搭救孩童，孙悟空变成了师父唐僧的模样面

▲电视剧《西游记》"救难小儿城"剧照

见国王。此时，唐僧的扮演者迟重瑞实际扮演的是"变做唐僧模样的孙悟空"，只见演员的眼神、表情、动作，乃至行步时"颠"的动作，都与孙悟空一样，甚至在人前刻意掩饰身份的小动作和神态都堪称完美，无比自然，仿佛真是唐僧的身体里住了个孙悟空。同一个演员，依靠自己精湛的演技，便将唐僧和孙悟空两个风格迥异的人物都演活了，让观众沉浸在剧情中，甚至担心悟空"露馅"。表演如果不到位，观众就会出戏，这个片段的艺术效果也就无从说起。

2. 摄影

摄影是影视作品制作的基础技术，观众所看到的所有画面都来自于摄影。摄影一词源于希腊语，其本义为"以光线绘图"，影视作品中的摄影师们，也正如同一位严谨的画家，在空间中寻找最佳的构图，将所要表现的画面用摄影机记录下来。

按照被拍摄主体在画面中所呈现出的范围大小，摄影分出了特写、近景、中景、全景、远景等诸多景别。景别越小，越能够强调画面中的信息，如电影《河东狮吼》中的一个特写镜头，将演员面部表情和神态的细节清晰收入画面中，决绝的眼神、微红的眼眶、流淌到嘴角的泪珠，构成了一幅极具冲击力的画面。景别越大，越能够展示整体环境，87版（1987年首播）电视剧《红楼梦》结束于贾宝玉远去的背影，此处使用的就是远景镜头，画面中贾宝玉在一片雪地中渐行渐远，寂寥的雪地正是此时凄凉剧情的写照，也契合了原著"落了片白茫茫大地真干净"的情境。

▲电视剧《红楼梦》中的远景镜头
王扶林执导，1987年

除了景别，摄影师们还会通过各种技术提高摄影效果，如通过推镜头、拉镜头、移镜头等方式使画面"移动"。又或者在一些动作场面中，常使用快镜头或慢镜头，调节动作的速率，达到快动作、慢动作的效果。可以说摄影师的摄影，本身就具有一定的艺术性。电影《被解救的姜戈》中有一个经典镜头，主角骑

▲《被解救的姜戈》中剪影般的画面
昆汀·塔伦蒂诺执导，2012年

马向远方走去，前方晚霞如血，近处的人影和建筑却只剩下一个剪影，二者对比强烈，一种苍

凉悲壮的气氛油然而生，孤胆英雄的史诗感扑面而来，深深震撼了银幕前的观众。

3. 剪辑

美国导演格里菲斯在拍摄录像后，并未将录像带按顺序播放，而是剪切成不同的段落（镜头）再重新编排，由此镜头成为电影时空结构的基本单元，今天我们看到的所有影视作品几乎都是由若干个镜头拼合而成的。将影片制作中所拍摄的大量素材，经过选取、分解与组接，最终完成一个连贯流畅、含义明确、主题鲜明并有艺术感染力的作品，这一过程便是剪辑。剪辑是影片艺术创作过程中所进行的最后一次再创作，法国电影《新浪潮》的导演戈达尔甚至表示："剪辑才是电影创作的正式开始。"

剪辑使影视作品结构更加合理、节奏更加鲜明，能够在有限的时间内将作品所要展示的情节一一表现，也能够通过画面的变化切换来获得更优的视觉效果。2002年，张艺谋执导的武侠电影《英雄》中，剑客"无名"与剑客

▲电影《英雄》水下镜头拍摄的画面
张艺谋执导，2002年

"残剑"有一场湖面打斗戏。在这场时长不过3分钟的戏中，影片采用了多个镜头来回切换，从远景到特写不一而足，甚至还专门在水下放置了摄像机，从水下向上隔着水面拍摄。这样的剪辑使整个打斗场面紧张万分却又唯美动人，剑客的风姿和我国特有的诗情画意被展现得淋漓尽致，视觉观感极佳。

当然，剪辑也并非越频繁、越复杂越好，有时候一个相对长的、一段持续时间内连续摄取的完整镜头更能够再现事件发展的真实过程和真实的现场气氛，获得最强的真实性。

2007年，乔·怀特执导的电影《赎罪》中便有一个影史留名的经典长镜头。情节的背景是著名的"敦刻尔克大撤退"，成千上万英军士兵拥挤在滩头，等待接他们撤退的船只。在电影中，镜头跟随主角罗比·特纳一路横穿整个海滩，在时长超5分钟的完整镜头下，海滩上成群的残兵败将、四散的杂物、燃烧的卡车、被射杀的马匹、搁浅的船只、无助的平民、破败不堪的旋转木马等事物一一映入眼帘。一幅战争

视频：电影《赎罪》中的长镜头

阴云下的残酷图景跟随镜头缓缓拉开，苍凉、惶恐、不安的空气弥漫在整个沙滩。连贯的镜头横跨整个沙滩，展示了军官、士兵和平民在战争威胁下的不同状态，具有强烈的真实感和沉重感。如果在此处采用多镜头切换的剪辑方式，恐怕这种气氛就会烟消云散，影片的艺术效果也

要因此大打折扣了。

8.1.3 影视与生活

影视作品目前已成为普及度极高的大众文化消费品，因为兼具艺术品和消费品两个属性，所以其与社会生活相关度极高。影视作品既承载观众们对于现实生活的思考和期待，又承载人们超越现实生活的浪漫想象。于前者，影视制作者们创作了《三十而已》《人在囧途》等作品；于后者，则是诸多的武侠片、历史片、科幻片、奇幻片等。"艺术源于生活，却又高于生活"，尼古拉·车尔尼雪夫斯基这句话放在影视艺术上再合适不过。

人们从文艺作品中汲取精神力量，影视作品也成为塑造社会价值观、引导民众积极向上的重要方式。2017年，由最高人民检察院影视中心、中央军委后勤保障部金盾影视中心出品的电视剧《人民的名义》播出，该剧以"反腐"这一社会痛点为题材，讲述了当代检察官维护公平正义和法制统一、查办贪腐案件的故事。剧情贴近现实、悬念迭起，对于冲突的表现深刻，配合演员精湛的演出，一时间火遍大江南北，引发了热烈反响。而这部剧，正是出品方响应党中央反腐主题，贯彻反腐精神的"活教材"。

同样地，影视作品还能作用于现实社会，推动社会的变革发展。我国2018年上映的《我不是药神》便是一部极具现实意义的作品，其中展示的药品商、违规仿制药代理商、贫困白血病患者之间的多方纠葛和背后难解的现实困境引起了无数观众的思考，在社会上形成了热烈的集中讨论。在全国政协十三届二次会议新闻发布会上，新闻发言人这样说："这部电影（《我不是药神》)去年（2018年）有一段时间引起了社会的热议，也引发了社会对抗癌药降价这个话题的讨论，也引起了中央领导和有关部门的重视。从去年5月1日起，我国实施了进口抗癌药的零关税，还就抗癌药医保准入问题与药企进行了专项谈判，把17种临床急需、疗效好的抗癌药纳入了医保范围，这些抗癌药的平均降价都达到了56.7%。同时，把一些临床急需的癌症防治用药纳入了国家基本药物目录，进一步满足群众的用药需求。"今天，慢性粒细胞性白血病患者已经不再需要将希望寄托于"药神"走私而来的仿制药，而有了平价的正规药可用。

8.2 影视艺术与审美

作为在众多艺术形式中最为年轻且被大众喜闻乐见的文化艺术，影视艺术呈现出与众多"传统"艺术一脉相承而又大相径庭的艺术效果。我们都有丰富的观影经验，但往往是抱着娱乐的心态，如果从审美的角度出发，影视作品或许会展现出别样的魅力。

8.2.1 一种综合性艺术

在影视艺术诞生时，文学、绘画、音乐、戏剧等艺术已经高度成熟，影视艺术则作为艺术中的"后辈"，天生就能够从其他艺术形式中汲取营养，从而能够兼具多种艺术特点，呈现出综合性的艺术美。电影是影视作品中最先出现，也是最被系统研究的艺术形式。1911年，意大利诗人和电影先驱者乔托·卡努杜发表了文章《第七艺术宣言》，第一次宣称电影是一种艺术，是一种综合建筑、音乐、绘画、雕塑、诗和舞蹈这6种艺术的"第七艺术"。

影视艺术从诞生之日起就以戏剧艺术为"老师"，无论是表演还是导演、编剧，影视艺术都与戏剧艺术一脉相承。大多数故事片的叙事模式本身就是戏剧化的，都是在相对有限的时间单位和相对独立的空间场景内部，围绕一个核心事件的矛盾冲突展开叙述。在题材上，早期电影几乎就是把戏剧搬上银幕，我国第一部电影——1905年上映的《定军山》，正是著名京剧老生表演艺术家谭鑫培在镜头前表演了自己最拿手的几个片段。

影视与文学同样关系匪浅，在人物塑造和叙事方式上都大量使用文学的方法，其最显著的表现就是电影台词。

音乐更是影视作品艺术效果的重要组成部分，烘托气氛、调动情绪都离不开音乐，甚至影视作品的传播也都离不开音乐。今天我们耳熟能详的歌曲，很多便是影视作品的主题曲、插曲，如《沧海一声笑》（电影《笑傲江湖》主题曲）、《向天再借五百年》（电视剧《康熙王朝》主题曲）、《My Heart Will Go On》（电影《泰坦尼克号》主题曲）等。2018年上映的喜剧电影《西虹市首富》，就选取了《膨胀》作为插曲，在展示主人公荒诞生活的片段中使用，欢脱的约德尔唱腔搭配滑稽的歌词，与荒诞的画面结合得恰到好处，获得了出色的喜剧效果，将电影的戏剧气氛烘托得十分到位。

绘画是一种静态的视觉艺术，但是影视创作者同样在造型、色彩、构图、空间处理等方面学习绘画的方法，从而获得更好的画面效果。黑泽明、王家卫等导演都是绘画出身，并将自己对绘画的理解贯彻到了自己的电影之中。张艺谋在电影《影》中，将自己的画面美学展现得淋漓尽致。

8.2.2 真实丰富的视听体验

自从有声电影发明后，影视作品就能够兼具视觉与听觉的双重体验。有关研究表明，对成年人而言，至少有80%的外界信息经视觉和听觉获得，因此能同时给予受众动态视觉和听觉刺激的影视艺术，成为受众审美体验最直接的艺术形式。

影视艺术直接继承于戏剧艺术，和戏剧艺术同属视听一体的综合性艺术，但是在视听体验上，影视艺术要远比戏剧艺术真实和丰富。戏剧艺术在视觉上，受限于舞台的大小和演出的时间，对于一些视觉上需要呈现的效果，只能做象征性的表达，"三五步走遍天下，七八人百万雄兵"固然精妙，却也不得不说是一种无奈的妥协。在听觉上，戏剧艺术大多只有乐器演奏声和演员的唱腔声，而影视艺术能够加入各种环境声、特效声等。可见，影视艺术的视听体验在某种程度上更胜一筹。

真实丰富的视听效果有助于影视作品营造"沉浸感"，使观众仿若"身临其境"。蜘蛛侠是一个经典的银幕形象，成为蜘蛛侠也是很多人小时候的梦想，电影《超凡蜘蛛侠》的一个预告片便能让观众在某种程度上实现这一梦想。该预告片中有一段以第一人称视角拍摄的镜头，屏幕前的观众在观看这一片段时，仿佛化身为蜘蛛侠本人，依靠发射蛛丝的能力在城市的高楼大厦间穿梭飘荡，让人直呼过瘾。

视频：电影《超凡蜘蛛侠》预告片片段

在现代影视作品中，声音在电影中具有与影像同等的地位，音乐、对白、环境音的相互配合，声音与画面的配合，共同造就了真实的视听效果。在战争题材的影片中，当画面中角色身边出现爆炸时，常常会伴随一个"耳鸣"的音效，这就使观众不再是"冷静的旁观者"，而是仿佛置身于影视作品中。电影《1917》同样是战争题材，但其并没有选择激烈的枪战声、爆炸声、撞击声等声音来表现战争的残酷和历史感，而是另辟蹊径，追求最大限度还原场景涉及的各种环境音，如枪声、炮火声、水声、飞机声、攀爬铁桥声等，并根据声音层次、远近、音量等信息专门做了处理，从而呈现给观众最真实的听觉体验。

对于悬疑、惊悚、恐怖题材的影视作品，音乐更是营造紧张气氛、引导观众情绪的重要手段。

要想获得最佳的视听体验，首推电影院，巨大的屏幕和专业的音响设备，能够使视听效果达到最佳。近年来，随着技术不断突破，能够在观众周围的精确位置点上营造逼真的声音效果的DTS临境音影厅，以及在前、左、右3面都布置屏幕的沉浸式多屏影厅等新型放映厅不断出现，更加拔高了观看影视作品的视听效果。

8.2.3 打动人心的丰富内涵

影视作品能够带给观众出众的视听体验，但更为重要的，还是借画面和声音所表达出的思想内涵。影视创作者，尤其是导演们，基于各自不同的初衷和选定的主题，创作出了异彩纷呈的影视作品。可以说每部影视作品之中，都融合了创作者的个性、个人喜好以及时代精神、社会风貌等，因此才能够打动观众，获得观众的认可。

《士兵突击》是众多军旅电视剧中比较特殊的一个，没有令人紧张的戏剧性情节，没有让人眼花缭乱的镜头，而是描写一个农村出身、"憨憨"的新兵许三多在部队这座熔炉中不断锻炼，在战友的帮助与鼓励下逐渐从一个每每掉队的"孬兵"成长为一个优秀侦察兵的故事。整部电视剧，都将视角聚焦于许三多的成长经历，其中折射出的个人奋斗、成长抉择、战友情谊等都让观众深有同感。导演康洪雷直言："我认为《士兵突击》的魅力在于它的精神内核可以帮助处在困难和彷徨中的人，尤其是青年人找到方向。"

人们通过影视作品关注现实生活，灾难剧情片《烈火英雄》根据鲍尔吉·原野的文学作品《最深的水是泪水》改编，故事以"大连7·16油爆火灾"为原型，讲述了沿海油罐区发生火灾，消防队伍舍生忘死，赶赴火场与烈火对抗，最终扑灭大火的情节。该片剧情全方位、大幅度地呈现了火灾现场实景，展示了火灾令人恐惧的巨大破坏力，同时歌颂了消防员们的英勇拼搏和伟大牺牲。观众观影之后，纷纷表示更加理解消防员的不易，尊重消防员群体，同时也更加关注消防安全。

家庭情感同样是影视艺术的重要题材，2021年，贺岁片《你好，李焕英》狂揽54亿元票房，好莱坞电影导演詹姆斯·卡梅隆评价到："每一个故事，无论是科幻还是现在，还是发生在20世纪80年代的，像《你好，李焕英》那样的故事，它都是关于人的，而人都会在情感上互相联系。"这部电影讲述了2001年，贾晓玲因母亲突遭严重意外而悲痛万分，意外地回到了1981年，并与年轻的母亲李焕英相遇，她决定支持母亲的梦想，努力让母亲开心起来的故事。这部电影熔铸了导演兼主演贾玲的部分亲身经历以及对母亲的真实情感，演绎出了真实深沉的母女之爱，触动了观众内心最柔软的部分，观后，人们不禁感叹主人公的悲欢与离合，更会沉思人性和人生的简单与复杂。

8.3　影视艺术多元类型鉴赏

自1895年电影诞生以来，影视艺术就一直保持了蓬勃的发展势头。常规上，影视作品可以分为电影和电视剧两类，其中又有动画和纪录片两种较为特殊的影视艺术形式。这些不同类型的影视作品在题材、拍摄方式、时长、观赏渠道等方面都各不相同，由此呈现出不同的艺术效果，构成蔚为大观、异彩纷呈的影视艺术世界，成为现代生活中不可或缺的一部分，我们读懂影视，便是读懂生活。

8.3.1　叙事影片：故事片

故事片是运用影像和声音进行叙事的电影作品，凡以塑造人物为主，具有故事情节（反映生活）并由演员扮演人物的电影都是故事片，我们所观看的绝大部分电影作品都属于故事片，其类型有剧情片、喜剧片、奇幻片、战争片等。这些电影或以剧情打动人，或以笑激发观众的爱憎，或以浪漫的想象引人入胜……在一部电影的时间里，观众能够忘我地沉浸在电影的世界，享受电影之美。

《那山那人那狗》改编自彭见明的小说《那山那人那狗》，影片讲述了一个发生于20世纪80年代的故事：在大山中送了一辈子信的乡村邮递员父亲即将退休，来接班的儿子刚刚来上任，和父亲一起跋山涉水，用了三天两夜，走了一趟父亲已走了20多年的邮路。在短暂的相处中，因为聚少离多已经颇为生疏的父子两人逐渐消除

▲电影《那山那人那狗》剧照
霍建起执导，1999年

了隔阂，儿子最终理解了父亲，也准备好自己面对普通乡村邮递员的风雨人生。虽然情节简单、节奏缓慢，但影片表现出的父子间的温情，以及清新的自然风光、质朴和谐的山村生活，还是打动了无数人。

提起中国喜剧电影，周星驰一定是一个不可忽略的人物。由《大话西游之月光宝盒》和《大话西游之大圣娶亲》两部电影组成的《大话西游》系列电影被认为是"周氏喜剧"的扛鼎之作。

《大话西游》系列电影取材于四大名著中的《西游记》，但在情节上对传统经典进行了颠覆性解构。孙悟空演变为与诸多妖精感情暧昧的情圣至尊宝，唐僧则成为一个啰唆至极、让人崩溃的"人生导师"，再加上与至尊宝有着爱恨纠葛的紫霞仙子、白晶晶……在能够穿梭时间的"月光宝盒"的作用下，两段时空、双重身份的故事纠缠错结，诸多错配、误会、巧合的喜剧桥段，加之鲜明的"无厘头"式表演和台词，密集的搞笑"包袱"，让人不禁捧腹大笑。但喜剧的表面并不能掩盖《大话西游》悲凉的底色，在闹哄哄的喜剧表演之下，是主角至尊宝无解的人生困局，至尊宝最终既不能拥抱紫霞，也不能选择白晶晶，只能斩断情丝，担负起孙悟空的使命，

▲电影《大话西游》重映海报
刘镇伟执导，1995年

护送唐僧西天取经。伴着片尾曲《一生所爱》，看着孙悟空扛着金箍棒向沙漠深处走远，将自己作为至尊宝的人生抛诸脑后，让人感到彻骨的悲凉、深深的绝望。表面上，《大话西游》颠倒一切能够颠倒的东西，调侃一切能够调侃的东西，实际上，被颠倒扭曲的，正是主角们的人生。《大话西游》讨论了爱恨，但超越了爱恨；讨论了生死，但超越了生死。

幻想片具有超越人们现实想象的浪漫，从而给观众新奇的体验。电影《盗梦空间》便为观众们献上了一场结构极其复杂，但却引人入胜的科幻梦境之旅。

影片的主角多姆·柯布是能够潜入人们梦境中的"盗梦师"。他带领一帮"盗梦贼"从事企业间谍活动，窃取目标潜意识中的秘密。天马行空的梦境、多层梦境、用以区分梦境和现实的"图腾"、永远迷失在梦境中的风险……影片展现了诸多对于潜意识的瑰丽猜想，塑造了一个炫酷的精神世界，营造出了不可思议的视觉效果。

同时，电影还更深层次地探讨了"梦"这一主旨，梦能够帮助人们实现幸福，也能让人沉溺其中，抛却现实、毁灭自我，从而引发对人生、对社会的进一步思考。正如《青年报》对其的评论："其实最伟大的造梦师应该是影片以导演诺兰为首的制作团队，能将自己的想法变成一部电影，观众在观影时又何尝不是进入了他的梦境。"

战争，是人类社会不可回避的问题，也是电影的重要题材之一，纵观中外电影史，恐怕再难找出能够在真实性上比肩《大决战》系列的影片。《大决战》系列电影再现解放战争时期三大

战役，包括《大决战之辽沈战役》《大决战之淮海战役》《大决战之平津战役》3部影片。该系列电影由中央军委直接牵头，共计25个国家级部门、6个军区、3大军种、13万解放军、15万群众演员参与，累计动员330万人次，亲历过解放战争的张震、苏静、杨国宇等开国将军担任影片顾问……这样的拍法，在影史上不仅前无古人，恐怕更是后无来者，也正因如此，才造就了一部伟大的战争史诗。

《大决战》系列电影为观众呈现了最真实、最规范、最专业的战争场景，在《大决战之淮海战役》中，有一段3分钟的航拍镜头，展示了黄维兵团的行军画面。该部分由解放军某部完成。画面中有坦克三角进攻阵型、摩托化部队四路行军、步兵纵队五路行军和机械化部队行军标准阵型，各兵种的快慢队列错落有致，互不干扰，并然有序。其中的队列、浮桥设置、行军补给站设置等均按照真实大部队行军设计，具有极强的真实性，从而造就了雄壮的气势，给人以极强的压迫感。这样的演出，非真正军人无法为之。窥一斑而知全貌，《大决战》系列电影正是秉承严谨、求实的精神，在影片中较好地再现了三大战役的全貌，展示了领导人的正确决策、指战员的精妙指挥、解放军高昂的士气和英勇的战斗。《大决战》是战争电影中难以复制的经典之作！

8.3.2 大众视听：电视剧

1931年，人们在伦敦通过电视欣赏了英国著名的地方赛马会实况转播。这是拍摄作品首次被搬上电视荧幕，至此，电视成为影视艺术的重要播放渠道。随着电视成为普及的家用电器，影视艺术也随即深入千家万户。

几乎每隔几年，我国都会出现一部"现象级"的电视剧作品，无论是20世纪80年代的《排球女将》《上海滩》，还是20世纪90年代的《新白娘子传奇》《还珠格格》，步入新世纪的《金粉世家》《亮剑》等，都已经成为一代人的记忆。

《武林外传》是我国古装情景喜剧的经典之作，该剧的场景仅仅是一家二层的客栈，却演绎出了整个江湖。七侠镇的同福客栈里，女掌柜是龙门镖局总镖头的千金，跑堂的是赫赫有名的"盗圣"，杂役是大侠之女，账房是关中大侠……一群年轻人因为不同的理由，在同福客栈产生交集，随即演绎出一幕幕搞笑场面。

《武林外传》采用了章回体的结构，每一集都是一个小故事，同时主线剧情也在一个个小故事中稳步推进。在这样的安排下，整部剧虽然有80集，但是观感并不冗长，也没有零散之感。整部剧不仅展现了角色的成长和相互关系的变化，还在一个个分集剧情中阐述了诸多生活的道理。例如，第4集通过剧情展示了赌博的危害，进而引出戒赌拒赌这一主题。中国传媒大学教授李胜利这样评价《武林外传》：

> 《武林外传》真正想说的不是武林，想论的也不是江湖，它是以古装喜剧的形式，披着"武侠剧"与"情景喜剧"的外衣，在一个天马行空的世界里，增强了与生活的反差，避开了现实的羁绊，在"主旋律"的意识形态支配下，无所顾忌地讽喻现实，上演着现

代人的琐碎生活和喜怒哀乐，形成了强大的喜剧张力。

将文学作品改编为影视剧是影视作品创作的常用方法，1979年，导演王扶林提议将古典名著《红楼梦》以电视剧的形式搬上荧幕，造就了"中国电视史上的绝妙篇章"——87版《红楼梦》。

周汝昌、王蒙、周岭、曹禺、沈从文等多位红学家参与了电视剧《红楼梦》的制作，光是剧本创作就用了两年多时间。同时，剧组采取海选形式在全国各地选拔演员，并且在1984年举办了两期《红楼梦》剧组演员学习班，主要内容为研究原著、分析角色、学习琴棋书画。《红楼梦》的音乐则是由著名词曲作家王立平创作而成。可以说，在剧本、演员、音乐、场景、服装等各方面，剧组都花费了巨大的心血，做到了极致，如此，才能将《红楼梦》中鲜明的人物、细腻的情感、丰富的文化内涵、精彩繁复的剧情一一呈现，造就一部历久弥新的经典之作。

8.3.3 画与动：动画

动画是影视作品中较为特殊的一类，它并不由真人出演，也无须拍摄，而是绘制好画面，再通过影视渠道放映。相较于电影和电视剧而言，动画更为接近绘画艺术。当代人的童年，都是在观看一部部动画片中度过的，虽然动画片因其鲜艳动感的画面、活泼鲜明的角色获得了众多儿童的喜爱，但动画片并非仅面向儿童，而是老少皆宜，具有非常丰富的文化内涵。

上海美术电影制片厂出品的《大闹天宫》是很多人的童年记忆，也是我国动画史上的里程碑之作。这部作品改编自名著《西游记》中美猴王大闹天宫的情节，展示了孙悟空自石猴出世到最终大闹天宫的过程。整部影片色彩浓重，造型奇异，场面雄伟壮丽，动作流畅自然，各个人物惟妙惟肖，艺术色彩独特，表现出了类似水墨画的意境。

孙悟空这一形象来自于中央美术学院张光宇教授，其神采十足，勇猛矫健，脸部造型则加入了我国戏曲的脸谱元素，整体造型既具有京剧艺术的美感，又不失灵动潇洒，将人们心目中的美猴王形象完美地呈现了出来。今天，敢作敢当、机智乐观、大胆反抗天威神权的孙悟空早已成为中华文化和民族精神中不可或缺的一部分，《大闹天宫》也影响了几代人，成为我国动画史上的丰碑。

平面动画是动画的基础，近年来随着三维动画技术的不断成熟，三维动画也成了一种主流的动画形式。2019年，三维动画电影《哪吒之魔童降世》票房破50亿元大关，成为国内动画电影票房冠军，说明了观众对三维动画的认可和喜爱。

《哪吒之魔童降世》改编自民间传统神话故事，讲述了哪吒"生而为魔"却逆天改命，从一个"混世魔王"成长为英雄的经历。该片一反神话人物的传统形象，哪吒被塑造为黑眼圈的"丧萌"形象；东海三太子敖丙则肩负着振兴龙族的重任；太乙真人一口"川普"，性格幽默又贪杯误事；申公豹则是一个结巴且压抑的角色。这样的改变为整个影片赋予一种令观众耳目一新的诙谐愉快感，同时也使影片的主题变成了"对抗命运"。

精良的画面、流畅的叙事、流行元素的加入、热血的剧情，使整部影片完成度极高，可观性极强。加上父子情、师徒情、朋友情，以及个人奋斗逆转命运的进取价值观，观众沉浸其中并产生共鸣也就不足为奇了。

8.3.4 与真实对话：纪录片

纪录片是以真实生活为创作素材，以真实存在的事物作为表现对象的影视作品。和其他影视作品不同的是，纪录片"虚构"的部分很少，没有演员，自然也就谈不上表演，因此，纪录片的一切艺术效果都依赖于拍摄和剪辑。

中华美食博大精深，自然是纪录片的大好题材，依靠客观忠实的镜头语言，2012年，中央电视台播出的美食纪录片《舌尖上的中国》，引发了网友热议，由于节目的播出时间是晚上9点，引得观众们纷纷吃起了夜宵。

为什么这部纪录片能够"勾起"观众们的"馋虫"呢？原因在于其精妙的选材、出色的视听效果以及出色的配音。《舌尖上的中国》第一季第六集名为"五味的调和"，记录了川、鲁、粤、淮扬四大基础菜系和新疆、云南等地各种有代表性的地域美食，不仅将食物拍得颇为动人，还将煮汤的"咕嘟"声、滚油泼下的"刺啦"声甚至食材清脆的断裂声等都收录进作品中，再加上李立宏先生浑厚深沉的解说词，怎能不令人食指大动！

▲纪录片《舌尖上的中国Ⅱ》中的红烧牛肉面
陈晓卿执导，2014年

更为难能可贵的是，《舌尖上的中国》不仅介绍了美食，还深入挖掘了美食背后的故事，通过美食所展示出来的，是普通中国人的生活，是源远流长的美食文化以及我国人民生活的智慧和哲学。导演陈晓卿评价道："这个片子是带着对食物的敬意来做的，观众能从中国人对美食的热爱中，品读到中国人对生活的热爱。"

故宫是中华文明的代表之一，历来便是纪录片的重要题材。其中，有从故宫的建筑艺术、使用功能、馆藏文物和历史沿革等方面，全面展示故宫文明的《故宫》；有以600年风云历史为视角的《紫禁城》；有长达百集，包含100个短故事的《故宫100》；还有从细节切入，视角独特而巧妙的《我在故宫修文物》。

故宫博物院收藏着无数珍贵古代文物，《我在故宫修文物》从一个对大众而言颇为神秘的群体——文物匠人入手，讲述了诸多国宝的修复过程和修复者的生活故事。该片以残破文物勾连起了古与今两个时空，将我国古代文化、传统艺术的精髓——展现在观众眼前，通过贴近生活式的拍摄手法，将文物修复中的工匠精神娓娓道来。

"《我在故宫修文物》是一部有温度的纪录片。该片没有板起面孔说话，没有像说明书一样介绍与修复相关的专业知识，而是用年轻的视角走进古老的故宫，第一次系统梳理了中国文物修复的历史源流，揭秘世界顶级文物'复活'技术。"人民网的这番评价可谓一语中的。

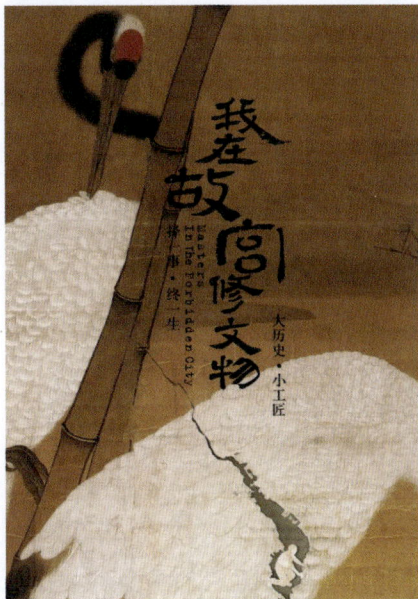

▲纪录片《我在故宫修文物》海报
叶君、萧寒导演，2016年首播

思考与练习

练习一：思考与讨论

1. "蒙太奇"是重要的影视剪辑理论之一，虽然在其含义问题上百家争鸣，但蒙太奇论者的共识是"镜头的组合是电影艺术感染力之源，两个镜头的并列形成新特质，产生新含义"。即将不同镜头拼接在一起，以产生各个镜头单独存在时所不具有的特定含义。目前，蒙太奇理论已经被广泛应用于各种影视作品制作中。请思考并与同学一起讨论：在影视作品中有哪些"蒙太奇式"镜头？它们取得了怎样的艺术效果？

2. "中国第二代导演"代表人物张骏祥曾经说过："电影是通过具体的形象，特别是人物形象，直接诉诸观众的视觉和听觉的艺术。"请思考并与同学一起讨论：张骏祥的这句话有哪些内涵？电影为什么是"直接诉诸观众的视觉和听觉的艺术"？

练习二：认识与赏析

1. 《霸王别姬》是由陈凯歌执导，李碧华、芦苇编剧，张国荣、巩俐、张丰毅领衔主演的文艺片，上映于1993年。该片围绕两位京剧伶人半个世纪的悲欢离合，展现了对传统文化、人的生存状态及人性的思考与领悟。请观看电影《霸王别姬》，对其进行赏析，谈一谈你所感受到的影视之美。

2. 电视剧《大明王朝1566》讲述了明嘉靖四十五年（1566年）的政局，揭示了当时的社会问题与矛盾。光明网评价道："《大明王朝1566》用当代先进的科学历史观，并运用了当代艺术审美手段，对历史做了深刻厚重而生动的解读。该剧从一度创作到二度创作，并不仅仅满足于表现那些扣人心弦、催人泪下的故事，而是在这些故事里面展示了命运的逻辑。将我国历史题材的电视剧提升到了一个新的高度。"请观看电影《大明王朝1566》，对其进行赏析，谈一谈你所感受到的影视之美。

审美实践——观影与影评写作

要欣赏影视艺术的美，最直接的方式就是去观看影视作品，并在理解后对其加以评论。事实上，观看完影视作品后，在相关网站上分享自己的观点和看法，这已经成为当代年轻人的一种流行的生活方式。下面请同学们观看一部影视作品，并为其撰写一篇影评。

一、活动名称

观影与影评写作。

二、活动主旨与意义

同学们通过观看自己感兴趣的影视作品，并对其进行分析，得出对其的全面评价，从而感受影视艺术之美，进而提高自身的艺术鉴赏力和审美能力。

三、活动内容

同学们至多利用一周的课余时间完成观影与影评写作，活动内容如下。

1. 选择自己感兴趣的一部或多部影视作品观看，作品的题材不限、体裁不限。也可由教师指定一部影视作品供全班同学评论。

2. 以自己观看的影视作品为对象，写作一篇影视评论，评论的内容应包括对剧情、表演、画面、声音、思想内涵等的评价，并对其进行整体性评价。同学们也可以选择多部作品进行比较。注意：影视评论不得抄袭。

3. 同学们轮流在课堂上展示自己的影视评论，向其他同学分享自己观看的作品，并学习他人的观点、分析方法等。

审美实践报告

实践目的	
实践内容	

实践成果	
心得体会	

审美实践——短视频拍摄

短视频一般是指时长在5分钟以内的视频，拍摄简单，对于器材等要求较低，是大学生群体尝试影视作品制作的理想载体。请同学们组成小组，利用手机拍摄一段短视频。

一、活动名称

短视频拍摄。

二、活动主旨与意义

同学们将身边的人、物、事拍摄成影视作品，亲身体验影视作品的创作过程，在这一过程中锻炼影像拍摄能力，并体会影视艺术之美。

三、活动内容

同学们至多利用一周的课余时间完成此次活动，活动内容如下。

1. 分组，6~8人为一组。

2. 小组共同讨论，决定要拍摄的内容。若要拍摄故事片，需拟定剧本、分配角色、进行表演。若要拍摄纪录片，则要确定要拍摄的对象、拍摄方法等。

3. 完成小组成员分工，进行拍摄前期的相关准备工作。

4. 进行拍摄。拍摄过程中需要注意安全，并尽量避免妨碍他人。在这一过程中可以大胆尝试多景别，使用推镜头、拉镜头、移镜头等手法，多机位拍摄等拍摄技术。

5. 使用手机对拍摄内容进行简单剪辑，优化视频效果。

6. 在班级展示短视频，并讲述拍摄经历，以及阐释短视频的主旨。

实践目的	
实践内容	
实践成果	
心得体会	

第 9 章

凡俗的闪光——生活之美

"烟火气"一词常被解释为"尘世庸俗之气"，生活也确是如此，平凡而寡淡。但人们也从平常生活中寻出美来，在凡俗的烟火气中，我们能领略到和艺术美完全不同的另一种美。

生活之美，体现在日常的种种细节之中，身上穿的衣物、吃的食物、使用的各式工具、陈设的各种摆件……在一个个不经意的角落，它们熠熠生辉，点亮了我们凡俗的生活。

★ 知识目标

1. 了解生活之美的表现形式。
2. 了解生活之美的精神属性。

⊘ 能力目标

能够在日常的服饰、食物、用具等方面发掘出生活的美，通过服装搭配、烹饪等方式创造属于自己的生活之美。

▤ 素养目标

通过对生活之美的学习和探索，提高自己的审美素养，做自己的"生活美学家"。

过年

如果要问什么最能体现中国人的生活，那么一定是过年。百节年为首，作为中华民族最隆重的传统佳节，春节一直是最热闹、最高兴的日子。

早在农历腊月二十三（或二十四），过年就已经提上日程，人们扫尘、祭灶，先过一个"小年"。之后的每天都有活动：二十五，做豆腐；二十六，割年肉；二十七，洗疚疾（集中地洗澡、洗衣）；二十八，把面发；二十九，蒸馒头。到了大年三十，要贴年红（春联、门神、年画、福字、横批、窗花等）、祭祖、守岁等。除夕夜的年夜饭是中国家庭一年里最重要的一顿饭，在北方，饺子是年夜饭的绝对主角；在南方，鱼和丸子必不可少。可以说，过年的每一天，人们都沉浸在欢乐里。

到了正月初一，全家人都早早起来，穿上最漂亮的衣服，打扮得整整齐齐，出门去走亲访友，恭祝新年大吉大利。欢腾的节日气氛一直延续到正月十五元宵节，人们要看花灯、吃元宵（汤圆）、猜灯谜。至此，整个"年"才算过完了。

过年，是中国人独特的习俗，服装、食物、娱乐、社交、祭祀……人们生活的一切，都在过年时得到了最集中的表现。阖家团圆、喜气洋洋、欢聚一团，中华传统生活之美，也在"过年"上得到了最集中的表达。

讨论

过年相比于其他日子有哪些不同？为什么大家都喜欢过年，期盼着过年？过年为什么能让人快乐？

引申

春节是我国民间最隆重盛大的传统节日，承载丰富多彩的节日文化底蕴。过年这一习俗所蕴含的美，不仅体现在服装、食物、娱乐、社交、祭祀等具体的活动上，更体现在亲情的交流、家庭的和谐、人民的喜乐和民族文化的彰显上！

9.1 服饰之美

《嫘祖圣地》碑文称："嫘祖首创种桑养蚕之法，抽丝编绢之术……法制衣裳……是以尊为先蚕。"传说黄帝的元妃嫘祖发明了养蚕，编织丝绸为人们制作衣裳。数千年来，服饰在人们的生活中占据重要的地位，穿着服饰，既是出于保暖御寒的需要，又可以达到修饰自身，"美化"人体的目的。

9.1.1 面料质感与穿着体验

所有服装都以面料制作而成，如棉、麻、丝、化纤、皮毛等，面料直接决定了服装的质感和穿着体验。从总体上来讲，优质、高档的面料，大都具有穿着舒适、吸汗透气、悬垂挺括、触觉柔软等特点。

我国被古代希腊和罗马人称为"丝国"，在西方也受到强烈的追捧，连接东西方的重要商路也被称为"丝绸之路"。蚕丝质轻而细长，织物光泽好，穿着舒适，手感滑爽丰满，经由高超的工艺制作成服装后，便拥有了绝佳的质感和触感。

1972年，湖南长沙马王堆一号汉墓出土了一件西汉直裾素纱禅衣。整件衣服除衣领和袖口边缘用织锦做装饰外，皆以素纱为面料，由精缫的蚕丝织造。经专家测定，整件素纱禅衣通长156厘米，共用料约2.6平方米，而质量仅49克。这样的纱衣，披在身上，只怕当得起"轻若无物"4字，恰有微风乍起，便衣袂飘飘，恍然若神仙中人。

20世纪，美国化学家卡罗瑟斯和他的科研小组发明了世界上第一种合成纤维——尼龙（聚酰胺纤维）。尼龙具有摩擦系数低（触感轻柔）、耐磨性高、

▲西汉直裾素纱禅衣
西汉，通长156厘米，湖南省博物馆

强度高、弹性回复率高（贴合身形）等优点，它的出现使纺织品的面貌焕然一新。1939年10月24日，尼龙长丝袜被公开销售时引起轰动，被视为珍奇之物，人们争相抢购，称赞其"像蛛丝一样细，像钢丝一样强，像绢丝一样美"。从此，合成纤维成了重要的服装面料，之后，涤纶、锦纶、腈纶、氯纶、维纶、氨纶等材料极大地促进了服装行业的发展。

今天，高度发达的纺织工业让人们可以自由选择服装的面料，透气舒适的纯棉、兼具保暖和轻便的羽绒、轻薄透明的雪纺、手感柔软蓬松的腈纶及数不胜数的其他新兴材料，多样的面料为人们提供了丰富的选择，人们在不同季节都能够得到较好的穿着体验。

9.1.2 色彩与图案

色彩是服饰之美所不能忽视的要素，颜色是最醒目的视觉属性，在观察一个人的打扮时，人们最先注意到的，往往就是服装的颜色。除了颜色外，服装上还可能装饰着各式图案，颜色和图案的相互配合，构成了丰富多样的视觉效果。

1. 服装的色彩和搭配

诗人泰戈尔说过："美丽的东西都是有色彩的。"用色彩来装饰自身可能是人类最原始的本能，在古今中外的服装设计中，色彩都具有重要的地位。我国古代将颜色与五行匹配，《史记·秦始皇本纪》中记载："方今水德之始，改年始，朝贺皆自十月朔。衣服旄旌节旗皆上黑。"秦始皇认为秦朝为"水德"，便将与水对应的黑色作为"衣服旄旌节旗"的颜色。之后，汉代崇尚赤红色；到了隋唐，明黄色成为皇室的御用颜色，也成为最尊贵的色彩。

颜色没有绝对的美丑之分，不同的色彩给人以不同的观感。阿恩海姆指出："色彩能够表现感情，这是一个无可辩驳的事实。"例如，红色、橙色被认为是令人激动的、活跃的色彩，因为它们使人们联想到太阳、火焰、热血；绿色则是令人安静祥和的色彩，能唤起人们对大自然凉爽、清新的印象；蓝色能使人想到大海和天空，有深沉、宽广的感觉。下图中的服装搭配，其颜色虽然简单，但大面积的浅色给人以温和、舒适、简约的感觉，体现出一种温柔、优雅的女性美。

当一件（套）服装拥有两种及以上颜色时，色彩的搭配就显得尤为重要。不是所有的色彩组合在一起都能给人以美的享受，不协调统一的色彩组合只能对人的视觉形成刺激，我国民间对"红配绿"这一搭配的广泛揶揄，正反映出糟糕的色彩搭配所造成的灾难性视觉效果。下图中的服装，绝大部分面积是亚光黑色，显得非常的暗沉，而纽扣及腰带上的饰品，则使用了明亮的金色和银色，大面积的暗色烘托出了金属亮色的精致，而明亮的金属亮色也衬托出黑色端庄雅致的气质。

▲浅色系服装
现代女装、挎包及女鞋

▲颜色的明暗搭配
现代女装，长风衣

2. 服装的图案

将图案或印或染或绣在服装上，是增强服装视觉效果的有效方式。图案可简单可复杂，简单的有条纹、格子、圆点等，如"苏格兰格子"图案。复杂的如我国古代的龙袍。龙袍是我国古代封建君主的专属服饰，以故宫博物院收藏的黄纱绣彩云金龙单龙袍为例，上面绣有彩云金龙、暗八仙、六章（日、月、宗彝、华虫、黼、黻）、寿山福海以及杂宝花卉等各种纹样图案，几乎将整件龙袍都填得满满当当，华丽、繁复而庄严，显示出皇室的富贵与威严。

▲黄纱绣彩云金龙单龙袍
清乾隆，两袖通长192厘米，故宫博物院

在服装上绣各种图案可谓是中华民族的传统，明清以来，以寓意、谐音的方式体现吉祥的图案十分流行，"富贵"的牡丹，"长寿"的蟠桃、仙鹤，"多子"的石榴，"有福"的蝙蝠，"喜庆"的喜鹊，"富足有余"的鱼等。同时，一些文化意象，如岁寒三友（松竹梅）、荷花、画中四君子（梅兰竹菊）等，多象征高洁的品质和高雅的品味。今天，服装设计师们从中华古典文化中汲取养分，将这些经典的图案运用到现代服装中，形成了鲜明的风格，打造出了别具一格的美感。

竹是中国传统文化中的典型意象，代表有节、质朴、虚心、正直，有君子之风，也是历代画家作画的常用题材。右图是现代设计师设计的一件服装，设计师从国画作品中得到灵感，将大面积的水墨画风格"竹"图案印在了服装上。这些或深或浅、疏密有间的斑驳竹影为服装带来了多层次的视觉效果，使整件服装具备了一种婉约、优雅的东方韵味，风姿绰约，将古典文化元素与现代时尚服饰很好地结合了起来，别具一种风流。

▲竹元素现代服装
现代女装，长袖上衣及长裤

9.1.3 款式设计

"V"字形的领口能够在视觉上拉长脖颈，较高的腰身能够使人显得更为高挑，曳地长裙能够有效遮盖身材的瑕疵……服装作为以人体为基础的立体物，会随着人体运动和姿态变化展示出不同的立体造型，造型好看与否，正是由款式决定的。

右图是国家博物馆研究复原的隋唐五代时期贵族女子装扮，在服装上，女子内穿一件色彩华丽的丝绸齐胸衫裙，束腰较高，在视觉上拉长了下半身的比例。同时，又在外面罩上一件透明的丝织披衫，使襦裙的色彩图案若隐若现，平添几分风姿。最后加以一条艳丽的长帔，雍容华贵，行走之间，裙摆、披衫、长帔一同在身后飘动，真有巫山神女之态了。

人体大体对称，因此服装的基本款式也多是对称设计，具有较强的规律性、秩序性，也显得比较稳重、端庄。不对称设计则能给人以新奇感、趣味性，达到令人激动和引人注目的效果，更加前卫和时尚。为了均衡两者，一些设计师会选择"大处对称、小处非对称"的方式，以求兼具二者之长。右侧图片中的服装，整体对称，但其门襟在胸口略微向左，在腰部以蝴蝶结与左侧相连。倾斜的线条与蝴蝶结"破坏"了对称，但这种破坏恰到好处，将服装变呆板为灵活，又没破坏服装整体的均衡，整个装束是一个协调的整体。

在服装的款式设计中，设计师还会利用重复出现的线条、色彩、装饰等变化，塑造节奏与韵律。线的长短、粗细、虚实、疏密、起伏、曲直、纵横、衔接与间断可构成线的节奏；形的大小、方圆、虚实、内外、连环等构成形的节奏；色彩的明度对比、纯度对比、冷暖对比、黑白层次等变化构成色彩的节奏……各种节奏结合，形成了如音乐般流动的韵律。

下面左图中的服装，从上到下，渐浅的蓝色、渐繁复的白纱装饰，到末尾处，裙摆纯粹由白纱材质的"浪花"构成，这条长裙带有海浪气息，设计师从大海的波涛中得到灵感，通过颜色和装饰物的次第变化，将海浪的韵律移植到了这条长裙之上。穿着它行走，步履间如同被海浪所捧起，又似拖曳着白浪前行。

打破韵律，使其产生对比和冲突，并重建新的秩序，同样是服装款式形成美感的重要手

唐代女装主要由裙、衫、帔组成。

唐末五代贵族女性装扮

▲隋唐五代贵族女性装扮
央视新闻及中国国家博物馆发布

▲对称与非对称
现代女装，居家服饰

段。如下面右图中的服装，设计师用两种相差很大的颜色进行"撞色"，不加过渡的对立，犹如旋律中奇峰突起的强音，能够营造出强烈的对比，营造出一种激烈、直观的视觉效果。

▲ 韵律
现代婚纱

▲ "撞色"设计
现代长袖上衣

9.1.4 ▶ 适体的个性化展示

衣服再美，也是要穿在人身上的，人们如果选择了不恰当的服饰，无论服饰如何精心设计、面料如何优质、款式如何时尚，都无法显示出"美"，更会破坏人本身的"美"。因此，服饰应该被视为适体的个性化展示。

适体可从两个层面理解。其一，衣服必须要合身，如果衣服不合身，穿着行动不便，自然称不上适体，个性化表达更是无稽之谈。其二，衣服应该适合人的身体，以掩盖缺点，突出优点，如同样颜色和款式的衣服，身形削瘦者适合穿横条纹的衣服，而身材肥胖者则适合穿竖条纹的衣服，这是因为条纹能够延展视觉，横条纹是横向拉伸，竖条纹则是竖向拉伸。要达到完全的"适体"，人们需要根据自己的身高、身材、五官、比例等各种因素，选择合适的衣服。

在适体之上，人们还将服装视为自我展示的舞台，通过个性化的搭配，展示自己的审美、时尚、品位。如今，在城市街头，我们既可以看到西装革履的商务装扮、衬衫搭配牛仔裤的休闲装扮，又能够看到穿着各式时装，如洋装、汉服、旗袍等，在街头漫步穿行的人。在服装产业高度发达、个性自由表达的今天，街上五光十色的服装正是现代文明一道独特的风景线，也成为现代生活之美一个鲜明的注脚。

9.2 饮食之美

兽、鸟、鱼、贝、菌、豆，烤、煎、炒、炸、炖、煮、烧、煲，油、酱、醋、盐……对于饮食，中华文明向来是无比重视的。居住在中华大地上的人们，乐于从自然界中获取各样食材，并且采用多样的烹调手段，创造出各式各样的美味。"烂樱珠之煎蜜，蒲杏酪之蒸羔。蛤半熟而含酒，蟹微生而带糟。盖聚物之天美，以养吾之老饕。"（苏轼《老饕赋》）丰饶的物产，精心的烹饪，让美食成为人们心中无法割舍的期盼。

9.2.1 色、香、味

"色、香、味俱全"可谓是我国人民对于食物最佳的夸赞。色、香、味俱全的食物，不仅是营养与保健并存的美味佳肴，更是兼具视觉美、嗅觉美、味觉美的高超艺术品，使人赏心悦目、垂涎欲滴。

1. 色

"色"是指食物的色泽要鲜艳，中餐厨师善于利用食物的天然色彩加以搭配，使菜品呈现出色的视觉效果，让人食欲大振。

人们常吃的西红柿炒鸡蛋，以西红柿、鸡蛋为主料，炒好后再撒上一撮葱花，红白相间中点缀星星绿色，色泽鲜艳诱人，让人忍不住想大快朵颐。兰州牛肉面是甘肃省兰州市的特色美食，正宗的兰州牛肉面讲究"一清二白三绿四红五黄"，即汤清、萝卜白、香菜蒜苗绿、油辣子红、面条黄亮，如此才能"面条清齐、油光闪闪"（余秋雨《五城记》），让人看着就食欲大增。

▲西红柿炒鸡蛋
主料：西红柿、鸡蛋

▲兰州牛肉面
主料：手工拉面、牛肉

2. 香

"香"是肴馔散发出来的刺激食欲的气味。香味可谓是美食无言的招牌，老道的食客在动口吃菜之前，总是先观色，再闻香，将闻香视为品味菜品的重要一步。

最能够直接激发食物的香味的烹调手段，非烧烤莫属。新疆美食红柳烤肉选用产于塔里木盆地边缘绿洲里的红柳树枝做签，串起肥瘦相间的新鲜羊肉，放置在炭炉上烤制。高温加热，使红柳树枝渗出一股清香的味道，而这种香气和羊肉油脂的味道经过慢慢融合，随着木炭的燃烧向空中挥发，隔着老远，人们就能够闻到烤羊肉的味道，不由自主地被吸引过去。

▲红柳烤肉
主料：羊肉

除了普通的香味，"臭"也是我国美食不可缺少的一环。臭豆腐、毛豆腐、螺蛳粉、臭鳜鱼……这些以臭闻名的美食有"闻起来臭，吃起来香"的特点，别具一番风味，臭反而成为其最鲜明的招牌。

3. 味

味道是人们对于美食最直接的追求，只有能令人唇齿留香、回味无穷的菜品，才能真正算得上一道好菜。在我国古代，人们将味道分为酸、甜、苦、辣、咸，要求菜品做到"五味调和"，形成丰富的复合味。

▲麻婆豆腐
主料：豆腐

豆腐本以味道寡淡著称，川菜中的麻婆豆腐则不同，以豆腐为主料，蒜苗、牛肉末为辅料，加以豆瓣、辣椒面、花椒面、酱油、生抽、老抽、糖、淀粉等调味，最终制作出集麻、辣、鲜、香、烫、嫩、酥于一体的美食。舀一勺子入口，层层叠叠的味道蜂拥而至，加之豆腐爽滑细嫩的口感，让人欲罢不能！

9.2.2 手艺

美食离不开厨师的手艺，在厨师们高超的手艺下，原材料变成了一道道色香味俱全的佳肴。对我国厨师而言，刀工、火候、调味等都是必须掌握的手艺。

淮扬菜中的文思豆腐，是对厨师刀工的考验，需要将豆腐切成如头发丝一样的细丝却不碎，切好后放入水中，豆腐丝如同菊花绽放，煞是好看。经过估算，人们发现文思豆腐需要将一块豆腐切成15000多根丝，丝丝都能穿过绣花针的针眼。

▲文思豆腐
主料：豆腐

只有如此细密的豆腐丝，才能够赋予文思豆腐软嫩清醇、入口即化的口感。事实上，哪怕并不入口，单看这精细的刀工，这道菜就是一件精美的艺术品。这样妙到毫巅的技艺，如何不令人叹服。

火候是烹调技术的关键环节，火候不够，菜肴不能入味，甚至半生不熟；过火，菜肴就不能鲜嫩爽滑，甚至会糊焦。

火候永远是中式厨房的一个重要秘密，开始和结束的时机、每个阶段的火力、不同食材与油和水的配合，都是极其微妙的学问。

——《舌尖上的中国》解说词

▲油爆双脆
主料：猪肚、猪肾

鲁菜是十分讲究火候的古老菜系。红焖菜、砂锅炖等，讲究"软烂浓郁"，时间不到，火候不足，就绝不出味道。"油爆双脆"对火候的要求更是苛刻，要求沸油爆炒，使原来必须久煮的猪肚头和猪肾片快速成熟，口感脆嫩滑润，清鲜爽口，可谓是"欠一秒则不熟，过一秒则不脆"，只有厨师掌握火候，才能达到"脆""嫩"的效果。

有的菜品仅仅需要厨师个人完成，有的则需要通过厨师和食客的共同努力，才能达到最好的效果。川渝地区的人们对于麻辣火锅有异乎寻常的热爱。麻辣火锅由厨师在后厨做好"锅底"，切好食材，最后的烹饪则交给了食客。食客自己选择需要的菜品，放入火锅中烹饪，觉得火候到了，便自行捞出食用。鸭肠、毛肚烫十几秒便脆韧，猪脑、老腊肉等食材则需要煮十几分钟，食客又可根据自己的喜好，自行微调煮食材的时间，以取得最佳的风味。

▲麻辣火锅
麻辣牛油风味底料，菜品多样

手艺体现在我国的各式菜肴之中，天津的"狗不理包子"每一个包子上都有十八个褶皱；北京"全聚德"的烤鸭上桌后由专人片成108片，不多不少；兰州牛肉面的师傅能将面团拉成直径仅为1mm的"毛细"……我们享受到的美食，无不沁润着厨师的手艺，这些手艺成就了美味佳肴，也成了食客们永恒的记忆。

9.2.3 从口腹之欲到精神追求

《礼记·礼运》有言"饮食男女，人之大欲存焉"，食物是维持生命的必需，饮食是人类最根本的欲望之一。获取食物的本能，早已根植在我们的基因之中。随着物产的丰富和烹饪技术的发展，人们对于食物，也有了新的认识，并将自己的精神追求熔铸其中，形成了灿烂的饮食文化。从口腹之欲到精神追求，这一段历程，是美食之美由低层次升华到高层次的过程。

1. 口腹之需

食物是人类最基本的生存所需，是人类机体活动和身体发育的能量之源。因此，人类对食物最基础的需求就是"填饱肚子"，足够的食物所带来的餍足感也成为人们对于美食之美最初的记忆。

在世界各地，"甜"这种味道总是和愉悦的感觉联系在一起，甜味的食物如糖、蜂蜜、水果、牛奶等也都在文化中被视为美好的象征。一些研究者认为，糖类具有较高的热量，对于物质匮乏的原始人而言是优质而珍贵的食物，因此，人们会因甜味而感到愉悦，人们对于甜味的追求便铭刻在基因中世代相传。满足口腹之需是食物之美最直接、最基础的体现，甚至已经被内化为一种动物的本能。

2. 食不厌精，脍不厌细

在物质条件得到改善、食物充足的情况下，人们在饱足之后，对美食的追求更上一个台阶。孔子在《论语·乡党》中描述自己："斋必变食，居必迁坐。食不厌精，脍不厌细。"可见人们对于食物的追求转移到了菜品的丰富和精致上。在数千年时间里，这一直是人们对于美食的主流态度，也是品鉴美食的重要标准。

在《红楼梦》中，庄稼人刘姥姥在大观园里吃到了一道"茄鲞"，惊叹于其口味，忙询问做法。王熙凤回答她："你把才下来的茄子把皮籤了，只要净肉，切成碎钉子，用鸡油炸了，再用鸡脯子肉，并香菌、新笋、蘑菇、五香腐干、各色干果子俱切成钉子，用鸡汤煨干，将香油一收，外加糟油一拌，盛在瓷罐子里封严。要吃时拿出来，用炒的鸡瓜一拌就是。"这种"十来支鸡来配他（茄子）"的繁复做法不被刘姥姥所理解，却正显示出贾家这等公卿贵戚对食物口味的追求。

对于食物的精细化处理到了极致，方能"于平凡处显不凡"。开水白菜听似朴实无华，然则尽显上乘的制汤功夫。其中的"开水"是指至清的鸡汤，用老母鸡、老母鸭、火腿蹄肉、排骨、干贝等食材精心熬煮至少4小时，再将鸡胸脯肉剁烂至茸，灌以鲜汤搅成浆状，倒入锅中吸附杂质，如此再三，方能得到一锅透彻清冽、沁人心脾的好汤。取将熟未透的大白菜之菜心，用"开水"状鸡汤淋浇至烫熟，然后将其垫入钵底，轻轻倒进新鲜的鸡汤，这道菜才算大功告成。

3. 营养与健康

到了近代，随着科学技术的不断发展，微生物学、营养学等学科得以建立和发展，人们对于各类食物的认识不断加深，从而也对美食产生了新的期望。吃得营养、吃得健康成了人们的普遍追求，为此，食材健康、烹饪健康、搭配健康成为人们对美食的新要求。

在食材上，除了要保证食材新鲜外，"无公害""绿色""原生态"等概念的盛行，表明人们对于食材有更高的期待。

在烹调方式上，人们认识到油炸、烧烤、腌卤等烹调方式存在健康上的隐患，着手研究新的烹调方式，以尽可能保留食材的营养成分，同时避免在烹饪过程中生成有害物质。

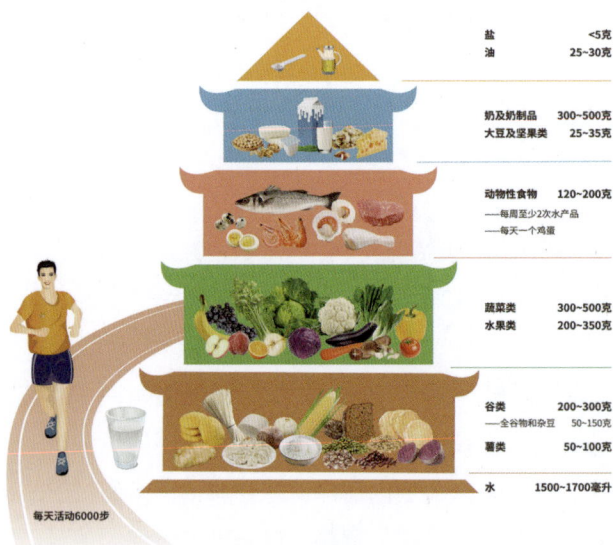

盐	<5克
油	25~30克
奶及奶制品	300~500克
大豆及坚果类	25~35克
动物性食物	120~200克
——每周至少2次水产品	
——每天一个鸡蛋	
蔬菜类	300~500克
水果类	200~350克
谷类	200~300克
——全谷物和杂豆	50~150克
薯类	50~100克
水	1500~1700毫升

每天活动6000步

▲中国居民平衡膳食宝塔
中国营养学会修订编写

在饮食搭配上，人们通过科学手段认识到各类食材所含有的营养成分，有意识地进行食材的合理搭配。"中国居民平衡膳食宝塔"正是《中国居民膳食指南（2022）》中对于食物合理搭配的建议。

从追求饱腹，到追求精致，再到追求营养与健康，人们对于食物的态度兜兜转转，最终返璞归真，回归到食物的本质。食物为人类提供了维持身体机能、实现机体发展的能量，为人类提供了味觉的愉悦和精神的满足，让人们更能体会生活之美。

9.3　生活用具之美

吃饭用的筷子、喝水用的水杯、坐的椅子、晒衣服的衣架……我们的生活离不开各式各样的用具。这些用具材质各异、功能不一，但都在人们的日常生活中发挥各自的作用，甚至还能起到装饰作用，美化人们的生活。在生活用具中，凝聚着先辈们的生活智慧和生活美学，我们的生活也因这些用具而更加美好。

9.3.1　便捷的功能

用具是供人使用的器具，其设计和制造的初衷就是为了方便人们使用。用石块直接砸东西既不便利，也不够安全，于是人们便在石块上绑上一根便于握持的木棍，创造了"锤子"这一实用工具。

在人类普遍食用熟食之后，由于食物滚烫不能直接用手拿取，远古人类不约而同地选择了刀叉作为餐具。在距今7000多年的浙江河姆渡遗址里，考古学家发掘出了目前世界已知的最早的骨质餐具刀，河南洛阳的战国墓葬更是出土了一捆多达51枚的餐叉。但在战国之后，几乎再没有类似的文物出土，最早使用刀叉餐具的中华文明放弃了这类餐具，取而代之的正是大名鼎鼎的筷子。

凭借强大的通用性和易用性，筷子迅速"统治"了中国人的餐桌，并使中国人只用一只手就能够轻松面对除了汤之外的几乎一切食物。面对普通的炒菜，筷子可以直接夹；对于面条、粉条等长条状食物，则可以"挑"；对于粥和羹，也能够靠举起碗"扒拉"，吃得一干二净。

稍加观看，我们便可以发现今天的许多筷子并不是完全的圆柱形，而是"首方足圆"，上部为方形，下半部为圆形。这一改动出现于明代，主要出于两点考虑：一是圆柱形的筷子平放于桌上或架在碗碟上时容易滚动，将上

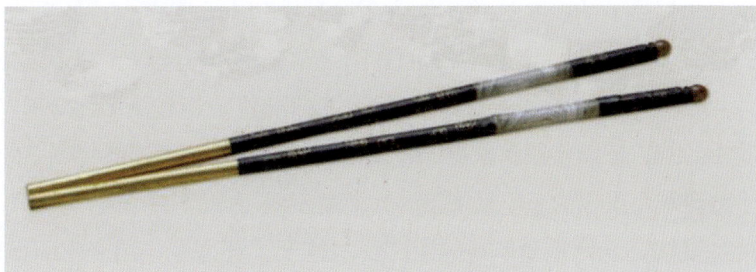

▲紫檀镶金头玛瑙嵌金银箸
清，通长28.7厘米，故宫博物院

半部变成方形便无此顾虑；二是方头筷握在手中用力拨菜时不易打滑，能够更有效地食用拔丝类菜、面条等食物。古老的筷子，身上的每一处都充满了古人的巧思。

但即使强如筷子，也难免有处理不了的食物。我们民间素有"西风响，蟹脚痒"的俗语，在中秋节前后吃大闸蟹（中华绒螯蟹）是江南地区人们的传统风俗。秋天的大闸蟹肥美鲜活，滋味奇

▲大闸蟹
学名：中华绒螯蟹

佳，整个清蒸是最佳的烹饪方式。但面对完完整整，身披"铠甲"的大闸蟹，筷子就显得捉襟见肘，在很长一段时间里，人们吃大闸蟹都依靠手剥，而手剥既不易完全吃尽蟹肉，又会使双手沾满腥味，在仪态上也不美观，因此并不是一种理想的食用方式。

明代的能工巧匠创制出一整套精巧的食蟹工具，包括锤、镦、钳、铲、匙、叉、刮、针8种，今天我们将其分别称为腰圆锤、小方桌、镊子、长柄斧、调羹、长柄叉、刮片、长针，并称之为"蟹八件"。食蟹之时，先用剪子从后到前将8只蟹脚和2只大螯依次剪下，再将蟹腿剪成小段，用长柄叉戳进蟹腿，轻轻一顶，便可将大闸蟹腿和螯部位的肉顶出吃掉。将蟹身放在小方桌上，用腰圆锤在蟹背壳的边缘来回轻轻敲松，将长柄斧插入蟹盖，轻轻一掀便可揭开

▲蟹八件
流行于苏杭一带的吃蟹工具

蟹壳。紧接着用刮片去除不能食用的蟹腮和蟹心等部位，便可大快朵颐，用精巧勺子将大闸蟹的膏黄享用干净。最后再用镊子将不易吃净的蟹身肉一一夹出吃尽即可。

使用蟹八件吃蟹的方式被称为"文吃蟹"，相较于手掰牙咬的"武吃蟹"，这样的吃法不仅吃相雅观，还能将蟹肉吃得一干二净，甚至在吃完后还能将剩下的蟹壳拼成一只完整的大闸蟹，十分雅趣。仅仅为了吃大闸蟹，人们就发明了一套专门的工具，可见人们对于大闸蟹的热爱。

其实，无论是简单却应用广泛的筷子，还是专门用于吃螃蟹的蟹八件，都是实用的工具，它们帮助人类更好地完成了本来难以完成的"工作"，拓展了人类能力的边界。在实际生活中，还有各式各样看似不起眼的用具，它们从各个层面为我们的日常生活提供了帮助，成就了我们便利、丰富的生活。

9.3.2 精良的工艺

要制造出好用的器具，相关的工艺不可或缺。早在商周时期，我国古代先民便能够利用失蜡法和金银错等工艺制造出精美而巨大的青铜器。在之后几千年的发展历程中，瓷器、金银器、玉器、纺织品、木竹器等方面都取得了伟大的成绩。

明代景泰年间，一类风格独特、制作精美的工艺品广受追捧，因为其亮丽娇妍的蓝色最为出众，所以人们将其称为"景泰蓝"。景泰蓝正名为"铜胎掐丝珐琅"，其制法过程烦琐考究，大致的制作流程为：首先，在铜制胎体上掐扁细铜丝捏出各种花纹图案；然后，在掐丝轮廓内填入不同颜色的釉料粉末；再经烧制、磨平、鎏金诸道工序完成。其中，掐好的细铜丝图案固定在胎体上，需要经过900摄氏度左右的焙烧；釉料粉末由固态转化为液态的加热温度必须控制在800摄氏度以内，否则会使铜丝从胎体上脱落，工艺之繁复、制作之艰难可见一斑。景泰蓝工艺集雕刻、镶嵌、玻璃熔炼、冶金等专业技术为一体，工艺精细，成色丰富，质地平整光滑，金碧辉煌、雍容华贵，清代胡思敬的《国闻备乘》中记载有"工业渐振，其制作以景泰蓝铜器为最精，一瓶值五千元"，足见其珍贵。右图这件清代执壶以黄金为胎，通体以蓝色珐琅

▲ 乾隆款金胎掐丝珐琅嵌画珐琅执壶
清，通高39厘米，故宫博物院

为地，饰掐丝珐琅缠枝莲花纹，同时以画珐琅工艺分别彩绘仕女及山水、花蝶等图案，加之多处镶嵌珍珠、珊瑚，尽显富丽堂皇的皇家气派。

如果说景泰蓝工艺代表中华文明华丽高贵的一面，那么漆器工艺可以说显示了中华文明低调洒然的气质。早在新石器时代，古代先民就使用从漆树割取的天然汁液作为木制品的涂料，以使木制品获得耐虫蛀、耐开裂、耐潮、耐高温、耐腐蚀等优异特性。同时，工匠们也意识到，涂漆也有美化木制品外形的作用。

殷商时代便已有"石器雕琢，觿酌刻镂"的漆艺，随后的历代，漆器工艺都得到了进一步发展，呈现出多种工艺百花齐放的盛况。明代漆工黄大成所著《髹饰录》，将中国古代漆器的装饰工艺分为14类，分别为一色漆、罩漆、描漆、描金、堆漆、填漆、雕填、螺钿、犀皮、剔红、剔犀、款彩、戗金、百宝嵌。将大漆一层层地涂抹在木质底胎上，或雕、或描、或嵌、或堆……造就了漆器千姿百态的艺术效果。以雕漆工艺为例，该工艺需要在漆器胎上髹少则二三十层、多则上百层的色漆，再在具有一定厚度的漆面上精雕细琢出各式花纹，工繁料贵。

在故宫的诸多藏品中，有一个有趣的漆器方盒，从稍远处看，这个方盒似由在盒盖中央打

结的锦袱包裹着，但凑近观察，便可知道这实际是一个带盖的方盒。所谓包袱皮，全是漆灰堆起雕琢而成，由于制作精巧细致，锦袱的皱褶效果惟妙惟肖，几乎可以乱真。在工匠方巧思和高超的制作手艺下，这个颇具趣味的漆器方盒也就应运而生了。仔细观察，还可发现盒子灰色的"包袱皮"部分被划分成了菱形网格，内用黄、红、黑等色漆装饰朵花、寿字及龟背锦纹。盒盖四角袒露之处采用黑漆描金技法装饰佛手、石榴、寿桃，都是吉祥的纹样，相携成趣，更添风致。

▲描金彩漆包袱式纹长方形盒
清，12.1厘米×22厘米×11.5厘米，故宫博物院

高超的工艺使人们可以将各种从自然界中获取的原材料进行加工或处理，制作出琳琅满目的生活用品，随着工艺的进一步发展和普及，未来，我们的各类生活用具将会更实用、更美观、更丰富。

9.3.3 丰富的造型

生活用具不仅是有用的工具，同时也是美化生活的装饰品。工匠们在制造生活用具时，也会对其造型进行设计。因此，哪怕同一类器皿，也拥有丰富的造型。瓶子是人类文明最具代表性的器皿，具有保存液态物资的作用。我国的瓷器匠人在烧制瓷瓶时，便将其塑造成了各具风韵的造型。

宋辽时期，梅瓶风靡一时，许之衡的《饮流斋说瓷》中云："梅瓶口细而颈短，肩极宽博，至胫稍狭，抵于足微丰，口径之小仅与梅之瘦骨相称，故名梅瓶。"这种小口、短颈、丰肩、瘦底、圈足的瓶式，以口小只能插梅枝而得名，造型挺秀、俏丽，常被作为酒器使用。

"玉壶买春，赏雨茆屋"（司空图《二十四诗品·典雅》)，相传人们根据这句诗的意境设计了玉壶春瓶。玉壶春瓶撇口、细颈、垂腹、圈足，颈较细，颈部中央微微收束，颈部向下逐渐加宽过渡为杏圆状下垂腹，曲线变化圆缓，轮廓线呈柔和的弧线，细腻圆润，优美流畅。

柳叶瓶撇口，短颈，丰肩，肩下削瘦至足，足内凹，器身细长，形似柳叶，线条简约，风格含蓄秀美，犹如少女卓然而立，别具风姿，故又有"美人肩"的美誉。

观音瓶侈口，颈部较短，丰肩，肩下弧线内收，至胫部以下外撇，浅圈足。整个造型瓶颈丰腴，瓶肩圆润秀美如美人肩，瓶腹稍稍内收，瓶脚外翻如美人飘动的罗裙，秀美端庄、质朴大方，优雅高贵如同神话中的观音菩萨。

天球瓶因瓶腹浑圆硕大，如同从天而降的球而得名，小口、直颈、丰肩、假圈足、砂底微凹，造型利落，富有张力，庄重而典雅。

大多数瓷瓶的腹部都是平滑的，而瓜棱瓶瓶如其名，瓶腹乃至整个瓶身都由凸凹的弧线组成，形似瓜棱，造型层次丰富，秀丽灵巧。

　　这些不同的瓷瓶大小不一，作用各异，被雅趣的人们放置在不同的场合和环境中，成为一道独特的风景线。在浩瀚的中国历史中，除瓶以外，如笔、砚、桌、椅、灯等各类生活用品，都有丰富的造型，不仅满足了各种实用需要，更有赏玩之功，成为一种独特的艺术和文化，也成为美好生活的一个鲜明符号。

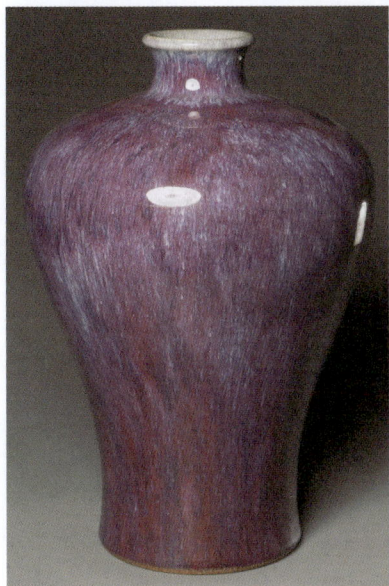
▲窑变釉梅瓶
清乾隆，高37.2厘米，故宫博物院

▲青花缠枝牡丹纹玉壶春瓶
明洪武，高32.2厘米，故宫博物院

▲淡黄釉柳叶瓶
清雍正，高14.6厘米，故宫博物院

▲郎窑红釉观音瓶
清康熙，高45.5厘米，故宫博物院

▲粉彩婴戏天球瓶
清乾隆，高51厘米，故宫博物院

▲越窑青釉八棱瓶
唐代，高21.7厘米，故宫博物院

练习一：思考与讨论

1. 生活之美，常体现在日常生活的点滴细节中，一件漂亮的衬衣，一碗恰到好处的粥，一个柔软的抱枕，都能够瞬间点亮我们的生活。请思考并与同学一起讨论：你的生活中有哪个让你心动的瞬间？它为什么能够带给你美的体验？

2. 生活之美具有非常丰富的内涵，请思考并与同学一起讨论：除了服饰、美食、生活用具，生活之美还体现在哪些方面？并举一个例子加以说明。

练习二：认识与赏析

1. 中式糕点中，面果儿可谓独树一帜。所谓面果儿，就是将面点做成各种水果的样子，不仅外形要惟妙惟肖，还要保证出色的口感和味道。右图所示即为青苹果面果儿，请收集相关资料，赏析面果儿这类食物之美。

2. 瓷器是我国古代劳动人民的重大创造，不仅物理性能优秀，而且成了艺术和文化的重要载体，是人们生活中常见的器物。请搜集瓷器的相关资料，赏析瓷器之美。

▲青苹果面果儿
果蔬造型面点

审美实践——传统服饰搭配

我国是一个历史悠久的统一的多民族国家，拥有灿烂多彩的传统服饰文化，但对于我国的传统服饰，大学生或许还有些陌生。进行服饰搭配能够让同学们尽快认识和熟悉传统服饰，下面请同学们为自己搭配一套完整的传统服饰。

一、活动名称

传统服饰搭配。

二、活动主旨与意义

通过为自己搭配传统服饰，体会传统服饰中的文化内涵及其中蕴含的美，并进一步感悟我国传统生活之美，以提高自身的审美素养，增强对生活之美的理解。

三、活动内容

同学们至多利用一节课时间和一周的课外时间完成本次活动，活动内容如下。

1. 各位同学搜集传统服饰的相关知识，然后为自己设计一整套服装搭配，包括头冠（帽）、上装、下装、鞋履等。

2. 各位同学轮流在讲台分享自己的搭配，要求说明自己选择服装的理由、各件配饰的渊源以及自己的搭配理念。有条件、有意愿的同学可以通过购买、租赁等方式获得服装实物，亲自展示自己的搭配。

🔍 **审美实践报告**

实践目的	
实践内容	
实践成果	
心得体会	

审美实践——烹饪初体验

要享受食物之美，除了品尝美食之外，亲手做一顿饭也是一条重要的途径。在亲手烹饪的过程中，同学们能够实际体验将食材制作成菜肴的全过程，体验刀工、火候、调味等烹饪手艺。下面请同学们亲手为自己做一顿饭吧。

一、活动名称

烹饪初体验。

二、活动主旨与意义

通过亲身体验烹饪来体会美食之美，增强自己的动手能力，培养审美素养，提高感悟生活之美的能力。

三、活动内容

同学们利用课余时间完成此次活动，活动内容如下。

1. 拟定菜谱并准备食材，有意愿、有能力的同学可以准备包括凉菜、炒菜、烧菜、汤在内的完整一餐，也可只做一个拿手菜。

2. 开始烹饪，烹饪过程中应注意安全，避免火灾隐患。在烹饪过程中可以拍照、录视频，以记录烹饪过程。

3. 烹饪完成后，可以和家人、朋友一起品尝，谈谈对于菜肴甚至整个饮食文化的看法。

🔍 **审美实践报告**

实践目的	
实践内容	
实践成果	
心得体会	

第 10 章 造物的奇迹——自然之美

人类最初的审美对象是自然，自然是人类的美学启蒙老师。人类生存于自然环境中，不断感悟自然、探索自然、利用自然……今天，我们在诗歌、绘画、音乐、影视等艺术作品中，都能看到各种自然之美的要素。

要探究美，无论如何也离不开"自然之美"这一主题。中外学者也纷纷对自然之美进行了研究并给出了自己的观点。今天，"绿水青山就是金山银山"已成为人们的普遍共识，人们正力图实现与自然和谐共处，享受新时代的自然之美。

★ 知识目标

1. 了解自然之美的表现。
2. 了解中西方自然审美观及其差异，并认识现代生态美学。

⏿ 能力目标

能够发现和欣赏自然之美，并能赏析东西方关于自然之美的作品。

▤ 素养目标

通过对自然之美的探索和学习，树立现代自然观、生态观，并增强自己的审美意识和审美素养。

高峡出平湖——长江三峡

长江三峡全长193千米，沿途两岸奇峰陡立、峭壁对峙，自西向东依次为瞿塘峡、巫峡、西陵峡。作为连接长江上中游的重要水道，长江三峡商旅如织，无数文人墨客行经此处时，惊叹于长江三峡的奇绝险峻，留下了众多动人的诗篇和恢宏的画作。郦道元的《水经注》谓之："两岸连山，略无阙处。重岩叠嶂，隐天蔽日，自非亭午夜分，不见曦月。"可见其险要。

改造危险的长江三峡水道，也成为我国人民长久的期盼。1992年4月，《关于兴建长江三峡工程决议》通过；2006年，长江三峡大坝全线建成；2009年，长江三峡工程全部竣工……险要的长江三峡，成为一个面积达1084平方千米的平缓人工湖，在防洪、航运、供水、生态、发电上都发挥重要作用。

自然之奇迹，人工之伟力，共同铸就了今天的长江三峡！

▲长江三峡大坝
宜昌市，始建于1994年，全长2335米

讨论

长江三峡在修建大坝前后，分别具备什么样的美？有观点认为长江三峡大坝这类建筑是对自然之美的破坏，你如何看待这种观点？

引申

"更立西江石壁，截断巫山云雨，高峡出平湖。"自然造就了无穷的美，人类生活于自然环境中，在不断利用和改造自然时，也在不断地改造自然形态和创造自然之美。人与自然和谐共生，方是最高级的自然之美！

10.1　自然美的形式

自宇宙产生，自然便已形成。今天，我们看见的星光，有些便是由遥远的恒星发出的，跨越大气层，最终映入我们的眼帘，成为灿烂的美景。地壳运动塑造了陆地，流水汇聚成海洋，大气循环造就了风、霜、雨、雪，阳光、水、土壤、空气养育了生命……直到人类诞生，在懵懂中体验着广袤的自然，自然之美也就此产生了。

10.1.1　天生我材：物之美

在高温和高压下，碳原子能结合变成坚硬且晶莹剔透的金刚石，自然界拥有神奇的魔力，造就了无数令人惊叹的神奇事物，也造就了最直观、最显见的自然之美。

1. 物性之美

人类在与自然的交互过程中，逐渐发现自然界中有一些物质具备独特的性质，具备不同凡俗的"物性"，于是将其视为珍宝。其中，最典型的莫过于珠宝文化。人们相信：坚硬、稀有、美丽的珠宝，能够代表地位与财富，体现修养和品位，甚至具有超自然的力量。

中华文明有源远流长的玉文化，古人爱玉、乐玉、崇玉，并且在长期的赏玩中赋予了玉诸多美好的品德，许慎在《说文解字》中解"玉"字："玉，石之美。有五德：润泽以温，仁之方也；鰓理自外，可以知中，义之方也；其声舒扬，専以远闻，智之方也；不桡而折，勇之方也；锐廉而不技，絜之方也。"

青玉御题蚕纹璧是清乾隆年间，官匠以青玉仿战国时期的玉璧制成的仿古玉器。这件玉璧雕刻较为简单，完全显示了玉材本身的特征，材质纯净、颜色古雅、质地细腻、光感通透、富有光泽，给人以莹润优雅的视觉美感，真可谓"羊脂略无玼"。难怪古人"言念君子，温其如玉"（《诗经·秦风·小戎》），将君子温和柔顺的优点比喻为玉。

除了珠宝，我们还可以从生活中发现各种对于物性之美的追求，如对于木料，金丝楠木便受到许多人推崇，因为其纹理直而结构细密，不易变形和开裂，且木纹里有金丝，在阳光下金光闪闪，金丝浮现，并有淡雅幽香。在衣料之中，柔软、美观、触感极佳的丝绸备受赞扬，这也源于其物性。

▲青玉御题蚕纹璧
清乾隆，26.3厘米×26.3厘米×0.8厘米，
故宫博物院

2. 物态之美

除了物性之美外，自然物或自然现象所显现的状态也别有风致，被人们所感受和欣赏，这就是自然事物的物态之美。

同一事物可以呈现出不同的物态，展现出各异的物态之美。面对日出，人们感受到黑夜褪尽后产生的希望，吟咏"万瓦宵光曙，重檐夕雾收"（虞世南《凌晨早朝》）；烈日横空时，人们惊叹于烈日的力量和温度，感叹"纤云都扫迹，烈日正燔空。人立洪炉上，鱼游沸鼎中"（郭印《苦热三首》）；夕阳西下，日落西山时，人们往往触景生情，唏嘘时光的流逝，自身的衰朽，哭吟"夕阳无限好，只是近黄昏"（李商隐《登乐游原》），这些感受都是人们受到太阳不同的物态影响而自然生发的，具有天然性。

在对待物态上，不同文明、不同时期的人，其审美却具有惊人的相似性，如雷电，往往象征力量、威胁或剧烈的冲突，具有壮美感；绵绵细雨则象征繁杂的思绪或悠长的思念，细腻温柔是其情感内核；高飞的候鸟则是挣脱枷锁、进取开拓的表现，是自由意志的化身……物态本身的特征决定了人们在接受物态时的体验，因此往往具有固定的审美指向。

10.1.2 美不胜收：风景美

除了具体的事物，我们对自然之美直观感受的来源，莫过于各式各样的风景。自然风光无限，引人入胜，让人流连忘返。

1. 景观美

自然界中的景物经过简单的组合，就构成了各式景观。一块石头、几棵树、几朵花，置于特定的环境中，与环境相谐成趣，便生出景观之美。

"天下第一奇山"的黄山，以奇松著称，有松状如凤凰引颈，有松状如蘑菇，有二松并蒂齐肩，还有卧龙松、倒挂松、麒麟松等，而其中的佼佼者莫过于大名鼎鼎的"迎客松"。

迎客松破石而生，主干挺拔，一侧枝杈伸出，如人伸出一只臂膀欢迎远道而来的客人，雍容大度，姿态优美，由此得名。

迎客松之美，不光是其姿态特殊，更在于其扎根岩石、背靠绝壁、前临谷道，天然处在突出的视觉位置。旅人沿山道而上，狭窄的山道豁然开朗，一棵高逾10米的千年古树立于面前，舒展树枝，仿佛一位热情大方

▲黄山迎客松
黄山市，高10.08米，胸径0.64米

的主人在欢迎旅人的到来，面对此情此景，怎能不让人感慨造化之奇、自然之美。

▲蝴蝶栖花
唐少忠　摄

只要有一双善于发现美的眼睛，就能发现，生活中的景观美俯拾皆是。一只美丽的蝴蝶恰巧停在一朵黄色的小花上，收敛起斑斓的翅膀，它的同伴则紧随其后，正准备从空中降落。绿的叶、黄的花、蓝黑相间的蝴蝶，便构成了一幅精妙的图景，展示出生命的绚丽和谐，成就了一处赏心悦目的景观。

一棵覆雪的苍松，一枝带露珠的花，一树带霜的红叶；在阳光下团成一团睡觉的猫，在碧波中跃起的小鱼，在树枝上腾起的鸟雀……大自然造就的无穷景观就在我们身边。

2. 风光美

将视角放到更高的维度，我们可以领略到大自然秀美的风光。峨眉山景区是国家级山岳型风景名胜区，其最为人称道的风景之一便是一望无际的云海。站在海拔3099米的绝顶，看白云从脚下的千山万壑中冉冉升起，渐渐连成雪白的绒毯，沿着地平线铺展开，无边无涯。微风乍起，云海也随之流淌飘散，显露出下方嶙峋的山体。如果角度适宜，阳光会将大片的云海染成橘色、金色、浅黄色，更添风致。

▲峨眉山云海
摄于乐山市峨眉山风景区

风光，是诸多自然事物从空间到时间上所呈现出的美，在我国960万平方千米的辽阔领土上有无限风光，黄河在原野上画出九曲回肠的迂回线条，长江在高山的挟制下击出如雪的波涛，纳木错如同一只明亮的眼睛镶嵌在青藏高原，再如雪域天山、蒙古草原、长江三峡、三亚沙滩、西双版纳雨林等，大美中国，美不胜收。

右侧的摄影作品，作者的镜头捕捉到了渔民撒网的一瞬间，但在这一瞬间中，渔网、抛渔网扬起的水珠、从远方照射而来的阳光、微波跃起的水面，形成了绝妙的组合，构成了一幅效果绝佳的画面。

在远山构成的暗色背景下，阳光被水珠散射，显出彩虹色的光斑；被阳光染成金色、飘飘欲飞的渔网；飞溅的水珠化成金色的雨飘洒而落；跳动着的金色闪光的水面——虽然是定格的画面，但却富于动感。该作品展现的只是平常的劳动景象，但是具有别样的魅力，成了一道独特的风景。

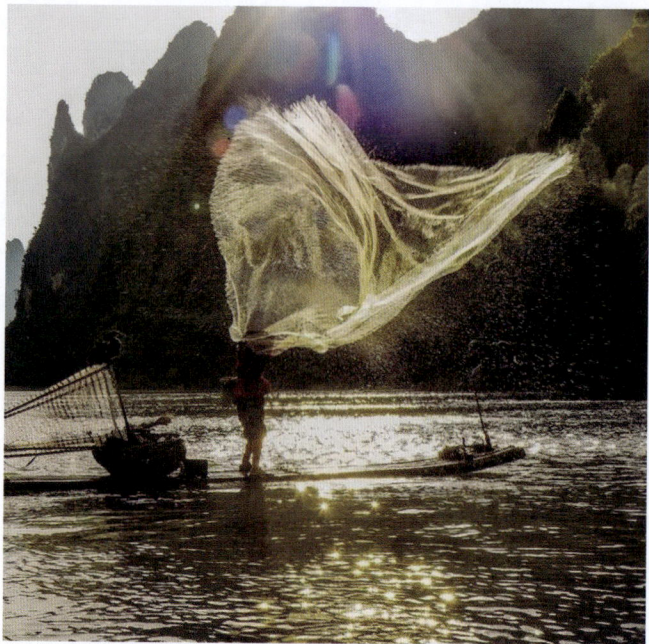

▲ 渔民撒网

摄于桂林漓江水域

3. 季节美

所谓"四时之景不同"，自然界无时无刻不处在变化之中。在风光美的基础上，将时间的跨度拉长，便可以发现同样的自然风光在不同的时间呈现出了不同的美。寒来暑往，四季轮转，中国人以自己的智慧将四季划分为24个节气，用以标示季节的变化。春回大地，新年伊始，便是"立春"；雨雾初蒙，春雨泽被万物，便是"雨水"；春雷乍动，草间蛰虫潜出，即为"惊蛰"，如此一直到最冷的"大寒"，再到新一年的立春，开启新的循环。四季之美，在节令之中，便得以显现。而对于四季变换赋予自然风景的美，人们感受最为直观的，便是同一自然风物在四季所展现出的不同风貌。

科蒂萨里岛（Kotisaari）是位于芬兰的一个小岛，距北极圈只有4千米。在19世纪末到20世纪80年代，这里是伐木工人聚会的场所，后来便无人居住，只留下几间旧屋。2015年，一位芬兰摄影师使用无人机对小岛进行了航拍，在几乎固定的机位记录下了小岛的四季，使小岛优美的风景被世人熟知。

春天，积雪消融，冰冻的海水重新流动，小岛上的衰草显露无遗，整个小岛如同一个沉睡已久的巨人，睁开了惺忪的睡眼。春风吹拂，在厚厚的草甸下，种子已经发芽，树梢也已点上新绿——生命已经蓄势待发。

夏天，阳光普照、气温宜人，整个小岛迅速被绿色覆盖，草甸欣欣向荣，树木枝繁叶茂，一片勃勃生机。海水清澈如镜，倒映着白云，海天一色，整个岛屿如同悬浮在云端之上，尤为可爱。

秋天，气温下降，秋风乍起，一些树木还保持着绿色，而大多数树木已经渐次披上了金黄，草甸也显示出鲜明的层次来，浅绿、金黄、枯黄，色彩斑斓，如同一块拼色地毯、一幅精美的油画。

　　冬天，寒风与大雪主宰了这片天地。海水冻结、树叶尽落，整个小岛和周围都被积雪覆盖，呈现出银装素裹的白。由于靠近北极圈，冬天时太阳只在地平线上徘徊，小岛上的实物得以拉出长长的影子，在洁白的画面上投下巨大的暗面，更添光影的风致。在冰天雪地之中，时间仿佛停止了流动，小岛如同被世界遗忘的一角，只剩下沉默的守候，等待下一年的春风和阳光，将这片土地再次唤醒。

▲科蒂萨里岛的四季
[芬兰]贾妮·伊林南帕（Jani Ylinampa）摄

轰鸣的伐木机仅需数十秒，便可将已成长百年的大树砍倒；细密坚韧的渔网能够将水体中的小鱼苗一网打尽；日本福岛的核泄漏将在数十年的时间里持续对环境产生污染……在人类科技进步，已经有"移山填海之能"的今天，人类与自然的关系，却似乎前所未有的"恶劣"。

自然环境的激烈变化将导致严重的自然灾害，威胁人类社会的安全。这样的情况引起了有识之士的警觉，进而使人们对过往的作为开始反思。在这股浪潮中，"生态学"得以诞生。生态学被称为"研究生物与其环境之间的相互关系的科学"，在生态学建立后，人类对自然的认识上了一个新台阶，万物和谐共生的"生态美"被越来越多的人所认识和接受。

我国将有代表性的自然生态系统、珍稀濒危野生动植物、有特殊意义的自然遗迹等保护对象所在的陆地、陆地水域或海域，依法划定为"自然保护区"，对其予以特殊保护和管理，以保护环境。

在四川省西北部，坐落着世界自然遗产、国家级自然保护区、国家地质公园——九寨沟。川西北地区在早年作为木材资源地，常有森林采伐队进入开采，生态破坏严重。1978年，九寨沟被划为自然保护区。今天，九寨沟国家级自然保护区森林覆盖率超过80%，有38种藤本植物、74种国家保护珍稀植物、122种陆栖脊椎动物……大熊猫、金丝猴、白唇鹿等珍稀野生动物都生活在九寨沟特殊的森林、湿地等生态系统中。树正沟内，19个大小湖泊，顺着沟谷层层叠叠，森林、湖泊、小瀑布相错相连，呈现"树在水中生，水在林间流，人在画中游"的奇特景观。树龄达几百上千年的冷杉、云杉形成了原始森林，其下有深达数十厘米的苔藓，蓬松的绿地上长满了地衣，宣示着空气质量的优良。

视频：九寨沟纪录片

镜头记录下，金丝猴在树梢间荡行；白唇鹿在草地悠闲地进食；"国宝"大熊猫则略显局促地站在横卧的树干上，憨态可掬……在减少了外界干扰之后，野生动物们在这片土地上自由地生活、繁衍，种群数量得到了有效恢复。

自然保护区保留了生态系统的天然"本底"，也保留了地球过往的地质痕迹，维持着物种多样性，更保留着自然界的美学价值，呵护着人类的健康及灵感和创作的源泉。在遥远的将来，人们仍能通过自然保护区，认识大自然的本来面貌。

▲九寨沟大熊猫
摄于阿坝藏族羌族自治州九寨沟国家级自然保护区

2021年10月，我国正式设立三江源、大熊猫、东北虎豹、海南热带雨林、武夷山等首批5个国家公园。国家公园是指由国家批准设立并主导管理，边界清晰，以保护具有国家代表性的大面积自然生态系统为主要目的，实现自然资源科学保护和合理利用的特定陆地或海洋区域，是我国自然生态系统中最重要、自然景观最独特、自然遗产最精华、生物多样性最富集的部分。从自然保护区到国家公园，我国在自然保护方面跨上了新的台阶。

热带雨林是公认的"植物王国"，生物多样性在各个生态系统中能够位列前茅，海南热带雨林国家公园位于海南岛中部山区，面积广大，植被丰富，有热带雨林、南亚松林、橡胶林、桉树林、马占相思林、加勒比松林等多种植被，特有植物达428种。

▲海南热带雨林国家公园
冯推德 摄 霸王岭雅嘉松

行走在海南热带雨林国家公园内，处处绿树成荫，云雾氤氲，空气清新，各色生物穿行其间，鸟鸣啾啾，猿啼阵阵，让人心旷神怡。"柏家渡西日欲落，青山上下猿鸟乐。"千年之前，东坡先生苏轼被贬海南时，曾用这样的诗句描摹海南山区的盎然生机。作为海南热带雨林生态系统完整性和原真性的指示物种，海南长臂猿数量从1980年的两群7～9只恢复到2022年的5群36只，就是海南热带雨林生态恢复最好的明证，相信在不久的将来，海南长臂猿的种群数量还将进一步兴盛，重现"青山上下猿鸟乐"的美景。

10.2 自然审美观

人类生存在自然环境中，最先体悟和认识到的"美"便是自然界中的美，自然美启发了人类的审美，成为各式艺术的审美对象和灵感来源。在长期的探索与实践中，东西方文明也建立了不同的自然审美观。

自然美源于早期人类对自然的直接心灵感知与身体体验，公元前5世纪，古希腊哲学家赫拉克利特就提出了"艺术模仿自然"的观念，柏拉图的"理念论"也将自然视为艺术模仿的对象，认为自然是指"位于开端的东西"，它与"灵魂的存在"相等同。这些哲学家将自然视作崇高的理念和客观的规律，是高于艺术美的"美的本质"。

中世纪，在神学思想笼罩下，西方社会对自然及自然美的解释带有浓厚的宗教色彩，相比神的伟大、无限、光辉与永恒，自然及自然美是渺小的、有限的，因此在中世纪，自然美的位置是很边缘的。

14世纪到16世纪，文艺复兴的浪潮席卷整个西欧，人文主义大兴，"人"被置于最核心的位置，自然也脱去了神学的外衣，成为独立的、具有内在目的性的外在世界。彼特拉克提出的"能欣赏山色的美丽，而且能够把画境和大自然的实用价值区别开来"，被视为西方人把自然的审美价值从实用价值中分离独立出来的最初尝试。

在随后的启蒙运动中，英国经验主义美学、大陆理性主义美学、法国新古典主义美学、德国启蒙运动美学，都推崇主体性的自然审美观，强调"人"在审美时的主体地位，自然作为一个独立客观的外在审美客体，处于等待审美主体进行审美发现与审美欣赏的位置。与此同时，如火如荼的工业革命为人类提供了远超以往的伟力，"征服自然"成为最主要的论调，人的主体性精神得到极度膨胀，自然成了人的奴仆，由此造成了一种理性主义和机械论的自然审美观。

工业文明急剧发展对自然的损害被有识之士看在眼中，卢梭等人为重塑自然在人们心中的灵性形象，重建人与自然的情感纽带，提出了"回归自然"的口号，后经歌德、席勒和谢林等人承继，演变为声势浩大的"狂飙突进运动"，使文艺形式从"古典主义"转向"浪漫主义"。在浪漫主义时期，西方人才真正开始普遍地欣赏自然美，艺术家们纷纷走向自然，颂赞自然美。

风景画也正是在这一时期勃兴的，在此之前，只描绘自然景物而不涉及人、人造物的绘画是很难见到的，而在浪漫主义时期，甚至形成了"山水画派"。

约翰·康斯特布尔被誉为19世纪英国伟大的风景画家之一，其作品能够抓住自然界的某一瞬间，真实生动地将大自然瞬息万变的景色表现出来，这幅《Old Sarum》就着力刻画天空中的云层，动势极强，营造出了"风云突变"的震撼效果。

▲《Old Sarum》
约翰·康斯特布尔，1834年，30厘米×48.7厘米，水彩画

大文豪歌德更是将自己称为"自然之子"，追求全身心地融入自然，成为自然的一个有机部分，从而与万物灵犀相通。在其自传中，他提到：

我决心一方面任凭我的内部自然的特性自由无碍地发挥出来，另一方面听任外界的自然的特质给我以影响。这种决心把我卷入一种异样的氛围中，《维特》(指小说《少年维特之烦恼》)一书就是在这种氛围里构思和写出来的。在内心方面，我想摆脱一切陌生的倾向和思想，对外界则以爱的态度来观察一切事物，自人类以至可以理解的下级的东西，任其各显神通。由此便发生与自然界的各个对象的不可思议的亲密关系以及与自然全体的默契和共鸣。因此外界每发生一种变动，无论是住所地方的迁换也好，时日季节的流转也好，或任何一种的推移也好，都触动到我的心的最深处。

这样的创作态度，使歌德笔下的诗歌呈现了全新的面貌，处处闪耀着对自然真挚的热爱和歌颂，试看其代表作《五月节》：

自然多明媚，向我照耀！

太阳多辉煌！原野含笑！

千枝复万枝，百花怒放，

在灌木林中，万籁俱唱。

人人的胸中快乐高兴，

哦，大地，太阳！

幸福，欢欣！

哦，爱啊，爱啊，灿烂如金，

你仿佛朝云飘浮山顶！

你欣然祝福

膏田沃野，花香馥郁的

大千世界。

《五月节》虽然没有精心完整的景物描绘，但一个个春天的特定形象渐次在诗文中出现，写景与抒情织成一片，洋溢着歌德对自然的热爱。

马克思在《1844年经济学哲学手稿》中提出了"人化的自然"这一观点来论述人与自然的关系，自从有了人以后，人类为了能够生存就要通过自己的活动作用于自然，变天然的自然为人化的自然。人化的自然解释了自然在总体上成为人类审美对象的逻辑，自然审美是人类根据自己的需要将自然事物"人化"，赋予了人的意志，从而发现、唤醒、照亮了自然，认识到了自然之美。如果没有人的参与，客观的自然则无所谓"美"。我们可以说，自然自宇宙大爆炸而产生，而直到自然被人类"人化"，"自然美"方才出现。

10.2.2 中国传统自然审美观

我国古代人民早早便显现出对自然的超凡亲和力和感悟力。在《诗经》中，便已有"桃之夭夭，灼灼其华""绿竹青青""杨柳依依"等写景的佳句，对自然的欣赏和喜爱已经表露无遗。

1. 天人合一

"天人合一"的理念是中华文化的重要传统，道家经典《道德经》云："人法地，地法天，天法道，道法自然。"指出自然是一切的根基。儒家中，宋代理学家程颢提出"天人本无二"（《宋元学案》）；心学家王阳明说："心即天，言心则天地万物皆举之矣。"（《答季明德》）可见儒家认为"天""人"本为一体，"天心"与"人心"相通，即人与自然相与为一。禅宗同样主张回归自然，通过参禅、"顿悟"以达"圣境"。

天人合一的理念深深根植于传统文化中，深刻地影响文化艺术及社会生活。自然一直是中国传统艺术的重要审美对象，在魏晋时期，模山范水更是成为一个重要的文艺话题，文人墨客纷纷以自然风物入诗入画，如东晋的"五柳先生"陶渊明开创了田园诗派，南朝的谢灵运则是山水诗的鼻祖，"池塘生春草，园柳变鸣禽"（谢灵运《登池上楼》）一句便是为历代诗家所称道的佳句。

山居秋暝

[唐]王维

空山新雨后，天气晚来秋。

明月松间照，清泉石上流。

竹喧归浣女，莲动下渔舟。

随意春芳歇，王孙自可留。

王维诗画被认为是"画中有诗，诗中有画"，这首《山居秋暝》正是如此。在山中的傍晚，踏上刚沐浴了一场新雨的石径，呼吸着初秋凉爽清新的空气，行走于松树林中，皎皎月光从松隙间洒下，淙淙泉水在山石上流淌，激起清扬的声音……在这样悠然动人的景色中，作者已与自然融为一体，范大士在《历代诗发》中感叹该诗作"天光工影，无复人工"。

自然不仅被古代的艺术家作为审美对象，更是被抽象为一种格调与追求，渗透在文章的字里行间。南朝钟嵘在《诗品序》中提出"自然英旨"，显示了其崇尚自然的文学追求。其后，李白提出了"清水出芙蓉，天然去雕饰"（《经乱离后天恩流夜郎忆旧游书怀赠江夏韦太守良宰》）的美学追求，"贵乎自然"在理论上成为衡量文学艺术质量的重要标准。到了宋代，郭熙提出"身即山川而取之"（《林泉高致》），苏轼的"诗画本一律，天工与清新"（《书鄢陵王主簿所画折枝二首》）则把"自然"的审美理想扩展到书画领域。明代画家王履提出"吾师心，心师目，目师华山"（《华山图册》），董其昌提出"以天地为师"（《画禅室随笔》），袁宏道提出"师森罗万象，不师先辈"（《叙竹林集》）。向自然学习，向自然靠拢，着力使作品呈现出最自然的风韵，是中国传统艺术一以贯之的追求。

在生活上，人们同样追求自然、享受自然，甚至希望将自然搬进自己的家里，由此造就了独一无二的中国园林。"江南四大名园"之一的留园便着重于运用水景和古树、花木来创造素雅而富于野趣的意境，其中的亭、台、楼、阁各色建筑，都是根据自然景色而设计建造的。同时，选花木以列盆景，造就田园风光；叠土石而成假山，勾勒旖旎山景；通沟渠方积湖泊，尽得大好湖光。将自然景色引入建筑群落，创造了宜人又雅致的居住环境，居于其中，晓看水光山色，夜听蝉鸣鸟啼，让人怎能不对大自然喜爱万分？

▲留园
苏州市，始建于1593年，占地面积2.33万平方米

2. 比德畅神

春秋战国时期，以自然之美喻君子之德的"比德"之风盛行，孔子所谓"仁者乐山，智者乐水"，正是借山的浑厚比喻"仁"，借水的活泼代表"智"。这点在楚辞中更为明显，汉代王逸在《离骚序》中云："《离骚》之文，依《诗》取兴，引类譬谕，故善鸟香草以配忠贞……灵修美人以譬于君。"

在《离骚》中，屈原便是借物比德，以"香草"自比，如"纷吾既有此内美兮，又重之以修能。扈江离与辟芷兮，纫秋兰以为佩。"其中"江离""芷""兰"皆为香草，以表明自己修身清洁，行为端正，清廉仁德。而"余既滋兰之九畹兮，又树蕙之百亩。畦留夷与揭车兮，杂杜衡与芳芷"则是以香草之美表明自己修身仁义、勤身自勉，同时表明自己不流于世俗的为政的态度和立场。即使"謇朝谇而夕替"，也要"既替余以蕙纕兮，又申之以揽茝"。"揽茹蕙以掩涕兮，沾余襟之浪浪"则是说自己虽处逆境，也绝不妥协，对君王的一片忠正之心不会改变。

香草喻己而"恶草"喻人，如"薋菉葹以盈室兮，判独离而不服""兰芷变而不芳兮，荃蕙化而为茅；何昔日之芳草兮，今直为此萧艾也！""薋""菉""葹"这3种恶草被屈原用以比喻朝中的奸佞小人，以"恶草盈室，香草不存"比喻朝堂奸佞当道的状况。

将"草"划分为香草和恶草，并将其分别加以赞颂和贬斥，是从象征意义上对自然物进行审美，其本质是"寄情托意"。庄子则不然，他说："山林与！皋壤与！使我欣欣然而乐与！""天地有大美而不言"，旨在感悟纯粹的自然之美。

南朝画家宗炳将庄子的思想转化为山水画中的"味象"之游，继而在《画山水序》中提出"畅神"的概念。这个年轻时便寄情山水，喜好到处旅游；晚年腿脚不便，还要将游历所见景物绘于居室之壁，以实现"卧游"的"景痴"，振聋发聩地提出：人们对自然的审美，应当"应目会心为理"，由此方可"神超理得"，即从观摩（应目）到体悟（会心），再到精神上的满足（"神超理得"）。最后就能够"神之所畅，孰有先焉"，达到"畅神"的最高境界。

在"畅神"的观点下，自然物取得了独立的审美价值，标志着中国自然审美的自觉。此后的山水诗画等均承袭"畅神"的理论。"宋画第一"的《溪山行旅图》便是"畅神"之作，奇峰矗立，山岩嶙峋，一条如细线般的瀑布飞泻而下，山下小路上，一队商旅缓缓走过。该画作将高山之雄伟描绘得淋漓尽致。《宣和画谱》中对《溪山行旅图》作者范宽有这样一段论述："览其云烟惨淡、风月阴霁难状之景，默与神遇，一寄于笔端之间，则千岩万壑，恍然如行山阴道中，虽盛暑中，凛凛然使人急欲挟纩也。"范宽在作画时，心灵与山相通，达到了身临其境的奇妙境界，真可谓"神之所畅，孰有先焉！"

▲溪山行旅图
范宽，206.3厘米×103.3厘米，台北故宫博物院，绢本笔墨画

10.2.3 ▶ 中西方自然审美观差异

由于在经济基础、自然地理条件、哲学文化背景、政治观念、思维方式等方面的不同，中西方的自然审美观，在理论形态、艺术表现、审美趣味上都呈现出较大的差异。

在理论形态上，中西方都是在有了对自然美的自觉欣赏以后才出现了对自然美的理论概括。其主要的区别在于，中国传统自然审美理论重经验、重实用，西方自然审美理论则思辨色彩浓厚，具有明显的理性意识。二者在时间上也差异颇大，中国传统自然审美理论以魏晋（公元2～4世纪）为重要转折点，自此愈发精细、翔实、完备，并渗透到绘画、园林等许多艺术领域。西方自然之美理论自文艺复兴起，逐步具体、明晰，至"狂飙突进"运动后的浪漫主义时期（18世纪）才真正定型。

从自然之美的艺术表现方式看，中国传统艺术以写意为主，偏于主观表现，追求"贵乎自然"，西方则偏于客观再现，以写实为主。以绘画为例，中国水墨画追求神似的意趣；西方风景画则强调逼真与比例，追求对客观事物的真实再现。从西方美学观来看，西方美学历来强调审美或艺术创造要遵循"生气灌注"的原则，即艺术创作者要主动地将"生气""灌注"给客体审美对象（自然景物），使其富有生趣；而中国艺术家们则认为创作者与景物的情感互相感发，物态、人情交融和谐的"天人合一"才是审美的佳境。

从审美趣味看，中国传统自然审美注重和追求自然之美向社会之美过渡与转化，"比德"就是将"自然之美"转化为"社会之美"的最佳例证。而西方美学则常把观赏自然的目光投向尚未与人类社会发生直接关联的原始、粗犷、荒凉的自然。有学者就此认为，从总体看，中国更欣赏自然的优美，即秀丽、优雅、清静，而西方更喜爱自然的崇高、险峻、奇特。正如朱光潜先生在《诗论》中所说："西方诗人所爱好的自然是大海，是狂风暴雨，是峭崖荒谷，是日景；中国诗人爱好的自然是明溪疏柳，是微风细雨，是湖光山色，是月景。"（《诗论》）

10.3   现代自然观

2011年，日本福岛核电站遭遇核事故，大量高浓度放射性物质迅速扩散到环境当中，直接对周围空气、水、土地产生辐射危害。此后，污染持续扩大，事故陆续产生了上百万吨的核污水、数千万立方米的核废物，而这场事故像一场没有终点的马拉松，远远没到尽头。面对这样的生态灾难，我们不得不思考：人应该如何与自然相处？人类应该如何对待自然？

10.3.1 人与自然的关系

作为生物的人类是大自然的一份子，但随着人类自我意识的觉醒和科技的发展，人类开始按照自己的主观意志对待自然。正如黑格尔所说："自然对人无论施展和动用怎样的力量——寒冷、凶猛的野兽、火、水，人总能找到对付这些力量的手段。"打磨石头制成工具、点燃并利用火、收集植物种子来种植、繁殖并放牧动物……人类利用自然，从自然界中获得了生存和发展所需的一切。但同时，人类依然面临洪水、干旱等自然灾害，依然被高山、大海挡住去路，在自然的伟力面前，早期的人力是微不足道的。适应自然、对抗自然，是此时人与自然关系的主旋律。

3次工业革命的出现使人类的生产力得到飞跃的发展，人类终于能够在更大的范围内、更深的程度上影响自然。轰鸣的机器开采出矿石、石油、煤等各种资源，通过四通八达的交通网运送到工厂中。伴随着工厂烟囱中腾起的烟雾，各种产品源源不断地被生产出来，经由人们使用后，又变成各类垃圾，被掩埋、被焚烧。在人们看来，河流只是推动涡轮机的动力来源，森林不过是生产木材的地方，山脉只是矿藏的产地，动物只是肉类食物的来源，在工业时代人类社会欣欣向荣，呈现出全新的面貌，但同时，各类环境公害事件层出不穷，全球气候变暖、能源枯竭、塑料危机、森林减少、水土流失、土壤沙漠化、物种灭绝、大气污染，一个个关乎全人类命运的问题被提出，却没人能给出令人满意的答案。人类试图控制并征服自然，但却事与愿违。

前路在何方？与自然和谐共处或许是一条可能的出路。英国历史学家阿诺德·约瑟夫·汤因比研究了人类与其生存环境的相互关系，并创作出里程碑式的历史学著作——《人类与大地母亲：一部叙事体世界历史》，他在书中动情地说：

> 未来是难以预料的，因为它还没有成为现实……毋庸置疑，过去发生的一切事情，如果条件相同仍会重演……只有一个判断是确定的，人类，这个大地母亲的孩子，如果继续他的弑母之罪的话，他将是不可能生存下去的。他所面临的惩罚将是人类的自我毁灭。

人类无法脱离自然环境，因此，人类必须放弃自己的傲慢，终止与自然的对立，追求与自然和谐共处，实现有益于人类也有益于自然的"正循环"，才能开拓出未来的道路。党的二十大报告提出"我们坚持绿水青山就是金山银山的理念，坚持山水林田湖草沙一体化保护和系统治理，生态文明制度体系更加健全，生态环境保护发生历史性、转折性、全局性变化，我们的祖国天更蓝、山更绿、水更清"。毛乌素沙漠的改变就是中国人践行这一理念的实证。毛乌素沙漠曾是汉时匈奴诸部的政治和经济中心，水草肥美，风光宜人，本来是极佳的牧场，但由于不合理开垦、气候变迁和战乱，地面植被丧失殆尽，在一两千年时间里变成了茫茫沙漠。1959年，人们开始大力兴建防风林带，引水拉沙，引洪淤地，开展改造沙漠的巨大工程。到2020年，榆林沙化土地治理率已达93.24%，许多沙地变成了林地、草地和良田，"毛乌素沙漠"这个名字，即将成为过去式。黄沙变绿洲，毛乌素地区也恢复了其"本来面貌"。尊重自然、拥抱自然、保护自然，应当成为当下人与自然关系的基调。

10.3.2 现代生态美学

随着生态学等学说的发展和人们对自然认识的不断深入，人们的自然审美观也在不断更新，新的观点不断涌现。随着英国学者罗纳德·赫伯恩的《当代美学与自然美的忽视》、加拿大学者艾伦·卡尔松的《美学与环境——关于自然、艺术和建筑的欣赏》、美国学者阿诺德·柏林特的《环境美学》等著作问世，美学的一个新分支"环境美学"粉墨登场。

罗纳德·赫伯恩论述了科学知识对于自然审美的重要意义，并初步指出了自然审美与自然保护的关系，明确界定了环境美学的时代主题。罗纳德·赫伯恩提倡"对自然进行严肃的审美关注"，其欣赏的模式是"融入"，欣赏者通过融入自然，"用一种异乎寻常而生机勃勃的方式体验他自身"。

> 在融入自然时，作为欣赏者的我既是演员又是观众，融合在风景之中并沉醉于这种融合所引发的各种感觉，因这些感觉的丰富多彩而愉悦，与自然积极活跃地游戏，并让自然与我游戏，与我的自我感游戏。
>
> ——罗纳德·赫伯恩

艾伦·卡尔松提出了"肯定美学"，强调"自然全美"，认为全部自然界都是美的，所有的原始自然本质在审美上都是有价值的。同时，自然之美也没有等级的区别。这要求人们在欣赏自然之美时剥离文化、价值、好恶等"人"的观念，直观地欣赏自然本身。

阿诺德·伯林特并不同意艾伦·卡尔松的理论，提出了自己的"介入美学"，他认为"环境是被体验的自然，人们生活其间的自然"。他强调人在自然审美中的主体地位。但同时，他也指出，人类不应将自然界视作外在的存在，而应该将其视为家园，视作与人类自身息息相关的命运共同体，如此才能真正领略自然环境之美。

10.3.3 ▶ 人与自然和谐共生

人与自然的关系微妙，人类既从自然界中获取相应的资源，也受到自然的威胁；既要改造自然以改善生存环境，也要维持自然生态的可持续发展。为此，人类在不断追求与自然和谐共生。

战国时期，秦国占据了成都平原，将此地作为争霸天下的大后方来重点建设，但成都平原虽然土地肥沃，却常有水旱灾害，严重制约了当地的发展。蜀郡守李冰总结了前人治水的经验，在岷江的上游组织修建了千古工程——都江堰。

都江堰水利工程充分利用当地自然条件，根据当地特殊的地形、水脉、水势，乘势利导，无坝引水，自流灌溉，使堤防、分水、泄洪、排沙、控流相互依存，共为体系，保证了防洪、灌

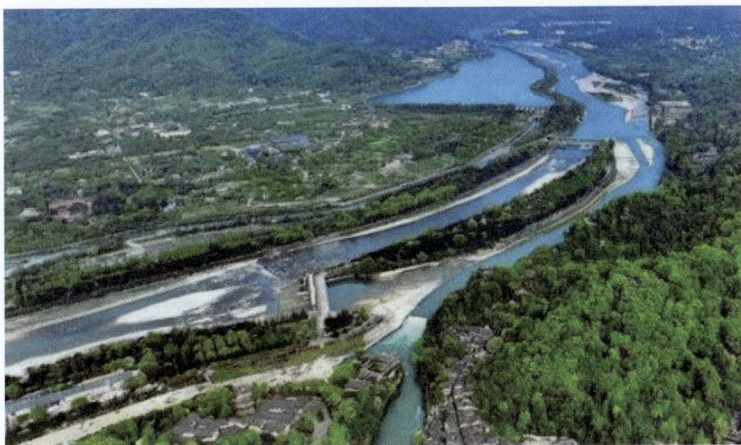

▲都江堰水利工程

成都市都江堰市，建于约公元前276年至公元前251年，渠首以上总集水面积23037平方千米

溉、水运和社会用水综合效益的充分发挥，将成都平原打造成"天府之国"。今天，历经2000多年的都江堰依旧发挥它的作用，是四川省经济发展不可替代的水利基础设施。

1872年，德国地理学家李希霍芬称赞都江堰完善的灌溉方法在全世界范围内无与伦比。1986年，国际灌排委员会、国际河流泥沙学术会的专家们参观都江堰后，高度称赞都江堰科学的灌溉和排沙功能。2000年11月，都江堰与青城山一起被联合国教科文组织列入《世界遗产名录》。在谈及都江堰的意义时，学者这样评价：

> 都江堰的创建，以不破坏自然资源，充分利用自然资源为人类服务为前提，变害为利，使人、地、水三者高度协合统一，是全世界迄今为止仅存的一项伟大生态工程，开创了中国古代水利史上的新纪元，标志着中国水利史进入一个新阶段，在世界水利史上写下了光辉的一章。

都江堰为我们提供了一个值得学习的范本，通过精心考察、设计，再加上现代的高超技术和工艺，打造出人与自然和谐共生的环境并非异想天开。党的二十大报告明确提出"推动绿色发展，促进人与自然和谐共生""坚持山水林田湖草沙一体化保护和系统治理""加快发展方式绿色转型，实施全面节约战略，发展绿色低碳产业，倡导绿色消费"。2021年，我国清洁能源消费占比提升到25.5%，可再生能源装机规模突破11亿千瓦，全国地级及以上城市细颗粒物（PM2.5）平均浓度比2015年下降34.8%，优良天数比例上升6.3%，生态环境质量改善成效显著，建设美丽中国取得了可喜的成就。

现如今，先进的科学技术助力了人与自然的和谐共生，在意大利米兰，建筑设计师将树搬上阳台，在百米高楼的外墙体种下730棵乔木、5000株灌木和1.1万株草本植物，在城市中打造出了一片"垂直森林"，为住户带来了悦目的风景、清新的空气，也成为鸟类的乐土。在此居住的居民，在高楼大厦中拥有了"绿色生活"。虽然还面临各种各样的问题，但这不失为探索"人与自然和谐共生"这一问题的有益尝试。期待在未来，我们的城市变得更加风景宜人。

思考与练习

练习一：思考与讨论

1. 《病梅馆记》是清代文学家龚自珍创作的一篇散文，作者在该文中阐述了自己对于梅花的认识。请扫描二维码获取《病梅馆记》全文，思考并和同学一起讨论：龚自珍对于自然美有什么样的认识？你如何评价其观点？

2. 在《邕州柳中丞作马退山茅亭记》中，柳宗元提出："夫美不自美，因人而彰。兰亭也，不遭右军，则清湍修竹，芜没于空山矣。"请思考并与同学一起讨论：柳宗元对自然审美持什么样的观点？你认同这样的观点吗？

文档：《病梅馆记》

练习二：认识与赏析

1. 2022年1月25日，国家林业和草原局（国家公园管理局）与腾讯公司联合推出了首张中国国家公园12.5亿像素VR全景照片。请使用微信的"搜一搜"功能搜索"国家公园寻虎"，进入东北虎豹国家公园12.5亿像素VR全景互动，寻找隐藏于东北虎豹国家公园中的珍稀野生动物，并欣赏国家公园中的自然之美。

2. 纪录片《航拍中国》以空中视角俯瞰中国大地，立体化展示我国历史人文景观、自然地理风貌及经济社会发展。请选择《航拍中国》剧集观看，从"鸟瞰"的角度欣赏祖国的大好河山。

审美实践——自然摄影展

摄影能够忠实地记录自然风光，定格美丽的瞬间。下面请同学们带上相机或手机，寻找美，接触美，记录美，将自己心仪的自然景观拍摄下来，并统一进行展示。

一、活动名称

自然摄影展。

二、活动主旨与意义

同学们通过寻找和拍摄自然景观，接触自然、探索自然、亲近自然，同时通过自主寻觅和记录自然中的美景以及欣赏他人的作品，提高审美素养。

三、活动内容

同学们至多利用一周的课余时间完成拍摄和打印照片等活动，再利用一节课进行展示，活动内容如下。

1. 自主拍摄，要求拍摄对象主体必须为自然物，摄影尺寸不限、器材不限，作品应为单张或相关的一组，同时要求打印为实体照片。

2. 所有同学完成摄影，举办班级展示会，互相欣赏大家的作品。同学们可以选出自己最喜欢的作品，如果条件允许，还可以将大家的作品集结成相册留念。

🔍 审美实践报告

实践目的	
实践内容	
实践成果	
心得体会	

审美实践——旅游

旅游是人们接触自然之美的重要方式。祖国有大好河山，无论是海洋、沙漠、旷野，还是雪域、高山、森林……人们置身其中，都能够感受到动人心魄的美。请同学们根据自己的情况利用假期时间旅游，见识各地风光。

一、活动名称

旅游。

二、活动主旨与意义

通过旅游观赏各种风景，饱览祖国大好河山，见识自然无与伦比的魅力；增长见识，提升自然审美力。

三、活动内容

同学们利用自己的假期时间完成此次活动，活动内容如下。

1. 用文字、图片、视频、声音记录下旅行的所见所闻。

2. 尝试融入环境，用心感受大自然的魅力。

3. 旅行途中注意安全。

🔍 审美实践报告

实践目的	
实践内容	
实践成果	
心得体会	

第11章 智慧的结晶——科技之美

科技点燃了人类文明的星星之火，并始终是人类文明发展的重要推动力量。今天，科技早已成为文明生活密不可分的一部分，服务于衣、食、住、行、通信、娱乐等各个方面。

居里夫人说："科学本身就具有伟大的美。一位从事研究工作的科学家，不但是一个技术职员，而且他是一个小孩，在大自然的风景中，似乎迷醉于神话故事一般。"我们虽然不是科研工作者，但也能在生活中接触科技、了解科技，感受科技之美。

★ **知识目标**

1. 了解科技之美的表现。
2. 了解科技的破坏性以及科技的发展方向。

◎ **能力目标**

能够发现和欣赏科技之美，认清科技发展带来的利弊，从而理解科技伦理。

📄 **素养目标**

通过对科技之美的探索和学习，树立科技以人为本的观念，建立科学的审美观。

核电新星——"华龙一号"

2022年5月，"华龙一号"国内示范工程第二台机组正式投入商业运行。"华龙一号"是我国自主研发的三代压水堆核电技术，据悉其每台机组每年可发电近100亿千瓦时，能满足中等发达国家100万人口的生产和生活年度用电需求，同时相当于减少标准煤消耗312万吨、减少二氧化碳排放816万吨，相当于植树造林7000多万棵。

核能是通过核反应从原子核释放的能量，天空中的太阳，正是一个无比巨大的核聚变堆，在百亿年间持续散发光和热。核电站只需消耗很少的核燃料，就可以产生大量的电能。核能可以说是人类目前所能掌握的最为先进的能源。认识核能、利用核能，本身就是科学的奇迹。"华龙一号"所代表的先进核能技术，利国利民，这也正是科技光辉之所在！

▲中核集团福清核电现场
共6台百万千瓦级压水堆核电机组，5、6号机组为
ACP1000（华龙一号）

讨论

"华龙一号"美在何处？是能够为人们提供巨额的电力？是高效无污染？是凝结了人类的智慧和劳动？是代表了人类对核能的掌握？还是其他什么，或是兼而有之？

引申

"华龙一号"的成功标志着我国在三代核电技术领域跻身世界前列，对优化我国能源结构、推动绿色低碳发展，助力碳达峰，实现碳中和目标，均具有重要意义。科学技术，助力国家的强盛，增进社会的发展，实现个人的幸福，科技之美，美在为人类开拓更好的未来！

11.1 科技与美

科技与美，似乎风马牛不相及，但在日常生活中，我们常感受到科技带来的便利，对新奇的科技产品跃跃欲试，对尖端技术突破惊叹不已，对新应用的技术啧啧称奇。我们无法否认，科技本身便具有"美"的因素。同时，科技往往有能力为人们欣赏美、创造美、感受美提供帮助。

11.1.1 科技美的内涵

科技美常被视为相对自然美、艺术美、生活美而提出的概念，与自然美不同，科技美是人工的产物；与艺术美不同，科技美并不直接以"打动人"为目的；与社会美不同，科技美并不以"人"为服务对象。但事实上，科技美、自然美、艺术美、生活美四者也并非泾渭分明，例如，影视艺术的创作和传播依赖技术手段，人们的美好生活也多凭借技术手段而得以实现。

我们可以说，科技美是科技及其产物因其某种特质而让人感知到的美，这样的美至少包括3个层次的内涵。

首先是科学之美。科学是一个建立在可检验的解释和对客观事物的形式、组织等进行预测的有序的知识系统，是人类认识整个宇宙的实践方法。科学，如同一盏盏明灯，照亮了知识的世界，揭开了大千世界的奥秘，美不胜收。无数科学家甘之如饴地持续探索科学的边界，正是受到了科学之美的感召。

其次是技术之美。世界知识产权组织把世界上所有能带来经济效益的科学知识都定义为技术，技术能够满足人们的需求，改变人们的生活。试想一下，第一条电话线路接通，居民既觉新奇，又怀着几分忐忑，通过一个金属的"筒子"向远方的朋友拨号，当朋友的声音真正在耳边响起时，他该有多么欣喜和激动！

最后是科技产品之美。我们常说"科技改变生活"，而这在很多时候都是通过具体的科技产品来实现的。我国古代制造的丝绸、瓷器，世界闻名，让外国花费数年苦工，也仿制不得，制作精良的瓷器和精美的丝绸不正是"科技产品"吗？清朝乾隆年间烧制的"各种釉彩大瓶"，该瓷瓶集我国各种瓷器工艺于一身，青花、仿官釉、仿汝

▲ **各种釉彩大瓶**
清乾隆，高86.4厘米，故宫博物院

釉、仿哥釉、窑变釉、粉青釉、霁蓝釉、粉彩、珐琅彩、金彩、松石绿釉齐备，素有"瓷母"之美称，可谓是我国古代制瓷技艺的集大成者，这是一件令人惊叹的科技产品。

11.1.2 科技对美的推动

古代的意大利规定画师必须经过12年的学徒生涯，而在这漫长的学习过程中，前面的几年几乎一直在学习颜料的配置和制作。即使如此，很多画家仍然会苦恼于颜料缺乏、颜色调配不理想等一系列问题。到了今天，这些都早已不再是困扰，先进的化学工业能够生产出几乎所有人类肉眼能够分辨的颜色。科技不仅是文明发展的推动力，在人类创造美、生产美的活动中也发挥重要的作用。

1. 科技为人类创造美提供了条件

从古至今，人类所进行的所有艺术创作，都依靠相应的科学技术才得以实现。远古的人类以石壁为纸，以石块、树枝为笔，如此只能留下粗犷豪放的壁画；而在纺织技术提供了画布、凡·艾克兄弟发明了油彩、前期绘画理论家总结出各种绘画理论后，达·芬奇得以画出《蒙娜丽莎》这样伟大的画作。同样，没有青铜冶炼技术，就没有后母戊鼎；没有声学研究与相关理论，剧场的听音效果就要差一个档次；没有材料学、工程学、建筑学，高楼大厦自然就无从谈起。

科技能够催生新的艺术形式，摄影艺术就是在照相机发明后才诞生的，电影艺术更是在摄影技术诞生后才登上历史舞台的。随着摄影技术不断进步，电影艺术也随之发展。今天，电影特效技术的成熟使电影"别开生面"，走出了一条新路，影视导演们从此能够在影片中尽情挥洒自己的创意和想象。

2019年上映的电影《流浪地球》改编自刘慈欣的同名小说，故事背景设定在2075年，讲述了太阳即将毁灭，已经不适合人类生存，而面对绝境，人类将开启"流浪地球"计划，试图带着地球一起逃离太阳系，寻找人类新家园的故事。

▲电影《流浪地球》剧照
郭帆执导，2019年

这部电影被称为"中国科幻电影的开山之作"。整部电影共拍摄2003个特效镜头，整个电影的视觉效果很大程度上都是由特效贡献的。如果没有先进的电影特效技术，小说中行星发动机、木星引力弹弓、新太阳等桥段恐怕都难以被搬上银幕。特效技术将原本只能以文字描述的"不可能场景"变成以假乱真的影片，为观众奉献了一场视觉盛宴。

2. 科技为人们欣赏美创造了便利

人们在欣赏美时，也需要借助各种工具。在自然美维度中，科技一方面使人们能够发现微观世界，欣赏原子的电荷、细胞的运作、DNA的美妙双螺旋；另一方面能帮助人们走出地球，走进太空，得以欣赏瑰丽星辰、浩瀚宇宙，从微观到宏观，科技赋予了人类更为广阔的视角，如果没有显微镜和太空望远镜，我们恐怕难有机会领略这些奇妙现象。

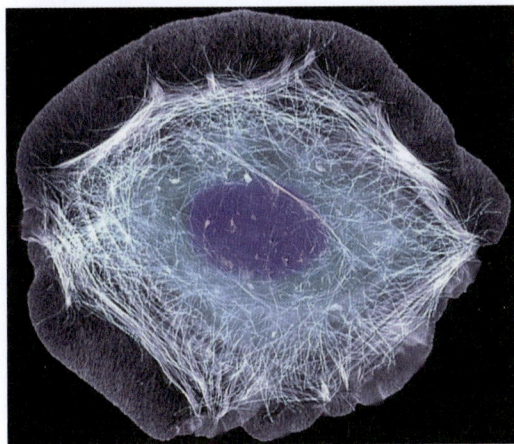

▲角质细胞
电子显微镜下的细胞

▲玫瑰星云（NGC 2237）
距离地球大约5200光年，直径大约为130光年

而对艺术品来说，科技则促进了它们的传播和普及。过去的人们，只能实地欣赏画作、聆听音乐家的演奏……接近艺术、欣赏艺术需要付出大量的时间和经济成本。而在科技发达的今天，我们可以便捷地通过网络欣赏各种艺术，如果网络上的资源质量不佳，也可以通过便捷的交通工具去美术馆欣赏画作，去音乐厅欣赏音乐。对于影视作品则更不用说，一部电影会在全国乃至全球的各个电影院上映，人们能够在任意一家电影院观看电影。综合而言，科技无疑为人们欣赏美提供了巨大的便利。

11.1.3 科技与审美变革

18世纪以来的3次工业革命是人类社会"千年未有之剧变"，不断更新和普及的科技颠覆了传统的生活，构建起了新的社会形态，同时也引发了审美的变革。

随着社会生产力的进步，社会经济的发展，大众传媒的兴盛，以及居民文化水平的提高，在现代社会，审美的主体大大扩大了。人们在衣食住行等基础需求得到满足的情况下，开始有意识地利用闲暇时间追求美、体验美。一些老人回忆到，在他们年轻的时候，逢年过节有机会看一场地方戏几乎就是当时唯一接触艺术的机会；后来，单位组织职工观看露天电影成了大家最喜爱的活动；再后来，家里有了电视机……老百姓看多了、接触多了，审美也就建立了，审美从"精英"走向了"大众"。截至2022年7月，电影《流浪地球》在社区网站"豆瓣"上，有超过177万人打分，68万多条网友短评，2万多条影评。这种数量的艺术评论，是工业革命之前的社会完全无法想象的，可见科技推动了审美大众化。

伴随着审美大众化的，还有"日常生活审美化"，英国诺丁汉特伦特大学社会学与传播学教授迈克·费瑟斯通于1988年在演讲中指出，艺术和生活之间的距离正在消弭，社会在"把生活转换成艺术"的同时也"把艺术转换成生活"。通俗地说，日常生活审美化就是艺术和审美进入日常生活，被日常生活化；同时日常生活中的各类物品以及整个环境被审美化。铜陵滨江码头图书馆可以说是一个典型的例子，该图书馆由原铜陵县四通码头改造而来，被誉为"最美江上书屋"，环境优美、陈设雅致，在这样的空间中阅读，对读者来说实为一大快事。

▲铜陵滨江码头图书馆
建于2015年，建筑面积516平方米，藏书5800余册

审美大众化和日常生活审美化虽然"美化"了我们的生活，但其同样带来了种种问题。国内外的很多学者都提出，目前大众审美素养水平仍有待提高，而文艺市场上也多有毫无深刻内涵的文艺作品；一些地区的新修房屋和建筑，盲目照搬流行样式，既背离了文化传统，也与周围的自然风貌格格不入，居住舒适性也无法保障，这种种现象，实在让人扼腕。

这样的情况值得我们警惕与深思。当审美的"接力棒"从"精英"手中交到了"大众"手里，在科技高度发展、信息大爆炸的今天，我们应该秉持怎样的美学，如何用美学来指导、美化我们的生活？在未来，科技还将继续发展，以不断满足人们的物质需求和精神需求，我们或许可以尝试让物质需求与精神需求相伴相生，将"美"赋予科技，使科技产品具有超越实用的价值和精神意义，推动科技之美发展。

11.2 科技之美的表现

科技之美是一个很大的命题，科学研究不断揭开自然之谜，不断扩展人类认知的边界；技术不断影响现实世界，实现了种种壮举；科学技术造就种种前所未有的事物，改善了人们的生活。科技之美，体现在方方面面。

11.2.1 理性的追求：科学之美

相传，古希腊的哲人毕达哥拉斯有一次偶然路过铁匠铺，被铁匠打铁的声音吸引，于是决定一探究竟，在试验了各种质量、形状后，得出结论"音调由音弦的长短决定"，从而揭示了音程的数学原理。科学，帮助人们认识客观世界，在对真理的追求和对未知的探索中，我们能感受到科学壮阔的美。

1. 科学知识之美

科学之美首先体现为科学知识之美。在蛮荒的年代，人们没有科技的指导，犹如在黑夜中前行，幻想出神灵、魔法、妖怪来掌握世界的雷霆、阳光、风等力量，地震被解释为"地牛翻身"，山洪被视为"蛟龙走水"。科技揭开了自然的"神秘面纱"，如同一盏盏灯光驱散了黑暗，帮助人们认识世界，解释种种现象。科学知识发蒙启蔽，是为大美。

科学探明了大千世界，将所有的存在都拆解成一个个"数"并排列其顺序。所有的物质，都由有限的元素组合而成，不同的元素，其原子由不同数量的质子和中子构成，门捷列夫用一张元素周期表为元素标明了位置。世界经由科学解释，由杂乱到整齐，由无序到有序，随着科学的发展，人们对世界的运行规律的认识和掌握还会更加深入，探索未知、掌握知识、认识世界，这也正是科学知识之美。

物理学巨匠牛顿通过只存在质量的理想物体，推导出了"牛顿三大定律"，排除多余的干扰，以抽象的思维和精妙的逻辑解释事物运行的规律。"牛顿三大定律"用简单的公式，描述了宏观低速条件下物体的运动方式，简约而恢宏。爱因斯坦更是直言："一切科学的伟大目标，即要从尽可能少的假说或公理出发，通过逻辑的演绎，概括尽可能多的实验事实。"在科研中，爱因斯坦也一直追求这种做法，并使用"$E=mc^2$"这一简洁的方程深刻地揭示了自然界从宏观到微观物质质量和能量之间的变化规律，被后世的科学家所称道。

2. 科学精神之美

科学家们不断坚持科学研究，以求得到正确结论的过程中，总能让我们看到伟大的科学精神。"科学精神者何？求真理是已。"化学家任鸿隽在1916年发表的《科学精神论》中如此说道。"求真理"，是科学的目标，是科学的灵魂和光芒所在。

真理往往需要苦心孤诣的追求，爱迪生为了改良电灯，实验了数千种灯丝材料；达尔文为了验证进化论，足迹遍布世界；居里夫人更是因为长期接触放射性物质患上了再生障碍性恶性贫血，为了科研事业献出了宝贵的生命。为求真理，科学家们不畏艰难、呕心沥血，不断创新，谱写了可歌可泣的精神诗篇。

就科学而言，所有人在真理面前一律平等。钱学森先生曾在美国加州大学跟随冯·卡门教授学习。彼时，冯·卡门作为近代力学奠基人之一的普朗特的得意门生，已经是享誉世界的工程力学大师，拥有尊崇的学术地位，而钱学森还只是一个名不见经传的学生。一次，钱学森将自己的文章交给老师，冯·卡门却不同意他的观点，师生两人为此争得面红耳赤，钱学森不肯服软，冯·卡门气得将文章扔在地上，摔门而去。但当第二天钱学森到达老师的办公室时，冯·卡门却立刻给他鞠躬，并说道："昨晚我想了一夜，发现你的观点是正确的，而我的观点却是错误的！很感谢你能坚持自己的观点。"在科学的世界里，只有对错，没有上下尊卑，冯·卡门向学生鞠躬道歉，钱学森敢与老师争辩，都是源于心中"求真理"的科学精神。

▲ 普朗特（左）、钱学森（中）和冯·卡门（右）
1945年摄于德国哥廷根

对真理的追求不谓强权，不迷信权威，乔尔丹诺·布鲁诺勇敢地捍卫和发展了哥白尼的太阳中心说，反对教廷的地心说，最终被教廷以"异端"之名处以火刑。相传，面对死亡，乔尔丹诺·布鲁诺凛然不惧，留下"火并不能把我征服，未来的世界会了解我，知道我的价值"的遗言后慷慨赴死。今天，乔尔丹诺·布鲁诺的铜像矗立在罗马鲜花广场，世界各地的游客都到此纪念这位为真理而呐喊、为科学而献身的伟大思想家。

3. 科学方法之美

通过了解古今中外的科学研究，我们会发现，科学家们常常能够通过一些严谨又奇妙的方法，得出结论或实现突破。这些高明的科学方法闪烁着人类智慧的光芒，也为今天的人们思考问题、解决问题提供了指导和参考。

圆的周长问题困扰了数学家们许多个世纪，因为曲线的长度难以通过计算得到。我国数学家刘徽创立了割圆术，通过不断倍增圆内接正多边形的边数，"割之弥细，所失弥少，割之又割，以至于不可割，则与圆周合体，而无所失矣"。随着圆内接正多边形的边数不断加倍，正多边形的面积与圆面积的差就越来越小，正多边

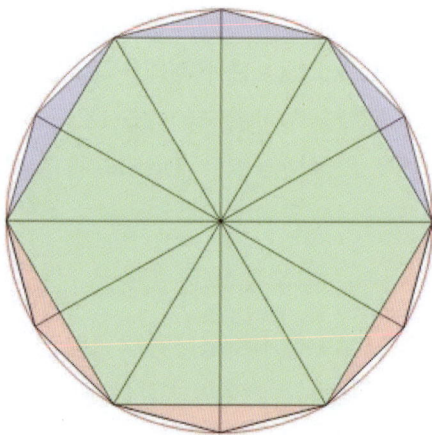

▲ 割圆术示意
从正8边形到正16边形

形的周长就能够不断接近圆的周长。割圆术将曲线长度的计算转化为了多个线段长度之和，提供了一种可行的计算方式，虽然无法获得确切的结果，但"割圆术"在人类历史上首次将极限和无穷小分割引入数学证明，给后人开辟了一条可行的道路，成为人类科学史中不朽的篇章。

实验法是最重要的科学方法，甚至被视为科学的标志。孟德尔以豌豆作为实验对象，通过对豌豆进行多轮杂交，并统计杂交后代的性状，探索出了遗传定律，揭开了遗传之谜。牛顿让阳光通过三棱镜，将阳光分解为红、橙、黄、绿、蓝、靛、紫的7色色带，为颜色理论奠定了基础。昆士兰大学在1927年开展了"沥青滴漏实验"，实验很简单，将看起来是固态的沥青置于漏斗中，观察是否会有沥青滴落。直到2013年7月11日，才第一次拍到了沥青液滴的滴落。经过几代教授的守候，沥青被证明了虽然看上去是固体，但实际上是黏性极高的液体。"用事实说话"正是实验的精神，以沥青滴漏实验为代表的科学方法展现了严谨求实之美。

11.2.2 改造现实：技术之美

我们对"科学"的理解通常偏向于理论、知识，而对"技术"的理解则往往偏向于实用，要求能够对自然、社会施加影响。今天，人类的技术已经可以移山填海、上天入地，极大地改善了人类的生活环境。我们能生活在高楼大厦之间，使用计算机和手机娱乐，享受琳琅满目的商品，都要归功于先进的现代技术。

1. 标准如一：制造技术

自然经济中，大自然的产物往往形状不一，不同地区的粮食蔬菜在口感上也有所差别，肉食动物肥瘦不一。手工艺品中，定制的家具、烧制的瓷器也同样有品相上的差别，哪怕是同一匠人同一图案的刺绣也无法保证一致性。在现代制造业出现之前，人们很难想象，能够存在成百上千件几乎完全相同的物品。而在今天，标准化的产品在高度自动化的生产线中源源不断地诞生，如果古人目睹这样的场景，恐怕会高呼"神迹"。

下图是某公司的停放场，停放的全部都是该公司生产的崭新轿车。成百上千辆汽车整齐地排列在一起，哪怕以航拍视角来看，也称得上是震撼，而这只不过是该公司的冰山一角，该公司2021年汽车产量超过40万辆。40万辆新车摆在一起，是怎样的一股钢铁洪流啊！

▲ 整齐停放的汽车
标准化生产的大批量汽车产品

如此高的产量，依靠的是高度自动化的大规模生产线，该公司的生产车间，最快56秒即可产出一辆新车。一辆汽车，近万个零件，数百道大小工序，在一个生产车间内，由各式各样的机器和各个工种的工人并然有序地完成。零件如流水一般，在各个工序间流淌，汇成一辆完整的汽车。现代制造，繁忙而有序。

标准化的生产保证了产品质量，促进了生产流程规范化，使大规模生产成为可能。依靠标准化生产，现代制造技术为社会源源不断地提供了价廉质优的工业品，成就了我们丰富的生活。

2. 移山填海：工程技术

工程技术可能是现代技术对现实世界改造最大、最明显的技术。依靠先进的工程技术，人们可以堆土成山、掘池为湖、填海造陆，也可以架桥梁、凿隧道、起高楼，可谓是移山填海，无所不能。

南海位于我国的最南部，资源丰富、风光秀丽，但该海域只有零星的岛礁，不适宜人类居住，对南海的开发造成了阻碍。为此，2013年我国便在南海"填海造陆"，以吹填的方式建设人工岛，永暑礁的西南礁盘也成了"永暑岛"。

永暑礁是南沙群岛的一座珊瑚环礁，其西南礁盘面积约4平方千米，在高潮时没在0.5～1米深的水中，低潮时则大部分露出水面，具备吹填造岛的良好条件。

2014年，我国启动在永暑礁的吹填工程，仅仅半年后，吹填工作基本完成，新形成的岛屿面积已达到2.8平方千米。其上修建了机场、房屋、海洋监测站等建筑。

▲永暑礁西南礁盘吹填前（左）后（右）
现为三沙市南沙区人民政府驻地

工程技术不仅能填海，还能"移山"。2016年，成都天府国际机场落户成都简阳。简阳位于龙泉山脉中，并不具备修建大型机场所需的大面积平整土地，于是建设团队动用了9000吨炸药，将370多座大小山丘夷为平地，爆破出高达1.8亿立方米土石，再将其中1亿立方米土石填到低洼处，这才得到一块能够用来建造机场的平整场地。

从环礁到岛屿，从山丘到平地，仅凭自然演化或许需要数万年，但在人类先进的工程技术之下，区区半年便得以达成。工程技术使人类拥有了超越自然的伟力，能够改造自然，将"穷山恶水"打造成宜居的家园。

3. 智慧生活：人工智能

人们将工具发展为了机器，脱离了简单的重复劳动，但机器只会机械地执行指令，仍然让人不满足，"如果机器能够思考，想必能够让生活更加美好"。在科幻背景的文艺作品中，人们也畅想了人工智能的未来，如"天网"（《生化危机》系列电影）、"瓦力"（电影《机器人总动员》）"T-800"（电影《终结者》系列）都是人工智能的典型代表。谭铁牛院士在《求是》杂志上发表的一篇文章中，提到了他对于"人工智能"含义的观点：

> 人工智能是研究开发能够模拟、延伸、扩展人类智能的理论、方法、技术及应用系统的一门新的技术科学。这是它的定义，那么它有什么内涵呢？人工智能的研究目的是促使智能机器能够会听、会看、会说、会思考、会学习、会行动。

从诞生以来到今天，人工智能技术仍处在发展之中，离"让机器拥有人类的智能"的预想还差之甚远，但让计算机在有限的条件下，对部分人类智能在某些具体问题上进行模拟，已经取得了丰硕的成果，这些成功使我们的生活更为智能。

随着2016年AlphaGo战胜了围棋世界冠军、职业九段棋手李世石，人工智能竞技迅速成为人们热烈关注的话题。事实上，让人工智能和人类进行智力游戏的角逐，确实是体现其"智能"最好的方式。其实早在20世纪，人工智能就在五子棋、象棋、国际象棋、跳棋、将棋等多个棋类游戏中实现了对人类的"超越"，但"围棋"一直被视为"人类智能的最后堡垒"，是人工智能研究者长期无法攻破的壁垒。

DeepMind研发的AlphaGo采用深度学习模式迅速提升实力，在战胜了李世石后，新版的AlphaGo Master又在2021年以3：0的绝对比分战胜了"世界围棋第一人"柯洁，人类在围棋领域再也不是人工智能的对手。迭代后的AlphaGo Zero自学围棋40天，便打败过去所有版本的AlphaGo。之后陆续推出的AlphaZero、AlphaStar等模型，在电子竞技项目星际争霸Ⅱ和Dota中相继战胜人类的顶尖选手，人工智能已经超越人类，将智力竞技推到了更高的境界。

自动驾驶是近几年备受关注的人工智能应用之一，其主要通过在汽车布置雷达、摄像头、定位仪器等收集车辆行驶信息，然后由车辆控制系统通过人工智能判断前方路况，控制车辆行驶。2022年2月2日，2022年北京冬季奥运会依托在首钢园区部署的5G智能车联网业务系统，完成无人车火炬接力，成为自动驾驶技术的"高光时刻"。未来，完善的自动驾驶技术将把人类从驾驶工作中解放出来，人们在行驶过程中将更为惬意。

视频：自动驾驶汽车冬奥火炬传递

不同语言间的交流是长期困扰人们的难题，不同语种的人们之间往往需要借助翻译人员才能实现顺利沟通。基于人工神经网络的机器翻译（neural machine translation）的出现打破了这一局面，通过先进的人工智能技术，智能翻译系统能够自动识别语音的语种和含义，将其翻译为另一语言并进行语音播报，现行产品在句法分析方面的准确率已达到93%～95%。人们仅需要佩戴一个耳机大小的翻译器或直接使用手机语言翻译软件，就能够实现顺利沟通。语言竖起的藩篱，就此被打破。

基于语言智能技术，人们还开发了智能语音助手，如Siri、Cortana、小爱同学；智能音箱，如天猫精灵、小爱音箱；智能问答系统，如各大公司的语音智能客服等。这些技术的应用，使人们的生活更加丰富多彩，更加便利。

4. 身临其境：AR与VR

科技不断革新着人们的视觉体验，电视机的发明使人们能够看见各种真实的或虚幻的画面，之后人类又发明了彩色电视、高清电视、投影……无数产品被研发出来，视觉效果也越来越好，但人们终究是隔着一块屏幕观看画面，很难获得真正的代入感。

虚拟现实技术（virtual reality，VR）、增强现实技术（augmented reality，AR）结合了仿真技术、计算机图形学、人机接口技术、图像处理与模式识别、多传感技术、人工智能等多项技术，为人们带来了颠覆性的视觉体验，使"身临其境"不再是一种夸张的修饰。

VR是一种可以创建和体验虚拟世界的计算机仿真系统，其利用计算机生成一种模拟环境，使用户沉浸在该环境中。VR的主要特征是让用户成为并感受到自己是模拟环境中的一部分，当用户感知到虚拟世界的刺激时，包括触觉、味觉、嗅觉、运动感知等，便会产生思维共鸣。VR可以实现人机交互，用户在操作过程中，可以得到模拟环境真实的反馈，如推动虚拟世界中的物体时，物体会向力的方向移动、翻倒、掉落等。

目前，专业的VR体验需要借助专业的设备，但通过网页，我们也能一睹VR技术的风采。人民日报新媒体和百度VR共同打造了"复兴大道100号"线上VR展馆，该展馆将线下展馆"复制"到了线上，轻触屏幕，观众便可以漫游在展馆之中，通过"时光长廊""初心纪念馆""峥嵘岁月""奋斗一厂""富民大街""追梦新时代""逐梦太空"感受祖国百年辉煌历程。线上场景连续、画面透视自然、空间真实，仿佛时光穿越，百年岁月一一流淌在眼前。

▲"复兴大道100号"线上VR展馆界面
人民日报新媒体、百度VR联合打造

AR是在VR的基础上发展起来的技术，是将计算机生成的文本、图像、三维模型、音频、视频等虚拟信息模拟仿真后，应用到真实世界中，两种信息互为补充，从而实现对真实世界的

"增强"。2021年，上汽通用发布了"AR智能车书"，用户只需用手机扫描车内图标，其对应功能、功能描述、动画演示、视频介绍等就可以清楚显示，甚至有识别错误提醒机制。自此，用户再也不用翻看厚厚一叠的产品说明书，在其中一一寻找对应功能了。

5. 复制世界：数字映射

自从互联网技术普及后，网络世界与现实世界就仿佛被割裂成了两个"平行世界"。数字映射（digital twin）技术是将工业产品、制造系统、城市等复杂物理系统的结构、状态、行为、功能和性能映射到数字化的虚拟世界，通过实时传感、连接映射、精确分析和沉浸交互来刻画、预测和控制物理系统。通俗地说，就是要将现实世界中存在的事物"映射"到网络上，并且在网络上模拟系统的动态演化。

2021年6月23日，我国首个地球系统数值模拟装置——"寰"（EarthLab）在北京怀柔科学城落成启用。寰装置峰值计算能力不低于15PF，存储不低于80PB，其数据库系统将分类收集、整编、融合和贮存全球的有关地球系统的多源观测数据，然后通过地球系统模拟软件，分析研究地球系统的大气圈、水圈、冰冻圈、岩石圈、生物圈的物理、化学、生物过程及其相互作用，探究上述相互作用对地球系统整体和我国区域环境的影响，为国家防灾减灾、应对气候变化、大气环境治理等重大问题提供科学支撑。

寰可以说是数字映射技术的先行者，自然界纷繁复杂，系统之大、变量之多，各种因素之间互相影响，要一一考虑周全何其难也。寰却能够几乎将整个地球都"搬"进实验室。科学家们借助寰，能够更精准、全面地认识地球变化，从而更为有效地重现地球的过去、模拟地球的现在、预测地球的未来，从而进行有针对性的"地球试验"。

将地球上所有的观测数据都收集起来，运用计算机技术在实验室中模拟地球的运转，从而解决一个个复杂的实际问题，科技的浪漫不过于此！

▲北京怀柔科学城
鸟瞰效果图

11.2.3 产品与成就：科技造物之美

科学技术成果和人类的劳动造就了诸多科技造物，计算机、手机、电梯、座椅、汽车……这些科技造物在各个场合发挥各自不同的功能，其身上汇聚了人的智慧、理想、需求、意趣。为人创造，服务于人，其美由此彰显。

1. 产品设计

在造物之时，人们会将自己的理念、追求、审美都融入其中，由此诞生了种种精妙的设计，让平平无奇的产品变得美不胜收。雷蒙·罗维在1957年为可口可乐设计了经典的玻璃瓶，他从女性婀娜多姿的体态中得到灵感，为瓶身赋予微妙、更加柔美的曲线，灵动而雅致，受到了市场的广泛欢迎，一直被沿用到今天。

产品设计是设计师利用现代科技，展示自己的设计理念和设计风格的活动，体现了设计师对产品、对使用者，甚至对社会、对未来、对世界的思考。下图是日本设计师柴田文江设计的Booboosh木制玩具车，柴田文江希望为这件儿童玩具赋予温馨与安全的观感及触感，因此造型圆润简洁，材料是柔软细腻的实木，中空的椭圆形空间既便于儿童抓握，又是孩子发挥想象力的空间——是驾驶员所在，是载货区，或是其他什么。通过产品，柴田文江为孩子们的童年添上了一抹色彩。

▲Booboosh 木制玩具车
材料：实木

2. 适用性与易用性

让人用得舒服、用得顺手，是诸多产品设计者孜孜以求的目标，适用性与易用性也成为产品质量的重要考量因素。人体工学，这一研究如何使工具的使用方式尽量适合人体的自然形态的学问，也就此诞生。

人体工学椅便是人体工学产品的代表之一。人们一直在寻找理想的坐具，硬质的椅子坐久了硌着难受，软质的椅子坐久了则腰酸背痛，基于人体工学的人体工学椅便应运而生。右图中这款人体工学椅，其坐垫和靠背根据人体曲线而设计，并且具有一定

▲人体工学椅
材料：钢、科技布、塑料等

的弹性，能够贴合身体，在提供足够支撑的情况下还能维持舒适。同时，其坐垫、扶手等部件都进行了可调整设计，以适应不同身材和体型的用户。

除人体工学椅外，在我们的生活中处处有为增强产品的适用性与易用性的设计，如工具的握持部分常使用橡胶，同时还刻有纹路，就是为了提高握持的舒适度并避免打滑。日常使用的鼠标，也是为了方便人的使用才做成了现在的模样。产品的适用性与易用性体现了科技的人文关怀，体现了科技为人服务的理念，科技的智慧和生活的智慧在此相融为一。

3. 不可思议的造物

现代科技的伟力造就了诸多"不可思议"的造物，最大起飞质量达640吨的安-225运输机在6台发动机的推动下飞上蓝天；詹姆斯·韦布空间望远镜在地球外侧约150万千米处的日地拉格朗日L2点观测无垠的宇宙；"蛟龙"号载人深潜器下潜到7062米的深海，探索未知的海底世界……科技不断打破人类认知的极限，使"人的力量"不断发展强大，令人惊叹。

"一桥连三地，天堑变通途"，港珠澳大桥是一个超级工程——世界总体跨度最长的跨海大桥、世界上最长的海底公路沉管隧道、世界上埋进海床最深的沉管隧道、世界最重沉管……每一个"世界之最"的背后，都代表人类科学技术的巅峰。55千米全长、22.9千米的桥梁工程、6.7千米的海底隧道、两个人工岛、7座桥塔、224座桥墩……8年奋战，3万余名建设者凭借自己的智慧和勤劳，在茫茫大海之上，修建起了这一伟大的工程。今天，俯瞰港珠澳大桥，它如同伶仃洋上一条纤细又坚韧的丝带，将香港、珠海、澳门3个地区联系起来，隔海相望的三地，从此便有了陆上通道。几百年以前，文天祥在坐船途经此地时发出了"零丁洋里叹零丁"（《过零丁洋》）的感慨，今天，一道大桥横跨，人们穿行伶仃洋如履平地，再也不用体会"零丁"的悲情。

▲ 港珠澳大桥
始建于2009年，桥隧全长55千米

11.3　科技的人文反思

科技具有强大的力量，这股力量既能够使人类发展，也能够使人类灭绝。人类既使用科技改造世界，创造更好的生活，也使用科技相互伤害。第二次世界大战结束后，曾有人问爱因斯坦第三次世界大战会使用什么武器，爱因斯坦说："我不知道第三次世界大战用什么武器，但我知道第四次世界大战用的武器是石头。"在经历了科技的繁荣和科技导致的诸多灾害后，人类也需要进行审慎的反思：我们如何规划科技的明天？

11.3.1 科技的破坏性

塑料在诞生之初，因其绝缘、稳定、耐热、耐腐蚀的优良特性被称为"千用材料"。1959年，瑞典包装设计师斯滕·古斯塔夫·图林发现人们大量使用纸袋，为了制造纸袋每年都要砍伐大量树木，于是发明了塑料袋，廉价、轻便又结实的塑料袋毫无疑问被广大群众喜爱。但没有想到，以"保护环境"为出发点而设计的塑料袋，如今却成了环境的"杀手"。

大量的塑料袋被遗弃到自然环境中，据科学家测算，塑料袋埋在地里需要200年以上才能腐烂，严重污染土壤，而焚烧所产生的有害烟尘和有毒气体则会污染大气。同时，大量塑料被遗弃在水体中，造成动物误食和缠绕溺亡。2022年，发表在环境科学领域期刊《国际环境》上的一篇文章显示，由荷兰阿姆斯特丹自由大学领导的研究团队在人类志愿者血液中发现了微塑料，证实了塑料随着血液流经全身，对各器官造成影响。

▲被塑料等垃圾缠身的海龟
对海龟造成主要威胁的垃圾包括废渔网、尼龙绳、塑料泡沫制品、金属丝等

从"环保产品"到"环境破坏者"，世界仿佛对人类开了一个玩笑。这也说明了人类在科技上具有盲目性，并不能准确地估测某一科技会产生的连锁影响。在科技水平较低的古代，人类科技的"副作用"尚不彰显，而到了科技高度发达的今天，科技的破坏性已经显露无遗。过量排放的氟利昂将臭氧层撕开了一个大洞；化石能源的燃烧排放使大气质量持续下降；高热量的食物使人类肥胖率飙升……科技已然成为人类的威胁之一。人类必须重新审视科技的未来，实现科技与自然生态的和谐发展，充分发展对环境友善、能保护环境的科技。

11.3.2 科技进步引发的科技伦理思考

科技的发展同样对人的传统伦理提出挑战，克隆、人工智能、基因编辑、核聚变、人造子宫等多项技术都引发了人们的担忧，被放到聚光灯下仔细讨论。

"克隆"是英语clone的译音，意为无性繁殖。1996年，第一只成功克隆的哺乳动物——克隆羊"多莉"诞生，多莉由移植母羊的乳腺细胞到被摘除细胞核的卵子细胞中发育而成，与"母亲"一模一样。克隆技术由此被寄予厚望，一些科学家提出应该着手进行"克隆人"实验，以为"母体"提供器官，因为克隆人的器官移植到"母体"不会发生排异反应，是最理想的移植器官来源。

克隆人的前景虽然美好，但在全世界范围内招致了强烈的反对，人们认为克隆人违反生物进化的自然发展规律，是对人权和人的尊严的挑战，同时也会扰乱社会家庭的正常伦理定位。我们也可以想见，将一个克隆人作为"器官培养皿"来对待何其残忍，而如果让克隆人和普通人一样参与社会生活，又会惹出怎样的乱子。因此，许多国家都立法禁止胚胎克隆实验，我国也反对以克隆人为目的的任何实验和举动。

▲克隆羊"多莉"
创造者：伊恩·威尔穆特、
基思·坎贝尔

作为新兴技术代表的人工智能，也面临科技伦理的问题。"机器人是否会替代人？""机器人是否会成为人类的敌人？"这些问题不仅在文艺作品中被广泛讨论，也是很多人内心的疑问。同时，哪怕仅面对当下的人工智能应用，人们也对隐私泄露、人工智能安全性、算法歧视等忧心忡忡。自动驾驶实验中引发过车祸，也发生过系统将粘有污迹的限速标牌识别错误而造成失败。"人工智能引发的事故，应该由谁负责？"目前仍是众说纷纭，莫衷一是。

英国出台了历史上首个关于机器人伦理的设计标准——《机器人和机器系统的伦理设计和应用指南》，欧盟也先后出台了《欧盟人工智能》《可信AI伦理指南》《算法责任与透明治理框架》等指导性文件，我国也印发了《关于加强科技伦理治理的意见》。这些文件填补了科技伦理治理的制度空白，能够在国家层面指导科技伦理治理，让人们看到了向好的希望。但在未来，关于科技伦理问题，人类仍需在探索中前进。

11.3.3 ▶ 对科技的态度——以人为本

我们应该如何发展、使用科技？人类必须停下脚步，好好地思考这一问题。为了更好地生存、更好地生活，人类必须使用科技并不断发展科技，但我们也需要认识到，科技的发展和应用将会引发诸多后果。

归根结底，科技是人所发明、为人服务的，因此，科技的发展方向始终无法脱离"以人为本"的母题。人类在追求真理、追求知识、积极探索未知领域的时候，仍然要坚持对于生命、对于伦理、对于人的敬畏，意识到自己拥有引导科技向"美"向"善"的责任。从这一角度来讲，我们介绍"科技美"，也正是希望读者能够从另一个侧面、从审美的角度来看待科学和技术，审慎地思考各种科技所带来的后果，做到科技为人发展服务，而非人被科技所捆绑和束缚。

练习一：思考与讨论

1. 美学家李泽厚先生认为："技术美是对美的本质的直接披露。美之所以是自由的形式，不正是在于通过技术来消灭目的性与规律性的对峙，以达到从心所欲、恢恢乎游刃有余吗？庖丁解牛是古代的个人故事，现代科技工艺不正使人类将要处在或正在追求去达到这种自由的王国吗？"请思考并和同学一起讨论：李泽厚先生对于技术美的观点是什么？我们应该如何通过现代科技工艺达到"自由的王国"？

2. 随着科技的发展，未来人们的生活将会焕然一新。请思考并与同学一起讨论：未来人们的生活会如何？人类将达到什么样的科技水平？又将遇到哪些难题？

练习二：认识与赏析

1. 2017年上映的动画电影《至爱梵高·星空之谜》根据梵高的120幅原作加上演员表演拍摄成的镜头，创作了1000多幅手绘油画，加工成65 000帧画面，成就了一部90分钟的动画电影。在这部动画电影中，梵高的多幅画作都"动了起来"，请通过网络观看这部影片，再观看其中出现的梵高画作，分析技术对于绘画美的革新，赏析影片中的技术之美。

2. 2022年6月17日，中国人民解放军海军福建舰正式下水。福建舰是我国完全自主设计建造的首艘弹射型航空母舰，排水量达8万余吨，是一艘名副其实的"巨舰"。福建舰是我国科技和工业实力最高水平的体现，请同学们自行了解福建舰的相关信息，赏析福建舰所蕴含的科技之美。

审美实践——科技创造美

在我们的生活中，随处可见科技创造的美。下面请同学们在自己的生活中找一个"科技创造美"的例子，分享给同学，并说说科技是如何创造美的。

一、活动名称

科技创造美。

二、活动主旨与意义

同学们通过寻找身边科技创造美的实例，认识和分析科技美，从而加深对于科技与美的关系的理解，提升自身审美能力。

三、活动内容

同学们至多利用一节课时间完成本次活动，活动内容如下。

1. 准备自己要分享的实例，重点分析"在该实例中，科技是如何创造美的"。例如，同学们可以说："霓虹灯通过多彩的闪烁装点了城市的夜空，五颜六色的霓虹灯赋予了现代城市充满活力的生活气息。"同学们也可以制作PPT、视频等用于展示。

2. 各位同学轮流在讲台分享自己的实例，并说说自己对科技美的看法。

实践目的	
实践内容	
实践成果	
心得体会	

审美实践——参观科技馆

目前，全国各地的省市大多数建设了科技馆。科技馆内集中陈列了各种科学技术的相关产品，同时还涉及一些参与、体验、互动性的展品，是大学生接触科技、感受科技的首选。下面请同学们在教师的组织和带领下，就近参观一次科技馆，并记录自己的感受。

一、活动名称

参观科技馆。

二、活动主旨与意义

通过实际参观和体验各种科学技术及其产品，了解更多的科学技术知识和最直接的科技体验，从而提高对科技的认识水平，增进对科技美的理解。

三、活动内容

同学们在教师的组织下，利用半天或一天完成此次活动，活动内容如下。

1. 集体讨论，选择将要参观的科技馆。如果当地没有科技馆，也可以选择通过中国科学技术馆的线上游览功能进行参观。

2. 在参观过程中，同学们应保持集体活动，听从教师的安排，并注意遵守科技馆的相关规定，爱惜展品。

3. 参观完毕后，同学们应记录自己的参观感受，并选择自己最喜欢的科学技术或相关产品进行解读和评价。

🔍 审美实践报告

实践目的	
实践内容	
实践成果	
心得体会	

第 12 章 无限的可能——人生之美

自然美、艺术美、生活美、科技美，各美其美，美美与共，大学生被这无穷之"美"所滋润，将会成为感情充沛、精神境界高远的人，而这也正是美育的核心与本旨。

大学生正处在成年不久、即将迈入社会独立生活的前夕，人生的未来有无限的可能，用"美"的眼睛去观察世界，用"美"的双手去拥抱世界，用"美"的态度去对待世界，可以创造属于自己的美丽人生。

★ **知识目标**

1. 了解人生之美不同层次的表现。
2. 掌握创造美丽人生的策略。

◎ **能力目标**

能够从人体、行为举止、人格、社会等角度，发现、认识和体会人生之美，并能够在个人生活中发现美、欣赏美、追求美。

📖 **素养目标**

通过对人生之美的探索和领悟，能够做到悦纳自我，积极生活，做生活的艺术家。

一蓑烟雨任平生——苏轼

宋元丰二年（1079年），苏轼因"乌台诗案"险被处死，经过多方营救落得个被贬为黄州团练副使的下场。虽然失落伤感，但苏轼却没有因此消沉，他在黄州游山玩水，饱览自然风光，将自己的情感与湖光山色相融，写就了《前赤壁赋》《后赤壁赋》《念奴娇·赤壁怀古》等佳作。同时，他还带领家人开垦城东的一块坡地，种田帮补生计，由此自号"东坡居士"，过上了一种恬淡自宜的生活。

后来，苏轼依然宦海沉浮，三起三落，多次遭到贬谪。绍圣元年（1094年），苏轼被贬至惠州（今广东惠州），当时的惠州所在的岭南还是蛮荒之地，所以此次贬谪形同流放。但苏轼依然乐观旷达，并且以"日啖荔枝三百颗，不辞长作岭南人。"（《惠州一绝》）来表明自己处之泰然的心迹。绍圣四年（1097年），年近古稀的苏轼更是被贬谪到了不毛之地儋州（今海南儋州），苏轼就在此地办学堂讲学，到今天仍被当地居民视为儋州文化的开拓者、播种人。

对于苏轼的人生态度，他的词《定风波》可谓就是最好的注解：

莫听穿林打叶声，何妨吟啸且徐行。竹杖芒鞋轻胜马，谁怕？一蓑烟雨任平生。

料峭春风吹酒醒，微冷，山头斜照却相迎。回首向来萧瑟处，归去，也无风雨也无晴。

讨论

苏轼有着怎样的人生态度？你能从他的人生经历中感受到怎样的美？

引申

王国维言："（苏轼）若无文学之天才，其人格亦自足千古。"苏轼所具备的，是中华民族高尚、正直、乐观、豁达等品质。正是这样的品质，使得苏轼能够处逆境而安，在历史上留下浓墨重彩的一笔。

12.1　人之美

"人类是一件多么了不起的杰作！在理性上多么高贵！在才能上多么无限！多么文雅的举动！在行为上多么像一个天使！在智慧上多么像一个天神！宇宙的精华！万物的灵长！"莎士比亚在《哈姆雷特》中这样赞颂人。毋庸置疑，人本身便具有伟大的美。

12.1.1　人体之美

人之美首先体现为人体之美。明晰的头脑、敏锐的感觉、力量与灵活兼具的四肢、充沛的耐力……自然的禀赋使人类能够在百万年前就踏足除南极洲以外的各个大陆，点燃文明的星火，繁盛至今。

人类很早就意识到了人体蕴含的美，古往今来，无数人试图为人体之美建立起确定的标准，将人体的各个部位都划分出严格的比例：古埃及人将脸的长度为中指的2.5倍长定为美的标准；古罗马人以脸的长度为身高的1/8为美；我国古代则以"三庭五眼"描述美的面部。

无论对人体美做出什么样的规定，无可置喙的是，人体美的基础是健康。健康代表身体形态发育良好，体形均匀，人体各系统具有良好的生理功能，同时拥有良好的精神状态。古希腊哲学家赫拉克利特曾说："如果没有健康，智慧就不能表现出来，文化无从施展，力量不能战斗，财富变成废物，知识也无法利用。"可见健康是人们追求自身发展的基础，是创造美好人生的先决条件。

艺术家们很早就意识到了人体之美，并将其作为题材广泛应用到艺术创作中。在古希腊雕刻中，有不少以表现人体为主题的雕塑作品。米隆的《掷铁饼者》抓住了"铁饼摆到最高点即将掷出的一刹那"，雕塑中，主角掷铁饼者全身肌肉紧绷，双臂如同一张拉满的弓"引而不发"，整个躯体充满了连贯的运动感和节奏感，人体的和谐、健美和青春的力量都在这一个动作中被展现得淋漓尽致。

今天，人们对人体美的追求愈发多样化和个性化，高挑的身材是美、白皙的皮肤是美、玲珑有致的曲线是美、挺拔的身姿是美……同时，小麦色的肌肤、丰腴的身材、强壮有力的胳膊也是美。当代大学生，应该通过良好的作息、均衡的饮食、适当的体育锻炼等方式来增进自己的人体美，展现大学生的青春风貌。

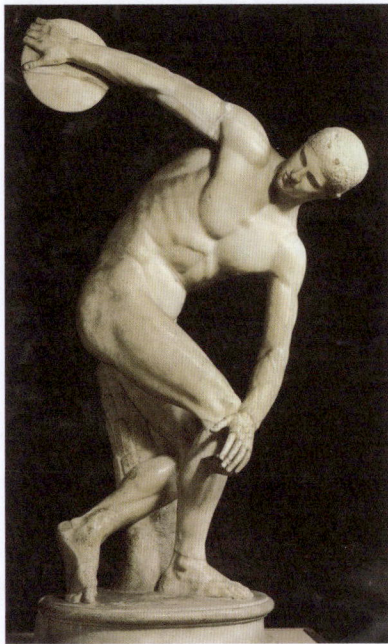

▲掷铁饼者（大理石复制品）
约公元前450年，米隆，青铜雕塑

12.1.2 举止和行为之美

人体受到主观意识和外部刺激的影响，会表现出各种举止和行为。举止指人的动作和表情，行为指受思想支配而表现出来的外表活动。总体而言，这二者体现了人与外部世界的交互，也受到社会普遍舆论的评价。得体的举止、高尚的行为常被认为是美的，反之则是丑陋的。

1. 得体的举止

日常生活中人的一举手一投足、一颦一笑，无不是人的举止。举止体现人的修养和风度，社会对于个人举止的基本要求是"得体"。得体便是根据所处环境、所面对的人而做出恰当的举止，把握好亲昵与冷淡、庄重与放松、严肃与诙谐的度。

形象端庄、谈吐优雅、表情从容、站得直、坐得端、讲礼貌等，都是在日常生活中举止美的体现。魏晋风流，时人讲求仪容举止，南朝宋文学家刘义庆《世说新语》中专有《容止》一篇，记录魏晋时代评论人容貌、态度、举止的故事。如"嵇康身长七尺八寸，风姿特秀。见者叹曰：'萧萧肃肃，爽朗清举。'或云：'肃肃如松下风，高而徐引。'山公（山涛）曰：'嵇叔夜之为人也。岩岩若孤松之独立；其醉也，傀俄若玉山之将崩。'"嵇康"萧萧肃肃"，举止潇洒脱俗，受到世人的赞美，哪怕喝醉了也有"玉山将崩"的美感。在我国传统文化中，儒家用"礼"来约束人的举止，对于坐、站、行、拜见、宴饮、做客、侍奉父母等行为都有举止方面的规范，如"坐以经立之容，胁不差而足不跌，视平衡曰经坐"（贾谊《新书》）便描述了"经坐"，也就是今天所谓"正襟危坐"的举止规范。

"礼"所规定的举止具有严肃、庄重的美，而放诞的、随性的举止也并非是"丑恶"的，《世说新语·雅量》记载："郗太傅在京口，遣门生与王丞相书，求女婿……门生归白郗曰：'王家诸郎，亦皆可嘉，闻来觅婿，咸自矜持，唯有一郎在床上坦腹卧，如不闻。'"令人吃惊的是，太傅郗鉴了解情况后直接将女儿嫁给了这个"无礼"的年轻人。这个袒胸露怀地躺在床上，对郗鉴择婿置若罔闻的年轻人，正是后来被誉为"书圣"的王羲之。郗鉴最终将女儿嫁给王羲之，正是因为他没有和其他人一样"咸自矜持"，而是"坦腹东床"，他被王羲之这份不囿于世俗的坦荡、洒脱所打动。

2. 有益的行为

行为美反映了人在社会人际交往中体现的伦理意义，凡是有益于人民，有助于历史发展，充分体现社会进步倾向的行为，都可称为具备行为美。而在日常生活中，我们通常可以认为受到社会舆论的肯定和赞扬的行为是美的行为。

> 楚庄王赐群臣酒，日暮酒酣，灯烛灭，乃有人引美人之衣者，美人援绝其冠缨，告王曰："今者烛灭，有引妾衣者，妾援得其冠缨持之，趣火来上，视绝缨者。"王曰："赐人酒，使醉失礼，奈何欲显妇人之节而辱士乎？"乃命左右曰："今日与寡人饮，不绝冠缨者不欢。"群臣百有余人皆绝去其冠缨而上火，卒尽欢而罢。

——刘向《说苑》

《说苑》中记载的这个典故被称为"楚庄王绝缨",讲述了宫廷宴会中,一位大臣在烛灭之际酒后失态,被妃子扯断帽缨。妃子要求楚王命人点燃灯火,查看是谁的帽缨断了。楚王却认为醉后失礼是人之常情,于是宣布"今天与我喝酒的,不扯断帽缨的话不尽兴。"于是大臣们都把帽缨扯掉,然后点灯接着喝酒,最后尽欢而散。楚王通过一句话,保全了大臣的颜面,将一场风波化解于无形,显示出了王者的博大的胸怀和豪迈的气度。

同时,行为美受社会文化和所处时代影响非常巨大,"向陌生人泼水"这一行为,毫无疑问是一种对无辜者造成损害的"不良行为",但在傣历新年时,人们以互相泼水为习俗,在这种文化背景下,每年傣历新年,人们纷纷走出家门互相泼水为乐,更吸引了广大游客竞相参加,大家在一片欢乐中释放了压力、感受到了祝福,"向陌生人泼水"这一行为也就具备了美的含义。

12.1.3 ▸ 人格之美

人格之美是人高度的自我修养、良好的道德意识、出众的品格特质等体现出的具有感召力的精神力量,是人之美最高级的体现。

清末维新志士谭嗣同,一生致力于革除积弊,富国强兵,领导戊戌变法,公开提出废科举、兴学校、开矿藏、修铁路、办工厂、改官制等变法维新的主张。但在清廷封建保守势力的反扑下,不仅变法最终失败,相关人员也被追捕,谭嗣同决心以死来殉变法事业,对劝他离开的人说:"各国变法无不从流血而成,今日中国未闻有因变法而流血者,此国之所以不昌也。有之,请自嗣同始。"他留下"望门投止思张俭,忍死须臾待杜根;我自横刀向天笑,去留肝胆两昆仑"(《狱中题壁》)的绝命诗,从容被捕。在临刑之时,谭嗣同高喊:"有心杀贼,无力回天,死得其所,快哉快哉!"随即慷慨就义。谭嗣同虽死,但其精神永存,并给后人带来强大的精神鼓舞力量。新华网评:"戊戌变法虽然失败,谭嗣同也被杀,他的那种'愿

▲谭嗣同(1865—1898)
"戊戌六君子"之一

以颈血刷污政'、视死如归的精神不仅直指清朝政府的腐败和黑暗,同时也为人民树立了一座不朽的丰碑,让后人永远去敬仰。"

在中华五千年历史中,谭嗣同绝非孤例:伯夷、叔齐不食周粟,饿死于首阳山下,用生命捍卫了自己的信念;苏武持节牧羊北海边,19年不改其志,在苦难中坚守自己的立场;万户亲身试验自己研制的航空器,在火药的爆炸中腾空而起,用生命践行了自己的理念……"我们从古以来,就有埋头苦干的人,有拼命硬干的人,有为民请命的人,有舍身求法的人……虽是等于为帝王将相作家谱的所谓'正史',也往往掩不住他们的光耀,这就是中国的脊梁。"(鲁迅

《中国人失掉自信力了吗》）自古以来，无数中华儿女，以自己的实际行动，铸就了人格的丰碑，激励了一代又一代的中国人。

12.2　社会美

　　人是社会性的动物，无数个人组成了一个规模巨大的社会，每个人都在社会中生活，在社会中不断与他人产生交互，从而取得自身的发展。社会不仅为个人提供了生存的物质基础，更是以习俗、道德、人际关系等塑造人的精神力量，帮助人们度过一个充实的人生。

12.2.1　中华优秀文化的美学基因

　　中华文化源远流长，在漫长的时光里形成了相对稳定的社会文化，虽然今天我们已身处现代社会，社会环境已经有了翻天覆地的变化，但优秀传统文化的美学基因依然根植于中华民族的血脉之中，在潜移默化中影响社会的审美趋向。

> 　　大道之行也，天下为公，选贤与能，讲信修睦。故人不独亲其亲，不独子其子，使老有所终，壮有所用，幼有所长，矜、寡、孤、独、废疾者皆有所养，男有分，女有归。货恶其弃于地也，不必藏于己；力恶其不出于身也，不必为己。是故谋闭而不兴，盗窃乱贼而不作，故外户而不闭，是谓大同。
>
> ——《礼记》

　　在我国传统文化中，人们对于社会的最高理想便是实现"大同社会"。在大同社会中，"天下为公"，管理社会的是被选举出来的贤能，大家都相处和睦，人人敬老，人人爱幼，将别人的家人视作自己的家人对待；任何人都能得到社会的关怀，任何人都主动关心社会，大家各司其职，各尽其力，都将公利置于私利之上，于是建设出一个路不拾遗、夜不闭户的理想社会。大同社会是中华人民千百年来的共同期盼，也是一代代中国人奋斗的目标，我们今天所谓的"社会美"，便天然地带有大同社会的理想色彩。

　　文天祥在就义前留下绝笔："孔曰成仁，孟曰取义，唯其义尽，所以仁至。读圣贤书，所学何事？而今而后，庶几无愧。"我国传统文化，一向重视个人对社会的责任，孔子所主张的"仁"，本质是一种人与人的亲善关系，也就是以仁爱之心调和社会人际关系。孟子则说："生，亦我所欲也；义，亦我所欲也。二者不可得兼，舍生而取义者也。"强调人应该保持正义感，努力实现种种可达到平等的社会理想，甚至以牺牲生命来表现仁义。

　　仁义不仅代表个人的道德品质，更形成了全社会共同的审美取向。随着千百年来无数仁人志士对仁义学说的践行和发扬，爱国、奉献、敬老、诚信、与人为善等品质已经成为我国社会的重要底色。北宋时，面对国势危急、强敌凌人的局面，张载在《横渠语录》中写道："为天地立心，为生民立命，为往圣继绝学，为万世开太平。"具体而言，希望挺立天地中人的精神，重建宋朝民众对于"仁"的信念，这便是"为天地立心"。张载有"民胞物与"的博大情怀，认为每个人都应当以万民为同胞，以万物为朋友，这便是"为生民立命"。"学必如圣人而后已"，为学者要以圣人为目标，不断继承并发扬儒家学说，这便是"为往圣继绝学"。以实际行动积极影响社会，奉行圣人之道，建立良好的社会政治秩序，使人民能够安居乐业，这便是"为万世开太平"。这便是著名的"横渠四句"，其言简意宏，可谓是对我国文化精神追求的最佳概括，也是达到"大同"的个人路径。张载创立了"关学"，其弟子也纷纷入世，或在庙堂（指朝廷）建言献策，或在沙场保家卫国，北宋"西军"的名将种师道便是张载弟子，关学门生，他一生抗击西夏、出征辽国、抗击金兵，可谓是对"横渠四句"身体力行。

12.2.2 社交、道德、社会风貌

社会交往行为将人们联系起来，在长期频繁的交往行为中，道德作为"行为的公约"被提出并普及，以约束交往行为。而大众所体现出的道德标准和道德水平，又使社会呈现出不同的整体风貌。因此党的二十大报告也提出，提高全社会文明程度，实施公民道德建设工程，弘扬中华传统美德，加强家庭家教家风建设，推动明大德、守公德、严私德，提高人民道德水准和文明素养。

身处社会之中，人和人必然会相互联系、交流和交换，也就是社会交往，即日常所说的"社交"。社交能够使人们互通有无，获得生存所需的物资；也能够使人们进行精神上的交流，获得新的知识和见解，寻求到他人的认同，融入群体中以获得安全感，进而实现精神的愉悦。俞伯牙和钟子期的故事便是社交之美的最佳诠释，两人因为音乐结识，互相引为知音，留下一段千古佳话。

我国具有悠久的道德传统，历来将道德置于重要的地位，儒家更是认为道德水平能够决定人的祸福、国家的兴亡，如"天道福善祸淫，降灾于夏，以彰厥罪"（《尚书·汤诰》）。即便剥去道德的神秘学外衣，道德作为人们共同生活及其行为的准则和规范，同样在社会运转中有无可取代的作用。古代，人们用"仁、义、礼、智、信"约束自己的行为；今天，我们则倡导文明礼貌、助人为乐、爱护公物、保护环境、诚实守信、尊老爱幼、勤劳善良、宽厚正直等优秀的道德品质，无论古今，道德都具有引人向善，促进社会和谐

▲重庆山火中的"防火长城"
2022年，周瑄 摄

的作用。

当居民们的道德水平普遍提高，整个社会就会呈现出积极向上、欣欣向荣的整体风貌。2022年，重庆迎来了有气象观测记录以来的最热夏天，长期高温少雨的环境在8月造就了疯狂的山火。虽然消防队员奋勇扑救，但由于天气太过干燥，火势几度熄而复燃，甚至愈演愈烈，将天空染得通红。灾害当前，云南、陕西等地消防队伍千里驰援，重庆人也自发地组织起来，数百辆挖掘机昼夜施工，挖出了通往火场的便道；无数摩托车手集结起来，将物资运送到汽车无法通行的陡峭地段；志愿者排成长队，手把手将物资从山下运到救灾前线；后方的人民则不断为前线供应食物、饮水和救灾物资……摄影师周瑄用镜头忠实地记录下救火的场景，山火汹涌而来，而在山火的对面，则是一条纤细的"光路"，那不是别的，正是由一个个志愿者的头灯汇成的光带，一条民众组成的"防火长城"。在灾难面前，全社会都被发动起来了，每个人都在尽己所能发光发热，光芒虽小，却可与银河争辉！

12.2.3 职业与工作

人身处社会之中，既便利地享受其他人创造的价值，又需要为全社会创造价值，而创造价值的方法，就是自己完成本职工作。

社会必然有分工，蚁群中有兵蚁、工蚁、侦察蚁，而人类社会的分工更为细致和复杂。每个个体都负责独立化、专业化的细分工作，然后通过相互交换获得所需的信息和物资，从而在社会中生活。教师在学校里教书育人、军人在边境守卫边疆、工人在工厂里生产产品、农民在田地中种植粮食……各个职业各司其职、分工合作，整个社会有条不紊地运行，便是社会所特有的秩序美。而我们今天能够享受到越来越丰富、越来越便捷的精神和物质产品，也正是得益于精细化、高效率的社会分工。

对个人而言，工作岗位是一个人赖以生存和发展的基础保障，高效率、高质量地完成自己的本职工作则是一项基本的道德要求。爱岗敬业、诚实守信、办事公道、服务群众等品质一向被社会所推崇，正是因为其本质就是对工作认真负责的态度。作为一个工作者，首先应该树立职业平等观，破除职业歧视，意识到无论是当领导、做经理，还是扫大街、送外卖，只要是对社会有益的工作，都是光荣的、值得肯定的。同时，工作者还应该不断学习，精进自己的职业技能，提高自己的职业水平。最后，工作者应该在工作时时刻保持严谨的作风，全身心投入工

▲ 王顺友（1965—2021）
100位新中国成立以来感动中国人物之一

作中。如此，才能称得上是一个优秀的工作者，自己的人生也能通过自己的努力绽放出美的光彩。

王顺友是四川省凉山彝族自治州木里藏族自治县一名普通的邮递员，他长期从事"木里县城—白雕、三角垭、倮波乡"的马班邮路投递工作，并32年如一日地在雪域高原跋涉了26万千米，每年投递报纸8000多份、杂志700多份、函件1500多份、包裹600多件，交出了投递准确率100%的完美答卷。在平凡的岗位上，王顺友以自己长期的坚守和严谨，成为散居在大山深处的群众与乡政府、与外界联系的重要桥梁，他一个人，牵着一匹马，驮着邮包，默默地穿行在绵延数百千米的雪域高原上的身影承载着当地居民心中长久的期盼。当谈及自己的工作时，王顺友表示："乡邮员是我的本职工作，送信就是为党做事，为党做事的人要吃得起苦。"他还表示："我要继续走好邮路，走到走不动为止。"正是王顺友这样千千万万在岗位上辛勤工作的普通工作者，才造就了今天欣欣向荣的社会。

12.2.4 英雄与楷模

社会由许许多多的个体共同构成，但无论是哪一个时期、哪一个国家，总会有一些突出的个体，在大众中脱颖而出甚至达成了常人难以想见的成就。他们的事迹被广泛传颂，成为社会重要的精神力量，影响和激励了一代代人。这样的人，常被称为英雄，或是楷模。

聪明秀出，谓之英；胆力过人，谓之雄——英雄，本指智勇双全，无所畏惧之人，在今天，则被诠释为无私忘我，不辞艰险，为人民利益而英勇奋斗的人。我国是一个盛产英雄的国家，在洪水滔天之际，有大禹带领人们治水；在强秦的暴政之下，有陈胜、吴广揭竿而起；在君王被缚、强敌兵临城下之时，有于谦独运征调，积极备战，力保社稷；在国力衰微、山河沦陷的近代，更有无数仁人志士抛头颅、洒热血，带领民族走向新生。在今天，仍然有无数的英雄活跃在各个行业、各个岗位，在危急时刻挺身而出。

申亮亮是一名中国派驻西非国家马里的联合国维持和平部队战士，2016年的一天，申亮亮与战友共同担负维和营区门岗执勤警戒任务时，遭遇一不明身份车辆高速冲向营门，作为主哨的申亮亮当即报告情况，并拉响警报通知营区做好防护，同时指挥战友阻击目标。没想到，他们遭遇的是一次自杀式的汽车炸弹袭击，在车辆爆炸瞬间，申亮亮一把推开战友，自己却壮烈牺牲，年仅29岁。危急关头，他本有机会隐蔽脱险，但他将个人安危置之度外，坚守哨位履行职责，以自己的英雄壮举，避免了维和部队官兵出现更大伤亡，英雄事迹，万众敬仰，千古流芳！

"昔模木生周公冢上，其叶春青夏赤秋白冬黑，以色得其正也。楷木生孔子冢上，其余枝疏而不屈，以质得其直也。若正与直，可为法则。"（叶盛《水东日记》）相传，周公旦墓旁有模树，叶子颜色纯正；孔子墓前有楷树，枝叶疏朗而不虬曲，二者合称"楷模"，便有了典范、榜样之意。在我们今天的语境中，楷模则是指值得学习的人或事物。

各行各业都有自己的楷模，河南省兰考县原县委书记焦裕禄在任上带领人民整治"三害"（治沙、治水、治碱）、种植泡桐，努力改变兰考面貌，是"党的好干部，人民的好公仆"，堪称干部之楷模。石油工人王进喜以"宁可少活二十年，拼命也要拿下大油田"的决心，苦干五昼夜打出大庆油田的第一口生产井，是工人之楷模。雷锋秉持"全心全意为人民服务"的精神，工作中努力，日常生活中主动帮助别人、勤俭节约，他的事迹在全国掀起了"学雷锋，做好事"的热潮，更是成为全社会的榜样。楷模具有带动引领作用，作为普通人，在生活中有无数的楷模可供学习，人人学习楷模、争做楷模，我们的社会就会越来越好。

▲焦裕禄（1922—1964）
河南省兰考县原县委书记

▲王进喜（1923—1970）
大庆油田石油工人

▲雷锋（1940—1962）
中国人民解放军战士

12.3　创造美丽人生

美好的生活需要自己经营，美丽的人生需要自己创造，大学生的未来具有无限的可能，虽然免不了崎岖坎坷、失意挫折，但只要保持"爱美之心"，坚持与美相伴，携美同行，就能拥有一段美丽人生。

12.3.1　悦纳自我，认真生活

人生不如意之事十有八九，每个人回望过去，都会发现无数的缺憾，常常会有一种"不够"的感觉，如成绩不够优秀、外形不够姣好、生活不够富有等，因此，很多人在生活中都怀有心理负担，一方面希望通过自己的努力做"补救"，另一方面又因为新的缺憾而更为焦虑，长此以往，在精神上非常疲惫，人生也一片灰暗。

其实"十全九美"才算人生常态，每个人都具有独一无二的价值，人应该接受自己的全部，无论优点还是缺点，无论成功还是失败，只有在正确评价自己、接受自己的基础上，才能实现良好的自我发展。在心理学上，这被称为"自我悦纳"，是心理健康的重要表现。

心理学界有一个著名的"出丑效应"，指出才能平庸者固然不会受人倾慕，但全然无缺点的人，也未必讨人喜欢，最讨人喜欢的人物是精明而带有小缺点的人。这一效应揭示出，"十全九美"或许才是人生的最佳姿态。大家完全不需要为自己的缺憾而满腹忧愁，相反，断臂的维纳斯给人以无限遐想，独具风韵，而人生也因为"不完美"而具有独特的魅力。

季羡林先生的《我的人生感悟》一书中有一篇《不完满才是人生》的文章，其中从帝王、大臣、老百姓、知识分子等种种角色出发，探讨了各个角色的优势，指出无论何人，其人生都有不完美的遗憾，在最后，季先生感慨：

> 灾难并不限于知识分子："人人有一本难念的经。"所以我说"不完满才是人生"。这是一个"平凡的真理"；但是真能了解其中的意义，对己对人都有好处。对己，可以不烦不躁；对人，可以互相谅解。这会大大地有利于整个社会的安定团结。

悦纳自我并不代表不知进取、安于现状，而是说当人快乐地接受了自己，整个心胸便会舒展和开阔，相信自己的价值，如此才能认真地生活，在生活中获得愉悦感和满足感，在一种满意的状态下，心平气和地去争取更多，最终做出一番事业。大音乐家贝多芬，在创作的巅峰时期丧失了听力，"我过着一种悲惨的生活……要是干别的职业，也许还可以，但在我的行当里，这是最可怕的遭遇"，在贝多芬写给朋友的信中可见他的绝望。但最终，听力受损的贝多芬还是创作出了《英雄交响曲》《第九交响曲》等名作，完成了其"扼住命运的咽喉"的宣言。"盖文王拘而演《周易》；仲尼厄而作《春秋》；屈原放逐，乃赋《离骚》；左丘失明，厥有《国语》；孙子膑脚，《兵法》修列；不韦迁蜀，世传《吕览》；韩非囚秦，《说难》《孤愤》；《诗》三百篇，大底圣贤发愤之所为作也。"司马迁在《报任安书》中这样说，而他也是在身遭腐刑之后，才写出了《史记》这样的皇皇巨著。天下的功业，大多是以苦难为底色，自由悦纳自我，方能化苦难为动力，突破极限，创造出美好的人生。

12.3.2 慢慢走，欣赏啊

生活中有无穷美景，留待有心人去发现、去欣赏、去享受。能够发现美，进而欣赏美，最终享受美，方能拥有美丽人生。

1. 发现美

"生活中从不缺少美，而是缺少发现美的眼睛。对于我们的眼睛，不是缺少美，而是缺少发现。"法国雕塑家罗丹的话让人们意识到，美其实并不稀奇，在生活中俯拾皆是，街头巷尾充满烟火气的一角、夏日阳光投下的斑驳树荫、初秋渐次染上夕阳颜色的树梢、从身边欢笑着跑过的孩子、蜷缩在暖气边小憩的猫咪……我们的目光总是盯着自己的目标，往往忽视了身边的美景。"人间四月芳菲尽，山寺桃花始盛开。长恨春归无觅处，不知转入此中来。"诗人白居易四月初夏造访大林寺，却惊讶地发现山下桃花谢尽之时，山中的桃花正在怒放，当即吟出这首《大林寺桃花》，该诗字里行间都流露与美景不期而遇的欣喜。我们如果能保持对美的敏感，也能在寻常生活中窥见美的身影。

2. 欣赏美

能发现美，进而能欣赏美。欣赏美既是一种先天的能力，又是一种后天的技能。审美是一项主观的意识活动，教育、文化、成长背景、价值观、个人情绪等因素都会影响审美判断。称赞"美"固然是简单的，但要说清楚美在何处、因何而美等问题，就不是那么容易了。譬如，要深入欣赏一首音乐，不仅要从乐理和演唱（奏）者的表现入手，对于其文化背景、思想主旨甚至作者生平的了解也必不可少，因为只有如此，才能完整地进入音乐的情境，真正"听懂"音乐。因此，不断拓展自己的视野、丰富自己的知识、开展广泛的实践，培养自己的审美趣味，是欣赏美的必由之路。

3. 享受美

发现美、欣赏美，最终是为了享受美，美能够带给人愉悦，美味佳肴能够刺激每一个味蕾，让人有大快朵颐的欢畅；柔软的织物具有丝滑的触感，仅仅指尖划过便能感受到幸福；美丽的自然以温暖的阳光、秀丽的风光、柔和的清风、清幽的花香调动人体的每一种感觉，让人沉醉其中。欧阳修在《醉翁亭记》中写到"临溪而渔，溪深而鱼肥。酿泉为酒，泉香而酒洌；山肴野蔌，杂然而前陈者，太守宴也。宴酣之乐，非丝非竹，射者中，弈者胜，觥筹交错，起坐而喧哗者，众宾欢也。苍颜白发，颓然乎其间者，太守醉也。"他设宴于秀丽的琅琊山中，与众宾欢宴，陶醉在一片美好之中。

当然，对美的享受绝不局限于生理上的快感，更在于精神上的充实和满足。在欣赏艺术品时，人们因欣赏而激发精神的共鸣；在畅游自然山水时，人们感受到自由与舒畅。"今夜闻君琵琶语，如听仙乐耳暂明"（《琵琶行》）便是白居易在听到美好音乐后的直接反应。美的享受，将人们从繁冗重复的生活中暂时解脱出来，重新变得丰富多彩。

12.3.3 人生的艺术化

美学家朱光潜先生系统地提出了"人生的艺术化"的美育思想。他认为："离开人生便无所谓艺术，因为艺术是情趣的表现，而情趣的根源就在人生；反之，离开艺术也便无所谓人生，因为凡是创造和欣赏都是艺术的活动，无创造、无欣赏的人生是一个自相矛盾的名词。"要度过"美"的人生，需要主动追求美、创造美，做生活的艺术家。艺术家承担"将其所体验的世界通过各艺术种类的独特艺术语言和表现手段转化成艺术作品"的任务，而做生活的艺术家，则要将自己生活的一部分视作艺术作品加以雕琢，同时也要将自己的审美观贯彻到生活当中。

做生活的艺术家，听起来太过宽泛且不切实际，其实艺术的核心在于自我表达，即将内心对于世界的理解借助绘画、音乐、文字、雕塑、舞蹈等种种形式表达出来，没有精湛的艺术创作技能并不应该成为阻碍。当我们遇到迷人的风景时，可以拿出手机，将美景定格为照片；当遇到有趣的、感人的、震撼的事情时，可以用文字记录下来并抒发感想。兴之所至，大可以拿出纸张，或挥毫泼墨或信笔涂鸦，甚至引吭高歌、载歌载舞……这些"艺术创作"或许难登大雅之堂，也不会被他人所理解，但其以几乎只有自己能读懂的表达方式，诠释了自己对世界的见闻感受，抒发了自己的思想与情感，又何尝不是珍贵的艺术品呢？创作这些艺术品的自己，难道不是生活的艺术家吗？

推而广之，为自己的居所增添一两件心仪的摆件，在闲暇时播放中意的音乐，采摘花枝做一束插花，亲自下厨做一顿美餐，将卧室打扫并布置成自己喜欢的模样……这些在生活中司空见惯的行为，不也正是在用艺术装点自己的生活吗？19世纪，德国浪漫派诗人弗里德里希·荷尔德林写下了一句脍炙人口的名句："人生在世，成绩斐然，却还依然诗意地栖居在大地上。"后经存在主义哲学家马丁·海德格尔阐发，"诗意地栖居"成为几乎所有人的共同向往。诗意源于对生活的理解与把握，源于内心的安详与和谐；诗意的生活，正需要生活的艺术家来创造。

思考与练习

练习一：思考与讨论

1. 在《钢铁是怎样炼成的》一书中，奥斯特洛夫斯基动情地写道："人最宝贵的东西是生命。生命对人来说只有一次。因此，人的一生应当这样度过：当回忆往事的时候，他不会因为虚度年华而悔恨，也不会因为碌碌无为而羞愧；在临死的时候，他能够说：我的整个生命和全部精力，都已经献给了世界上最壮丽的事业——为人类的解放而斗争！"请思考并和同学一起讨论：这样的人生具有怎样的美？

2. 李白写："人生得意须尽欢，莫使金樽空对月。"贾岛苦吟："两句三年得，一吟双泪流。"韩愈则高呼："欲为圣明除弊事，肯将衰朽惜残年！"不同的诗句，表现出诗人对于人生的不同态度，请思考并和同学一起讨论：你觉得其中哪一种人生观念最值得学习？你的人生观念又是什么呢？

练习二：认识与赏析

1. 2019年，正值新中国成立70周年之际，中央授予278名个人、22个集体以"最美奋斗者"称号。这些"最美奋斗者"是新中国成立以来各地区、各行业、各领域涌现出来的先进人物，其中既有基层优秀党员干部，又有在平凡的岗位上做出不平凡业绩的工人、农民、知识分子、干部和各界人士，以及人民解放军指战员、武警部队官兵、公安干警、消防救援队伍指战员，他们的人生轨迹各不相同，却都为祖国的发展和繁荣做出了巨大贡献。请上网搜索"最美奋斗者"的事迹，选择其中你最为认可的一位，说一说他的人生具有怎样的美。

2. 史铁生于1951年1月生于北京，从小跟奶奶生活。1971年，他因腰疼入院，历经一年半的治疗，还是失去了行走的能力，只能终身与轮椅为伴。1981年，他又因患肾病无法继续工作，只能回家疗养。1998年，他被确诊为尿毒症，只能依靠透析维持生命。2010年，年仅59岁的史铁生因突发脑出血去世。穷尽半生与疾病奋斗的史铁生，以写作为第二生命，在散文《我与地坛》中，他集中思考和表达了"生命"的困难与意义，将自己对人生的感悟尽数熔铸其中，为无数人提供了精神力量。阅读《我与地坛》，探究史铁生的人生观，说说你从中领会到的人生之美。

审美实践——认识我的美

"我"是人生永恒的主角，要拥有美的人生，首先就要认识到自己的美。下面请同学们根据活动步骤，全面认识自己的美。

一、活动名称

认识我的美。

二、活动主旨与意义

同学们从外形外貌、运动能力、知识水平、道德品质、性格特质等各方面发掘自己的闪光点，认识到自我所具有的"美"的特质，树立起对美的自信。

三、活动内容

同学们至多利用一节课的时间完成本次活动，活动内容如下。

1. 同学们拿出一张白纸，在上面写下尽可能多的"我的美"，比如"我的眼睛很大""我跑得很快""我很冷静""我有很好的作息""我胆子很大"等。

2. 在写完后，大家在纸张的另一面总结自己的美。同学们可以站在讲台上，大声地说出"我很美！"

审美实践报告

实践目的	
实践内容	

🔍 审美实践报告

实践成果	
心得体会	

审美实践——畅想未来人生

大学生的未来拥有无限可能，你计划如何度过一段美丽的人生呢？下面请同学们通过个人规划，为自己编织一段美丽的未来。

一、活动名称

畅想未来人生。

二、活动主旨与意义

同学们通过对自己未来人生的规划，将自己对于美丽人生的期许融入自己的未来规划中，并感悟人生之美。

三、活动内容

同学们至多利用一节课的时间完成本次活动，活动内容如下。

1. 同学们拿出一张白纸，在上面列出自己的人生规划，包括未来理想的工作、最期待的旅游计划、理想生活方式等。尽量规划出自己理想未来生活的全貌，细节越丰富越好。

2. 全班同学匿名交换人生规划进行阅读，看看别人的未来是否有美的地方，以及大家对于未来的理想生活有什么不同的见解。交换可以进行多轮，然后根据自己的新感悟，更新自己的未来规划。

3. 试着用一段话甚至一句话来概括自己未来的理想人生。在未来的学习生活中，请珍视并铭记这段（句）话，以实际行动创造人生之美，过上美好生活。

实践目的	
实践内容	
实践成果	
心得体会	

［1］沙家强. 大学美育十六讲［M］. 北京：高等教育出版社，2019.

［2］陈元贵. 大学美育［M］. 北京：高等教育出版社，2014.

［3］张文光. 大学美育［M］. 北京：机械工业出版社，2012.

［4］王一川，郭必恒. 大学美育［M］. 北京：北京师范大学出版社，2021.

［5］李伟权. 艺术鉴赏［M］. 2版. 北京：清华大学出版社，2018.

［6］曾繁仁. 现代美育理论［M］. 郑州：河南人民出版社，2006.

［7］席勒. 美育书简［M］. 徐恒醇，译. 北京：中国文联出版社，1984.

［8］别林斯基. 别林斯基选集（第二卷）［M］. 满涛，译. 上海：上海译文出版社，1979.

［9］中国社会科学院哲学研究所美学研究室. 美学译文（3）［M］. 北京：中国社会科学出版社，1984.

［10］郑翠仙. 再论柏拉图的"美本身"问题［J］. 湖北社会科学，2017，（6）.

［11］张玉能. 以"美在关系"为中心的狄德罗美学思想体系［J］. 云梦学刊，2005，26（6）.

［12］杨雪敏. 论孔子的美学思想［J］. 黑龙江生态工程职业学院学报，2016，29（1）.

［13］郑廷坤. 浅析孔子的美学思想［J］. 五邑大学学报（社会科学版），2001，3（3）.

［14］朱志荣. 论孟子的美学思想［J］. 新余高专学报，2007，12（1）.

［15］金燕. 浅析庄子的美学思想［J］. 贵州民族学院学报（哲学社会科学版），2009，（4）.

［16］萧默. 我的建筑艺术观［J］. 美术观察，2005，（5）.

［17］成爱爱，张普纲. 万荣飞云楼及其建筑学意义［J］. 山西建筑，2004，（19）.

［18］杨洁，潘俊峰. 传统文化符号在香山饭店建筑设计中的应用分析［J］. 家具与室内装饰，2018，（6）.

［19］樊超. 从中西方绘画特点分析中西方意识形态差异［J］. 美与时代（中旬刊），2012，（2）.

［20］王树刚. 生命的呐喊——从精神层面看蒙克绘画的表现性与象征性倾向［D］. 南京：南京师范大学，2007.

［21］郭思璇. 书法艺术的结构美［J］. 新教育时代电子杂志（教师版），2018，（21）.

［22］李紫君. 浅论书法艺术中的章法之美［J］. 文艺生活・文海艺苑，2019，（10）.

［23］李兆芳. 浅谈书法意境美［J］. 河南广播电视大学学报，1998，（4）.

［24］谷鹏飞. 西方自然美观念的四次转型［J］. 晋阳学刊，2011，（4）.

［25］刘润芳. 歌德自然诗初探［J］. 四川外语学院学报，2004，20（1）.